总第47辑（2015.4）

中国审判指导丛书

# 立案工作指导

景汉朝　主编

最高人民法院立案庭　编

U0781757

人民法院出版社

图书在版编目（CIP）数据

立案工作指导. 2015 年. 第 4 辑：总第 47 辑/景汉朝主编；
最高人民法院立案庭编. —北京：人民法院出版社，2017.4
（中国审判指导丛书）
ISBN 978 -7 -5109 -1753 -0

Ⅰ.①立…　Ⅱ.①景…②最…　Ⅲ.①法院—
立案—中国—文集　Ⅳ.①D926.2 -53

中国版本图书馆 CIP 数据核字（2017）第 049013 号

立案工作指导　**2015 年第 4 辑（总第 47 辑）**
景汉朝　主编
最高人民法院立案庭　编

责任编辑　路建华
出版发行　人民法院出版社
地　　址　北京市东城区东交民巷 27 号（100745）
电　　话　（010）67550660（责任编辑）　67550558（发行部查询）
　　　　　65223677（读者服务部）
客 服 QQ　2092078039
网　　址　http://www.courtbook.com.cn
E - mail　courtpress@sohu.com
印　　刷　保定市中画美凯印刷有限公司
经　　销　新华书店

开　　本　787×1092 毫米　1/16
字　　数　238 千字
印　　张　14.5
版　　次　2017 年 4 月第 1 版　2017 年 4 月第 1 次印刷
书　　号　ISBN 978 -7 -5109 -1753 -0
定　　价　38.00 元

# 《立案工作指导》编辑委员会

# 前　言

　　自 2015 年 5 月 1 日人民法院全面实行立案登记制改革以来，全国法院登记立案秩序井然，案件入口更加畅通。社会各界普遍认为立案登记制度改革措施落实坚决、彻底，极大地方便了群众诉讼，提高了诉讼效率，减轻了当事人诉累。立案登记制改革成果主要体现在以下几个方面：一是诉权保障全面落实。各级法院及时更新观念，将诉权保障作为人权保障的重要组成部分，对人民法院依法应该受理的案件，一律敞开大门，坚决杜绝"有案不立、有诉不理、拖延立案、增设门槛、人为控制立案、干扰依法立案"等行为，确保人民群众在立案这一首要环节感受到公平正义。二是司法工作更加便民。全国法院实行阳光立案，告知登记立案的流程、节点和法律效果，接受包括当事人在内的社会各界监督。普遍提供诉状样本，为当事人书写诉状提供示范和指引。对当事人书写诉状有困难的，可以口头提出由人民法院记入笔录，符合法律规定条件的，予以登记立案。三是审判质效带动提升。各级人民法院不断优化审判资源配置，改革诉讼机制，科学分配法官员额、配足配强审判辅助人员，结案率实现较大幅度增长。2016 年 5 月 10 日，最高人民法院召开立案登记制改革一周年座谈会，邀请了全国人大代表、专家学者、其他国家机关、地方法院、基层政府代表等参与座谈。与会代表充分肯定了立案登记制改革以来所取得的成就，并对下一步工作提出了殷切希望和意见建议。

　　本辑在"理论与实践探索"栏中中刊登了立案登记制改革的相关文章，包括《立案登记制条件下的审判思维》《立案登记制实施一周年情况综述》《立案登记制的法经济学分析》等，全面展示了立案登记制改革一周年的成果，分析了在立案登记制条件下，人民法院审判应当注意的问题等，以期为各地深入推进这项工作提供理论参考。

# 目　录

# 【工作动态】

## 景汉朝在立案登记制改革一周年
## 回顾与展望座谈会上强调
## 切实提高诉讼服务水平　不断推动
## 立案工作再上新台阶①

2016 年 5 月 10 日上午，最高人民法院召开人民法院立案登记制改革一周年回顾与展望座谈会。最高人民法院副院长景汉朝在会上强调，要认真贯彻落实党的十八大和十八届三中、四中、五中全会精神，深入学习贯彻习近平总书记系列重要讲话精神，紧紧围绕"让人民群众在每一个司法案件中感受到公平正义"的目标，牢牢把握司法为民、公正司法工作主线，坚持五大发展理念，以深入推进立案登记制改革为抓手，全面提升立案审判能力和水平，不断推动立案审判工作再上新的台阶。

景汉朝指出，立案登记制改革是人民法院深化司法改革的一项重大举措，自去年 5 月 1 日实施以来，取得了明显成效。一是司法对诉权的保障更加彻底，各级人民法院对依法应该受理的案件一律敞开大门，杜绝了有案不立、有诉不理、拖延立案等现象；二是司法民主进一步显现，不少法院创新诉讼服务机制，为当事人提供形式多样、方便快捷的诉讼服务，减轻了当事人诉累；三是司法运行更加阳光，各级人民法院普遍实行阳光立案，以实际行动接受社会监督，拓宽了社会第三方参与司法渠道；四是司法机制更加完善，案件受理、诉讼服务朝着系统化、信息化、标准化、社会化方向快速迈进，立案服务水平飞跃提升。

———————————

① 来源于最高人民法院网站。

景汉朝强调，要以深入推进立案登记制改革为抓手，不断提高诉讼服务水平，不断推动立案审判工作再上新的台阶。要坚持人民利益至上，坚定实行立案登记制，切实强化登记立案内部和外部监督，坚决杜绝"立案难"回潮。要准确把握立案登记制改革精神，严格依法立案，有效衔接立案庭与审判业务庭的工作，不能以实体审理标准决定是否立案，当事人提交的证据材料是否足以支持诉请，属于举证责任的范畴，不得以证据材料不齐为由等原因将案件退回立案庭，造成诉讼拖延。

景汉朝强调，要拓宽多元化解渠道，努力满足人民群众诉求。要进一步落实"眉山会议"精神，加快形式多样、运行规范的诉调对接机制建设；要用好新民事诉讼法增设的先行调解制度，在起诉与受理阶段开展案件繁简分流，对简单案件实行登记立案和案件速裁的有效对接。要积极探索先行调解制度改革，对家事纠纷、相邻关系纠纷、小额债务纠纷等适宜调解的案件，推行调解程序前置。要充分发挥人民调解组织在纠纷化解中的重要作用，支持商事、行业等调解组织的作用，完善仲裁与诉讼的衔接机制，引导更多纠纷通过仲裁程序解决。

景汉朝要求，要加大惩治力度，有效维护正常诉讼秩序。要加大对虚假诉讼、恶意诉讼、无理缠诉行为的惩治力度，制裁违法滥诉，依法打击无理缠诉行为，维护法治权威。要专项调研惩治恶意诉讼工作，分析归纳恶意诉讼的类型成因，合理界定恶意诉讼的概念外延，研究制定惩治恶意诉讼的规范性文件，推动立法机关修改完善法律。要开展诉讼诚信档案试点工作，建立失信黑名单制度，将虚假诉讼、恶意诉讼、无理缠诉等滥用诉权的行为人纳入进去，公开违法行为及法律责任，有效震慑滥诉行为。

景汉朝强调，要加强分析研判，积极参与服务改革发展。要适应大数据时代要求，运用实证数据，制定科学规则，对自然增长、立案登记制改革、经济低位运行等因素对收案态势的影响进行分析，研判走势。要紧扣具体类型案件本身所体现的社会关系，对相关案件收案态势进行分析，积极提出司法建议，为党委政府决策提供重大参考。要认真分析法院层级收案情况，合理定位四级法院审判职能，全面落实十八届四中全会提出的关于完善审级制度的有关要求。

景汉朝强调，要按照"五个过硬"要求，切实加强立案队伍建设。要深入学习习近平总书记重要指示和全国政法队伍建设工作会议精神，紧密结合"两学一做"学习教育，切实增强政治意识、大局意识、核心意识、看齐意识，确保党中央各项决策部署在立案工作中得到不折不扣的贯彻落实。要加大教育培训力度，定期开展职业培训，全面提高立案法官的职业素养和专业水平。要持之以恒加强作风建设，严格落实中央八项规定精神，以零容忍态度坚决惩治司法腐败，加大立案审判队伍的职业保障，确保公正廉洁司法。

会上，全国人大代表李亚兰，专家学者代表姜明安、王亚新、陈卫东、孙邦清、许尚豪，中央有关部门代表龚小玲、高莎薇、李仕春、吕立秋，基层和基层法院代表顾国标、童凌、谢黎明作了发言，中央政法委、中央改革办、全国人大法工委、国务院法制办、全国总工会、全国妇联、中国法学会、全国律协等有关部门负责人，最高人民法院有关部门负责人等参加会议。

# 立案登记制改革一周年座谈会
# 与会代表发言汇编①

## 一、立案改革监督工作有成效

第十二届全国人大代表、黑龙江省龙电律师事务所主任　李亚兰

我站在律师的角度来谈一谈立案登记制改革。第一，人民群众对立案登记制的获得感有很大提升，程序的畅通有了制度的保障。在司法实践当中，当事人打官司入门不再难，这是律师听到最多的声音也是最欢喜的声音，立案登记制给律师工作带来了便捷，也充分体现了司法为民。第二，立案登记制改革的监督工作很有成效。行政立案还是存在一定难度，如何保证向社会承诺的有案必立的实施，这就和有力的监督息息相关。虽然不能杜绝推诿立案的问题，但是只要发现问题，还是可以解决的，这就体现了监督工作的成效。法院承受了很大的工作压力，这也体现了法院的决心，使得立案登记制可以全面实施。

关于立案登记制改革的建议：一是基层法院案多人少，一位基层法官原来一年审理200件左右案件，现在要审理400至500件案件，这是立案登记制改革之后面临的突出问题。二是在广泛的受案之后如何提高审判效率的问题，对进入审判程序且有争议的案件要有相对的制度进行有效的保障，但要有利于缓解立案和审判的矛盾。三是关于多元化纠纷解决机制。最后希望立案登记制改革在今后取得更大的成就，同时也对法院法官的付出表示衷心感谢。

---

① 来源于《人民法院报》。

## 二、立案登记制让妇女受益

全国妇联权益部部长、法律帮助中心主任　高莎薇

　　长期以来妇联组织面临的问题，就是立案难的问题。比如农村土地分配问题和就业歧视问题，这方面的问题在过去立案非常难，立案登记制实施以来，一天时间就可以立案。因此，到全国妇联就业信访窗口反映立案难的问题现在没有了。法院积极和妇联组织联系搞分流调解，也是立案登记制改革之后的新变化。

　　当然立案登记制目前也还存在一些问题：一是立案登记制改革的进展是否可以在全国更加平衡。有的法院改革力度还是不够。二是从妇联的角度来看，就是关于农村土地补偿费的案件，关于"村民待遇"问题，这类问题法院将来是否可以行使立案权来解决。还有关于村规民约违反法律法规的问题，尽管这类案件目前数量不多，但是也应得到关注。三是关于案由，是否可以把"就业歧视"单独设立为一个案由以更好地保护妇女权益。

## 三、客观分析立案数增长

中国法学会研究部主任　李仕春

　　关于立案登记制，一是如何看待立案登记制的价值。立案登记制在解决告状难之外，在相当大的程度上推动司法对行政的制约。随着行政案件大幅上升，行政机关复议部门要认真对待，努力改进复议质量。同时，行政立案增长也导致信访数量大幅下降，让司法回归司法。二是客观分析立案登记制导致的立案数由刚开始出现井喷，到后来逐步回落，再到趋于正常的趋势。三是认真谨慎对待滥诉。最高人民法院和有关部门对滥诉进行界定，对滥诉不予受理或者不予立案。四是健全思考诉讼外纠纷解决机制。实践中，行业调解、行政调解，包括妇联、工会、民间调解的机制没有充分发展，难以解决法院诉讼独大的问题，如果这些机制没有充分发展，就很难在法院发展多元纠纷解决机制。最后一点，立案登记制对于行政案件不宜单兵突进，要加快推进行政案件异地管辖或者行政法院的构

建，包括审级统筹，整体性推进。

## 四、如何认识和推进立案改革

北京大学法学院教授　姜明安

第一，如何正确认识立案登记制改革，怎么定性定位？一是立案登记制改革是人民法院对人民的愿望和心声的积极回应。二是立案登记制改革是推进依法治国、建设法治国家的重要举措。立案登记制改革最直接的成效，反映出来就是行政诉讼案件激增。三是立案登记制改革是司法改革的前哨，案件只有进了法院，才有其他的问题和相应的保障。四是立案登记制是人民法院依法运作、依法推进的，是有法律依据的。有案必立，就是案件要有原告，要有被告，要符合起诉条件。有诉必理，就是立案不立案也是"理"，包括裁定驳回起诉也是要有理。因此，有案必立、有诉必理要按照法律进行。五是改革是最大限度最有效利用司法资源的改革。通过改革，以有限的人力资源解决更多纠纷，化解社会矛盾，防止矛盾激化，起到维护社会稳定的价值。

第二，如何进一步推进改革，怎样深化立案登记制？一是正确认识改革一年来取得的重大成效。不能说出现滥诉就说立案登记制搞坏了。二是要实事求是审视立案登记制过程中出现的滥诉、案多人少、立案不难结案难等问题。要分析产生这些问题的原因。三是通过修改完善有关法律，制定出台司法解释，进一步推行立案登记制改革。通过法律解决增加工资、提高待遇、增加法官积极性、增加编制等问题。要广泛依靠党委政府，增加待遇增加编制。也可以通过诉讼费，增加成本。四是加强法官培训，加强法官在立案登记制改革推行以来必须具备的司法能力。

## 五、案多人少，法院压力很大

清华大学法学院教授　王亚新

我们到若干省市进行了深入的调研，简单汇报一下调研所发现的问题。在调研过程中，我们有幸获得了最高人民法院的帮助，得到了很多详细数据并且进行了对比。通过调研我们发现，人民群众在司法服务的获得感和满意度方面都有了很大的提升，客观来讲，立案难问题已经基本消失。但是也发现立案登记制确实存在一些内在的矛盾，目前案多人少，法院压力很大，立案不难结案难，繁简分流比较困难。立案登记制实施之前的问题是利用多元化纠纷解决机制解决纠纷而导致无止境的调解，但立案登记制实施以来的问题是怎样满足当事人的意愿又能做到节省司法资源，让我们有限的司法资源得到充分的利用，这将是今后法院所面临的重大问题。

## 六、立案登记制改革非常成功

中国人民大学法学院教授　陈卫东

立案登记制改革是非常成功的。第一，立案登记制改革使得法院的裁判制得以彰显。法院就是解决纠纷的，我们过去的问题就是案件不能够顺利地进入到审判程序来，立案登记制改革就很好地解决了这个问题，这项改革符合司法规律，使得案件能够顺畅地进入司法程序，提升人民法院的公信力。第二，切实解决了困扰人民法院立案难的问题。一直以来我们的司法存在两个问题，一个是立案难，另一个是执行难。如果人民法院真的可以解决这两难，我想人民法院的工作就真正地上了一个台阶。立案登记严格来说不是一个法律专业问题，但是这项改革顺民心、合民意，践行了司法为民的宗旨。

下一步面临和需解决的问题：一是案件量的急剧增加与人民法院案多人少的矛盾更加突出，最高人民法院一定要面对这个问题，改革不配套这是关键，另外法官的待遇以及司法辅助人员的工资要大幅度提升，否则我们的司法就要瘫痪。二是人民法院要在现有的条件下充分发掘自身的办案潜力，适当提高诉讼费用。三是立案带来大量的滥用诉权，立案登记制还是需要审查的，起码形式需要审查，我们在立案登记制改革过程中不能说完全敞开大门，这会对后续的审理工作带来非常不利的影响。

## 七、立案登记不代表放弃审查

中国人民大学法学院副教授　许尚豪

以前立案只是个诉讼制度，这一年立案登记制改革老百姓非常认同，立案登记制改革的意义非常重大。我们召开座谈会的目的就是发现问题，并且把立案登记制更加规范化。第一，立案登记制既然开始推行，就要彻底化，这就要求最高人民法院的规范化，即对立案登记的规范化。第二，立案登记制并不代表放弃审查，它放弃的是起诉要件的审查，而不是对表面"外观"的审查，对一些不符合形式条件的案件要果断地说"不"。第三，对多元化纠纷解决机制存在空间的压缩。我们实施立案登记制改革并不是否定了多元化纠纷解决机制，这个问题需要更加深入的研究，如果放弃多元化纠纷解决机制是很可惜的，同时也是不符合司法规律的。

## 八、创新开发自主立案系统

上海市浦东新区人民法院立案一庭庭长　童　凌

我们主要的做法是创新模式，开发了自主立案系统，做大做强网上立案，由电脑端立案向手机端立案过渡：一是推出立案 ATM 机。二是增加立案二维码，针对集团诉讼以外的所有案件。三是做大做强网上平台，实现立案网络化。第二个做法，树立大局意识，提前应对可能出现的负面舆情。增强敏感意识，做好当事人的引导和疏导，增强分流意识，进行繁简分流，加强诉前调解。当前也存在一些问题和难点：一是缠诉滥诉增加，造成司法资源浪费。二是当事人认识有误区。建议：一是加强宣传，为当事人树立正确诉讼观。二是多措并举，解决立案登记制过程中出现的各种问题。

## 九、阵痛不影响改革推进

中国政法大学民商法学院副教授　孙邦清

推行立案登记制，是中国司法进程的一件大事。立案登记制对于诉权理论会有所影响，民事诉讼诉权的概念可能会消失。我讲几点体会：一是我们最担心的是立案登记制的反弹，我担心因案多人少、信访压力大导致反弹。二是一些短期阵痛不会影响立案登记制改革，坚持改革不变形不后退。三是民事诉讼法要作出相应的修订。随着司法改革的推进，加强诉讼和解调解，审前调解会取代诉讼调解，立案登记制产生的案多人少矛盾会得到缓解。

## 十、完善多元化纠纷解决机制

四川省成都市武侯区人民法院立案庭副庭长　谢黎明

关于立案登记制改革我们实施了相关措施：一是强化立案团队的分工协作。以立案登记改革为契机，重组优化立案庭资源，成立了立案登记团队与立案审查团队，构筑起集导诉分流、立案登记、立案审查三大环节分工协作的工作体系。二是规范优化立案程序。我院及时培训立案工作人员，出台《立案登记操作规程》，对理解容易产生偏差之处做清晰的边界界定；建立统一的立案登记工作流程，制作《立案登记流程图标》及《立案登记指南》在大厅摆放，供当事人取阅，引导当事人合理表达诉求。三是完善立案登记改革的相关配套措施。重点完善诉服中心的职能，将立案登记与便民服务有机结合。制作相关宣传材料由当事人自由取阅，使得当事人可以轻松制作文书。

关于立案登记制改革所遇到的困难：一是立案法官答疑解惑的工作量大面广。二是案多人少矛盾更加突出。三是滥用诉权的行为增多。关于立案登记制改革的几点建议：一是完善多元化纠纷解决机制，建议建立自上而下的多元化纠纷解决机制，明确各社会主体在多元化纠纷解决机制中的具体地位和责任；提高补贴标准，增派人民调解员进驻法院机关。二是明确案件受理条件，建立负面清单，明确哪类案件不予受理。三是健全惩治滥用诉权相关机制，对滥用诉权的当事人进行曝光，建立黑名单，明确界定标准，同时对行政处罚和司法处罚也界定标准。

## 十一、解决滥用诉权的问题

全国律师协会行政法专业委员会副主任　吕立秋

立案登记制实施已经一周年了，但并不是各地法院都能够落实到位，仍然有个别法院在立案时候有推诿和刁难的情形。建议最高人民法院和地方高院加大对各级法院立案工作的指导力度，确保立案登记制真正落实到位。案件数量剧增，但是法官数量并没有配套增长，行政法官的流失现象更加突出，案件数量和审判人员之间的矛盾还是很突出的。这必然会导致审判质量的降低，建议最高人民法院加大力度合理配置法官、留住人才。

关于解决滥用诉权的问题。一个人起诉多个案件，多个人起诉同一行为，这类情况比较常见，导致被告应诉的成本、频率、难度、数量均是上升势态，该势态需要更加科学的制度加以解决。总之，立案登记制发挥了非常积极的作用，但是配套的各项制度还需要尽快到位，进一步解决审理难、开庭难的问题，打造专业、优质、高效的行政审判制度。

## 十二、工会愿意参与纠纷化解

全国总工会法律工作部调研员　龚小玲

近年来，经济社会发展，劳动争议案件频发，大量涌入法院，案件数量居高不下，大多数涉及劳动报酬。最高人民法院这样的举措，让职工群众最关心、最直接、最现实的利益问题得到解决，我们对这些重大举措坚定拥护支持。最高人民法院执行立案登记制坚决彻底不走样。法院案件激增，特别是一线法官工作负荷增加，我们相信各级人民法院会坚决执行立案登记制改革。工会愿意积极参加矛盾纠纷多元化解机制，配合法院参与劳动争议纠纷的化解。工会要认真贯彻落实《构建和谐劳动关系的意见》以及《完善矛盾多元化解机制的意见》，今后在最高人民法院的引领下，发挥特邀调解员的特长，在解决劳动争议方面发挥作用。

建议：目前劳动争议高发，从维护职工权益的角度出发，在司法改革的进程中，考虑设立劳动争议审判庭，或者借鉴国外经验，在条件成熟时设立劳动争议法院，专门审理劳动争议案件。

## 十三、立案改革对政府有高要求

江苏省海安县县长　顾国标

海安法院是江苏立案登记制改革的试点，这项改革实施以来，对地方经济发展的促进很大，有积极的影响：一是政府一把手出庭应诉率提高。二是法院更加重视程序与庭审秩序，办案更加细致。三是政府更加依法办事，依法行政意识强化，解决问题更加务实。政府工作中，作出决策特别注重法治思维和把握底线，注重程序和要求的合法性，对依法行政的理念，加强培训，对依法行政的具体工作，加大考评力度。

立案登记制一定程度上给政府的工作带来压力。近几年来，海安立案数由高到低又到高的趋势，给政府带来应诉压力。这对我们工作提出更高的要求，我们要化压力为动力：第一，我们要进一步推进行政负责人出庭应诉制度，更加重视立案制度改革的工作。第二，全力支持法院的工作，禁止县委县政府干预司法，纳入纪检监察的监督，全面引入守法的氛围。在人财物方面，对法院的人财物全力保障。第三，全面尽责。法院敞开收案的同时，我们不观望不推诿，发挥调解、复议等职能，和法院合力维护稳定。立案登记制改革意义重大，政府要群策群力，解决问题，共同推动立案登记制改革。

# 【领导讲话】

## 立足司法职责　细化工作任务　逐项抓好落实 为京津冀协同发展提供优质高效司法服务和保障

### ——在京津冀法院联席会议第一次会议上的讲话

最高人民法院院长　周　强

（2016 年 5 月 31 日）

推动京津冀协同发展，是党中央、国务院在新的历史条件下作出的重大决策部署，是一项重大国家战略。2015 年 4 月 30 日，习近平总书记在主持召开中央政治局会议审议《京津冀协同发展规划纲要》时作出重要指示，强调"要加快破除体制机制障碍，推动要素市场一体化，构建京津冀协同发展的体制机制"。按照习近平总书记的重要指示，为认真贯彻落实"十三五"规划纲要和《京津冀协同发展规划纲要》，最高人民法院经反复研究论证于今年 2 月出台了《关于为京津冀协同发展提供司法服务和保障的意见》，要求充分发挥人民法院审判职能，为京津冀协同发展提供优质高效司法服务和保障。2016 年 5 月 27 日，习近平总书记再次主持召开中央政治局会议研究部署北京城市副中心建设和进一步推动京津冀协同发展有关工作，会议指出："规划建设北京城市副中心，疏解北京非首都功能、推动京津冀协同发展是历史性工程，必须一件一件事去做，一茬接一茬地干，发扬工匠精神，精心推进，不留历史遗憾。"为认真贯彻落实习近平总书记重要指示精神和党中央决策部署，今天我们在这里召开京津冀法院联席会议第一次会议，启动京津冀法院工作协同机制，研究部署人民法院服务和保障京津冀协同发展的具体工作。下面，我谈几点意见。

## 一、坚持围绕中心、服务大局，自觉担负起为京津冀协同发展提供司法服务和保障的职责使命

推动京津冀协同发展，对于协调推进"四个全面"战略布局、实现"两个一百年"奋斗目标和中华民族伟大复兴的中国梦，具有重大现实意义和深远历史意义。以习近平同志为总书记的党中央依据当代世界发展趋势，基于中华民族伟大复兴的历史使命，系统谋划我国发展空间布局战略，创造性地提出了"一带一路"、京津冀协同发展、长江经济带三大国家发展战略。京津冀协同发展是应对我国面临的各种错综复杂的矛盾与挑战、促进环渤海经济区发展、带动华北乃至整个北方腹地发展的重大国家战略，是解决世界人口最多的发展中国家首都治理、把首都建成国际一流和谐宜居城市的必由之路。按照规划，到2020年，京津冀地区整体实力将进一步提升，经济保持中高速增长，结构调整取得重要进展；协同发展取得阶段性成效，首都"大城市病"问题得到缓解，区域一体化交通网络基本形成，公共服务共建共享取得积极成效，制约协同发展和要素流动的体制机制障碍得到破解；生态环境质量明显改善，生产方式和生活方式绿色、低碳水平上升；人民生活水平和质量普遍提高，城乡居民收入较快增长，就业、教育、文化、社保、医疗、住房等公共服务体系更加健全，基本公共服务均等化水平逐步提高。

认真贯彻落实京津冀协同发展国家战略，为京津冀协同发展提供优质高效司法服务和保障，是人民法院特别是京津冀三地法院必须担负起的重大政治责任和光荣历史使命。要深入贯彻习近平总书记系列重要讲话精神，认真落实"十三五"规划纲要和《京津冀协同发展规划纲要》《"十三五"时期京津冀国民经济和社会发展规划》，自觉把人民法院司法工作融入到促进京津冀协同发展的国家战略中，按照规划确定的目标、方向、思路和重点，找准司法服务和保障的切入点、结合点、着力点。针对京津冀地区资源配置和功能布局不合理、资源配置行政色彩浓厚、区域发展差距悬殊、区域内统一开放市场体系尚未形成，公共服务水平落差大等实际情况，积极发挥司法的统一性、协调性、指导性功能，通过司法解释、审判执行工作保障国家法律统一适用，推动破除协同发展中的利益藩篱，打破行政壁垒，消除地方保护主义，创造公平有序的市场环境。充分发挥、积极拓展人民法院司法职能，通过发布指导意见、司法白皮书、司法建议

等形式，促进京津冀三地加强和创新社会治理，推动建立健全区域安全联防联控体系，形成公开透明的投资环境、公平公正的竞争规则和合理的利益协调机制，促进区域经济持续健康发展、区域社会关系和谐稳定。

要在党中央坚强领导下，紧紧依靠京津冀三地党委、政府，认真研究京津冀协同发展中司法面临的新情况、新问题，不断创新司法理念，确保审判执行工作为推动京津冀协同发展大局服务。要充分发挥司法的公共政策功能，推动京津冀三地探索形成引领经济发展新常态的体制机制和发展方式，促进在供给侧结构改革中完成去产能、去库存、去杠杆、降成本、补短板五大任务。要遵循党委领导、政府主导、司法保障的原则，凝聚最高人民法院和京津冀三地法院的合力，服务和保障京津冀地区在城市群发展、产业转型升级、交通设施建设、社会民生改善等方面实现一体化布局，促进京津冀三地建立统一规范的市场体系、行政管理协同机制、生态环保联动机制、产业和科技创新协同机制，为京津冀协同发展营造良好营商环境。要着力降低司法成本，为京津冀稳增长、调结构、惠民生、防风险和企业兼并重组、化解产能过剩、构建现代产业发展体系提供便捷高效的司法服务和保障，促进经济转型升级；利用巡回审判机制，对协同发展中关系到公共政策落实、民生保护等案件，可以就地立案、就地送达、就地开庭、就地调处、就地宣判。要进一步推进多元化纠纷解决机制建设，根据国家主导、司法推动、社会参与、多元并举、法治保障的现代纠纷解决理念，加快建设功能强大、资源充足的诉调对接平台，建立形式多样、运行规范的诉调对接机制，妥善化解矛盾纠纷。要加强三地法院协同机制建设，推动建立区域性纠纷解决中心，提升区域的综合竞争力。

**二、充分发挥审判职能作用，依法促进京津冀创新、协调、绿色、开放、共享发展**

牢固树立和贯彻落实创新、协调、绿色、开放、共享的新发展理念，是关系我国发展全局的一场深刻变革。人民法院要大力加强审判执行工作，立足司法本职，为京津冀实现五大发展提供优质高效的司法服务和保障。

加强知识产权审判，服务和保障京津冀创新发展。发挥知识产权审判在推动京津冀创新驱动发展方面的作用，建立健全区域创新体系，推动创新资源和成果开放共享，为京津冀形成协调创新共同体，实现经济转型和科学发展提供有力司法支持，努力将京津冀地区建设成全国创新驱动经济增长新引擎。依法审理涉及专利、商标和著作权等知识产权案件，惩罚侵犯知识产权犯罪，保护知识产权人合法权益，促进技术创新。依法审理战略性新兴产业中涉及新能源、新材料、环保等高新技术产业发展的知识产权纠纷，加大对关键核心技术自主知识产权的保护力度。依法审理区域协同发展中的涉及地区垄断、行业垄断和不正当竞争纠纷案件，构建统一市场，维护市场秩序。要认真总结京津冀法院知识产权审判实践，为制定专利商标授权确权、诉前禁令、诉讼证据相关司法解释做好论证准备，促进司法标准统一。妥善处理知识产权司法保护和行政保护之间的关系，强化知识产权行政执法与司法衔接。建立知识产权诉调对接机制，提高知识产权保护效率。在京津冀率先推进知识产权司法审判体制改革，积极进行知识产权民事、刑事、行政审判"三合一"试点工作。

加强民商事审判，服务和保障京津冀协调发展。发挥民商事审判在优化资源配置、提升公共服务水平等方面的作用，以公平正义的司法理念，正确处理民商事案件中涉及京津冀区域发展中的重大经济利益关系，促进城乡区域协调发展，促进经济社会协调发展，促进新型工业化、信息化、城镇化、农业现代化同步发展。有针对性审理好疏解北京非首都功能中因企业、商品市场、商户调整外迁产生的租赁合同纠纷、物业合同纠纷、房屋产权分割、拆迁补偿安置纠纷等案件，并总结推广司法实践中行之有效的建立"立审执"绿色通道、"提前介入、全程调解"等工作经验，努力在立案或诉讼阶段实现纠纷的实质性解决。加强京津冀地区企业清算案件的审理，依法清理"僵尸企业"，妥善审理因产业结构调整升级、淘汰落后产能引发的企业重组、破产、强制清算和股东权益、职工权益纠纷案件，服务产业优化升级和产业园区建设，促进京津冀地区市场流通和供给，释放经济发展动力，拓展创新空间。依法审理金融案件，保护金融债权和金融消费者权益，维护金融创新与安全，推进金融创新运营示范区良性发展，防范区域性、系统性金融风险。

加强环境审判，服务和保障京津冀绿色发展。发挥环境审判在促进生态文明建设、实现可持续发展方面的作用，推进建设京津冀资源节约型、环境友好型社会，形成人与自然和谐发展新格局。要认真落实审理环境民事公益诉讼案件适用法律的司法解释和即将出台的《最高人民法院关于充分发挥审判职能作用为推进生态文明建设提供司法服务和保障的意见》，积极配合京津冀生态修复环境改善示范区建设，配合削减区域污染物排放总量、实施大气污染防治重点地区气化工程和加强饮用水源地保护等政策实施，依法审理环境资源刑事、行政、民事案件，制裁乱垦滥伐、浪费资源、破坏耕地、污染环境等行为，保护人民群众环境权益。加强与行政机关的协调配合，形成有效合力，建立健全从源头上遏制环境违法犯罪行为的机制。

加强涉外审判，服务和保障京津冀开放发展。发挥涉外审判在推动京津冀实现开放发展、培育区域开放合作竞争新优势方面的作用，配合京津冀"引进来""走出去"和"一带一路"战略实施，推动航空、海运、物流、仓储等行业发展，努力营造法治化、国际化、便利化营商环境，促进构建互利共赢、多元平衡、安全高效的开放型经济新体制。充分发挥天津海事法院专业化审判优势，依法审理各类海事海商案件，维护国家海洋权益和"蓝色国土"安全，平等保护中外当事人合法权益，树立中国海事司法在国际上的良好公信力，努力将我国建设成为具有较高国际影响力的国际海事司法中心。依法履行海事司法职能，审理好河北、天津各港口的海上货物运输合同纠纷、船舶建造修理纠纷等案件。

加强涉民生案件审判，服务和保障京津冀共享发展。发挥涉民生案件审判的重要功能，促进在京津冀协同发展中实现发展为了人民、发展依靠人民、发展成果由人民共享。通过涉民生案件审判，保障和促进人力资源、劳动用工和人才政策实施的公平公正。妥善审理精准扶贫过程中的各种案件，重点保护农村低保户、困难户、残疾人、妇女儿童合法权益，打击贪污、挪用、侵占扶贫款项的犯罪行为。依法保护良好用工秩序，妥善处理于因企业、商户破产、改制、搬迁、撤并引发的劳动保障、工伤认定、社会保险、劳动合同等劳动人事争议，注重平衡好劳动者与用人单位之间的利益，支持和监督劳动保障行政部门依法行使职权。加强与人力社保部门、劳动争议仲裁机构、工会的沟通，充分发挥相关机构的优势，合力化解矛盾纠纷，构建和谐劳动关系。

## 三、坚持改革创新，努力构建与京津冀协同发展相适应的司法工作体制机制

京津冀协同发展为京津冀法院深入推进司法改革创造了良好的机遇和条件。要坚持顶层设计和地方探索相结合、尊重司法规律和立足中国国情

相结合，坚决破除审判领域影响京津冀协同发展的体制机制障碍，努力构建与京津冀协同发展相适应的司法工作体制机制。

积极探索特定类型案件集中管辖或专门管辖制度。结合三地经济社会特点，充分发挥北京知识产权法院、天津海事法院等专门法院的审判功能，积极探索知识产权、涉外海事海商、环境资源以及具有区域联动性特点或社会影响较大案件的专门管辖机制，探索建立跨区划知识产权案件集中在北京、涉外海事商事案件集中在天津、跨区划环境资源案件集中在河北管辖的制度，促进司法统一，破解地区经济社会发展壁垒。

探索建立重大疑难等案件提级管辖制度。京津冀法院要结合审判工作特点和需求，加强对与促进京津冀地区协同发展密切相关的重大、疑难、复杂案件和新型案件提级管辖制度的研究，规范提级管辖中的案件移送、受案审查和裁判结果。

研究跨行政区划法院管辖跨京津冀重大民商事案件的可行性和必要性，探索完善相关体制机制。设立跨行政区划法院是党的十八届三中、四中全会作出的重大改革部署。要进一步加强对在京津冀地区设立跨行政区划法院的可行性研究，配合中央有关部门完善落实改革方案，推动构建形成普通案件在行政区划法院审理、特殊案件在跨行政区划法院审理的诉讼格局。探索将北京第四中级人民法院的案件管辖范围拓展到天津、河北，由北京第四中级人民法院管辖跨京津冀行政区划特定范围、特定类型的重大民商事案件。

加强司法政策、司法解释的制定和案例指导工作，确保京津冀法院裁判标准统一。针对京津冀区域发展方式不同、发展阶段不同，以及旧有发展模式和地方利益等因素给京津冀法院案件审理可能造成的影响，进一步加强司法政策、司法解释和案例指导工作，统一区域内案件裁判标准。对在推进协同发展过程中的重大疑难法律适用问题，及时研究司法政策，出台指导性意见。对具有共性的法律适用问题，及时进行司法解释立项论证，由最高人民法院制定相关司法解释。对社会影响大、疑难复杂的典型案件，三地法院可共同发布参考性案例，最高人民法院可适时编选发布指导性案例。

切实贯彻执行新行政诉讼法，助力京津冀法治政府建设。充分发挥行政审判对推进京津冀要素市场一体化改革、构建协同发展体制机制、加快公共服务一体化改革的服务保障作用。着力解决跨区域行政诉讼审理难、执行难问题，支持和推动依法行政。及时审理企业疏解中产生的劳动保障、工伤认定、社会保险等纠纷，以及重点项目建设中出现的土地房屋征收拆迁、政府信息公开等案件。通过行政审判体制机制改革、案件管辖调整和依法独立公正审判，有效解决行政干预和诉讼"主客场"问题，形成京津冀行政机关负责人自觉出庭应诉、实质性化解争议的良好法治环境，有效发挥行政审判工作在助力法治政府建设中的重要作用。

## 四、完善协同机制，有效推进和实现京津冀司法协作联动

充分发挥三地法院联席会议机制的统筹指导作用。京津冀法院联席会议全面负责和指导最高人民法院有关职能部门、京津冀三地法院贯彻落实《意见》规定。通过召开定期会议或临时会议，及时总结、研究、部署工作，通报贯彻落实情况，交流经验，研讨重大疑难法律适用问题，推动京津冀地区司法改革，针对审判执行中的特殊性问题提出解决措施，及时将调研成果报送中央和京津冀地方党委、政府。要加强调查研究，认真研究共性问题，提出科学合理的解决方案。

尽快建立京津冀三地法院网上立案机制。根据建设"智慧法院"要求，京津冀法院要加强在信息化软件开发、平台建设和大数据应用等方面的合作，实现三地平台共建、信息互通、资源共享、业务协同。尽快建立网上立案机制，统一立案标准，确定网上立案系统的使用范围，实现三地间网上直接立案。建立涉京津冀协同发展案件发现、识别和统一管理机制。

大力推动京津冀法院执行联动机制，努力解决"执行难"。要认真贯彻《最高人民法院关于落实"用两到三年时间基本解决执行难问题"的工作纲要》，实现协同联动，在京津冀三地高院签署的《京津冀法院执行联动协作协议》基础上，进一步完善、落实执行协作机制，提高执行效率，努力解决执行难问题。

构建京津冀互联互通司法信息和协作平台。推动建立京津冀法院之间的沟通协调机制，实现涉京津冀司法服务和保障重大问题统一对外通报、审判信息和法律适用规范性文件共享、跨区域重大疑难案件集中会商、疑难法律适用问题及裁判标准共同研讨和重大司法问题联合调研。三地法院要根据《人民法院信息化建设五年发展规划（2016—2020）》的要求，加快建设智能化信息系统，通过信息系统推进和实现三地沟通协作。推动建

立覆盖京津冀三地法院的信访数据库,构建京津冀大信访格局。鼓励法院与政府信息系统数据互联互通、资源共享。要加强沟通协作,建立健全与京津冀协同发展相适应的司法工作机制,促进区域性经济社会发展,为全国法院提供良好示范。

建立京津冀法官统一培训、学习和交流工作机制。建立京津冀法院教育培训资源共享机制,定期组织三地法官通过视频等形式进行统一培训。三地高院在教育培训师资、教育培训内容等方面加强沟通协作,提高教育培训质量。积极探索实行三地法官异地挂职、任职交流,努力实现三地司法能力共同提升。

同志们,推动京津冀协同发展,人民法院责任重大、使命光荣。我们要认真学习贯彻习近平总书记系列重要讲话精神,围绕京津冀协同发展这一重大国家战略,立足司法本职,细化工作任务,狠抓工作落实,努力为京津冀协同发展提供更加有力的司法服务和保障!

# 【理论与实践探索】

# 立案登记制条件下的审判思维

姜启波[*]

实行立案登记制，是党的十八届四中全会作出的一项重要改革决定。自 2015 年 5 月 1 日人民法院全面实行立案登记制以来，全国法院一审案件受理数量同比上升 27.39%，当场登记立案率超过 95%，长期困扰人民群众诉权行使的"立案难"问题得到有效破解，人民群众司法获得感不断增强。与此同时，改革辐射效应日益显现。人民法院审判任务普遍加重，审理难度增大，滥用诉权问题明显增多，"人案矛盾"更加突出……在这一背景下，如何进一步深化改革，破除制约人民法院科学发展的思想观念和体制机制障碍，实现中国特色社会主义司法制度的自我完善与发展。这要求人民法院必须打破传统思维定式，以更加契合时代要求、符合司法规律、体现为民主旨的审判思维指导和推动工作。

## 一、以法治思维看待立案登记制改革

法治思维是指受法律规范和程序约束、指引的思维方式，其核心在于限制、约束权力任意行使。[①] 在经济社会高速发展的新时期，没有法治就无法维系和推动社会发展。可以说，法治思维是我国建设法治国家、法治政府、法治社会的基础和灵魂，是国家治理能力和治理水平现代化的前提和良器。习近平总书记多次强调要运用法治思维解决问题。他指出："谋划工作要运用法治思维，处理问题要用法治方式，说话做事要先考虑一下

---

[*] 最高人民法院立案庭庭长。
[①] 陈金钊：《"法治思维和法治方式"的意蕴》，载《法学论坛》2013 年第 5 期。

是不是合法。"

运用法治思维解决问题体现在司法领域，其实质在于运用法律手段解决社会矛盾纠纷。立案是审判的前提和基础，是启动司法程序的总开关。实行立案登记制，是现代法治国家的常规做法，也是"法院不拒收诉状、法官不拒绝审判"法治理念的体现。党的十八届四中全会提出改革案件受理制度，变立案审查制为立案登记制，就是要保障当事人诉权，对符合法律规定的起诉，依法予以立案。通过充分发挥审判职能作用，实现法治轨道内解决社会矛盾纠纷，从而发挥司法在促进法律规范体系、法治实施体系、法治监督体系、法治保障体系建设中的重要作用，推动加快建设公正高效权威的社会主义司法制度，落实依法治国基本战略。从这个意义上说，立案登记制改革是新中国成立以来司法改革的一个里程碑，其重要意义是不言而喻的，对中国法治建设发展的推动作用也是不可估量的。立案登记制改革一年来，全国法院共登记立案 1557 万件。其中，民事案件同比上升 24.23%，行政案件同比上升 55.66%，刑事自诉案件同比上升 59.88%，国家赔偿申请同比上升 110.79%，执行案件同比上升 33.98%。各类型案件的增多，特别是"民告官"案件的大幅上升，意味着人民法院在创新社会治理，监督依法行政，促进法治政府建设，服务经济发展等方面发挥越来越重要的作用。特别是一些重大环保案件、社会热点案件的及时受理，对树立行为规则，促进依法办事具有良好示范效应。随着立案登记制改革的持续推进，势必会加快全社会树立法治思维，自觉使一切活动纳入法治要求之下，形成尊法守法的良好政治生态和社会氛围。

## 二、以开放思维看待案件审理方式

实行立案登记制是当前司法体制改革的重要一环。一子落而全盘活，其成功推行给法院工作带来广泛而深刻的影响。随之而来也不可避免地出现许多新情况新问题：人民法院受理案件数量持续增长，新类型案件大量增加，办案压力和难度越来越大……如果仍固守传统以开庭审判为主的审判方式，"人案矛盾"势必加剧，这既使司法者疲惫不堪，对职业丧失信心，又导致司法质效低下，使民众对法治丧失信心。在这一背景下，我们决不能思想僵化，观念陈旧，必须坚持开放思维，突破狭隘眼界，从多视角、多方位看待审判工作。

应当认识到，国家设立法院、设立法官，根本目的在于又快又好地解决矛盾纠纷，维护社会公平正义，保障人民安居乐业。人民法院一切工作都要围绕这一中心。案件在哪个阶段解决，以何种方式解决，只是工作选择。过去我们在选择案件审理方式上出现本末倒置，过分强调以庭审为主要审判方式，以裁判为主要结案方式。观之英美等国，开庭审理案件不足十分之一，大量是通过审前程序、诉辩交易、行政和解解决。我国实行立案登记制后，大量简单案件与群体性的、疑难复杂的案件相互混杂地涌入法院，而司法裁判的对抗性和强制性、审理期限的法定化、诉讼程序的单一性、法律真实与客观真实的冲突等，使传统审判方式难以适应时代发展需要。一审裁判数量不断增多，进而导致大量二审、申诉和申请再审，引发涉诉信访、执行难等问题，四级法院资源紧张，又都面临巨大审判压力。

如何破解这一困局？唯一路径就是要从庭审为主的审判方式向多元化纠纷解决方式转变。具体而言，实行繁简分流，对于占比80%以上的面广量大的民商事纠纷和危害不大的刑事案件，法院应当尽量选择在庭前，以当事人自愿方式，通过和解、谅解、调解、速裁方式快速处理，避免出现上诉、申诉、投诉。对于重大敏感或者具有典型意义的案件，则要精心审判，彰显正义，普及法治。做到当"简"彻底精简，提升效率，减轻审判压力；该"繁"精细审判，树立公信，增强司法权威。

## 三、以民本思维看待诉讼服务工作

司法为民是人民法院一切工作的出发点和落脚点。在当前形势下，人民群众到法院诉讼，当然希望得到公正的裁判结果，更希望得到人性化、一站式、便捷高效的诉讼服务。坚持民本思维，就是要在司法工作中以重视民众的地位和作用，满足民众的利益和需要为思考和解决问题的前提和出发点。这既是由当事人是案件亲历者的角色定位决定的，同时也是社会文明发展进步的必然结果。从当前实践看，个别法院、个别法官"官本位"思想根深蒂固，习惯于用指挥、命令的方式对待审判工作，职权主义倾向严重，认为只要裁判公正就可以了，对于诉讼场所建设、便民设施配备、诉讼权利义务告知和风险提示等服务性工作，没有必要投入太多，甚至认为严格司法与热情服务是一对矛盾。一些法院在场所建设、设施配备、司法公开、法律释明、司法礼仪、法治宣传等方面存在不足，很多老百姓到法院打官司感觉进了衙门，诉讼没人指引、咨询没人回应、材料没人接收，办一件事要四处打听，既无助又无奈。这与司法为民宗旨是背道而驰的。

树立民本思维，就是要高度关注人民群众司法需求，及时了解当事人和群众对诉讼服务中心的体验，听取他们的意见建议，改进不合理的地方。特别是要在当前较为薄弱的服务环节，如对当事人进行诉讼辅导，引导选择正确救济程序；向当事人加大宣传，释明法律，引导规避风险，在减轻诉累等方面加大投入力度，提升服务的针对性和实效性。

树立民本思维，不仅要将人民群众作为服务对象，还要将群众作为服务主体，形成"人人参与、人人尽力、人人享有"的工作格局。要依靠群众服务群众，律师服务律师。引入法律专家、律师、心理学家、社会志愿者等专业力量，充分发挥人民调解、行业调解、行政调解、特邀调解、仲裁在化解矛盾纠纷中的作用，实现多元共治的诉讼服务体系，促进诉讼服务中心社会化。

### 四、以公信思维看待涉诉信访化解

信访制度承载着公民政治参与、民意表达、纠纷化解、权益救济以及维护稳定功能，充当着社会生活"晴雨表""安全阀"的角色。涉诉信访作为人民群众反映各级法院在审判过程中存在这样或那样问题的权利救济渠道，其数量的多少反映了社会正义在司法领域的实现程度以及群众对司法的信任程度。从实践看，在影响司法公信力，如执行难，法院"空调白判"、冤假错案以及法官徇私枉法等的诸多因素中，当事人不服法院判决，反复申诉信访是最为严重，影响最大的。一方面，长期反复申诉信访会影响当事人正常生产生活。一旦信访群众无法实现预期目的，可能会对司法工作、社会体制、政治制度产生怀疑和不信任，甚至采取极端方式，长此以往，负面效应极大。另一方面，涉诉信访本身不受期限和时效限制，法院也不得不进行一次又一次的复查，使司法资源遭受极大浪费，司法权威性、终极性也受到严重冲击。如果任由信访矛盾累积、蔓延，就会使司法失信，就会动摇法院工作的根本。

2016年4月21日，习近平总书记专门就信访工作作出重要指示，强调："加强源头治理，努力将矛盾纠纷化解在基层、化解在萌芽状态，避免小问题拖成大问题，避免一般性问题演变成信访突出问题。"这要求在涉诉信访工作中要树立公信思维，一方面做好预防工作，对审判过程中可能产生的信访问题，要第一时间予以化解，决不能漫不经心，不予理睬，以免无限申诉伤害司法公信和司法权威。另一方面，要尽快建立律师代理申诉制度。总的思路是，筛选符合一定条件的律师事务所和律师进入代理申诉信息库，由法院搭建工作平台。进入信息库的律师可以根据申诉案件情况，提供法律释明、代理申诉等服务。目前，最高人民法院已经会同最高人民检察院、司法部起草了《关于实行律师代理申诉制度若干问题的规定（试行）》，拟于近期下发。

## 五、以发展思维看待信息化建设应用

时代在发展，特别是信息技术的发展直接影响和改变人类的思维方式和活动方式，人们的生活、交往、学习、工作、生产、消费都发生了翻天覆地的变化。在这一背景下，要应对立案登记制改革带来的案件数量不断增多，涉诉信访化解难度加大，审判管理质效不高等问题，实现审判体系和审判能力的现代化，必须坚持发展思维，充分发挥信息化作为先进生产力的重要作用，加快信息化与审判工作的深度融合，推进人民法院工作实现深刻变革。几十年的审判实践证明，单靠人的管理，不仅管理粗放，质效不高，还容易陷入无序和失控状态。推进人民法院信息化建设，全面深化信息化在司法为民、公正司法中的建设性作用，是满足群众需求、促进司法公开、确保司法公正的重要途径，对进一步增强审判质效，实现精细管理，破解改革难题，提升司法公信具有至关重要的作用。

当前，人民法院正以信息化为抓手，加快建设网络、阳光、智能的"智慧法院"。对外实现包括立案、审判、执行、诉讼服务、涉诉信访等在内的各项工作的转型升级，为当事人提供网上引导、网上立案、网上查询、网上咨询、网上阅卷、网上申请、网上缴退费、网上申诉等智能服务，开展视频庭审、视频调解、视频接访等，让老百姓足不出户就可以参与诉讼活动；对内以应用平台化和数据服务智能化为核心，促进应用系统和数据资源的贯通与融合，实现人民法院各项工作高度智能化运行与管理，做到审判执行工作信息共享、全程留痕、公开透明。

可以预见，在立案登记制条件下，传统的审判理念和审判方式会不同程度地受到冲击。唯有进一步坚定改革信心，顺应时代潮流，以法治思维、开放思维、民本思维、公信思维、发展思维看待改革浪潮下的审判工作，以改革的方式解决前进中出现的新情况新问题，才能促进中国司法制度日臻完善，实现全面依法治国总体目标。

# 立案登记制改革实施一周年情况综述

最高人民法院立案庭[*]

实行立案登记制改革，是中央推进司法改革，加快依法治国进程的重要决定，事关人民群众根本利益，事关党的执政基础与权威，事关国家长治久安，在中央政法委直接领导下，最高人民法院党组和周强院长高度重视，周密部署，强力推进，稳步实施，顺利实现了各项改革目标。

## 一、敢于担当，人民法院勇挑改革重担

众所周知，进入 21 世纪以来，人民法院审判案件数量每年以 10% 左右的幅度持续攀升，群众日益增长的司法需求与人民法院司法能力不足的矛盾已经凸现出来。虽然人民法院不断加强和改进案件受理工作，全面提升诉讼服务水平，然而在立案审查制的法律背景下，一些面广量大、矛盾尖锐复杂、政策性强的案件，特别是"民告官"行政案件不可避免地被挡在了法院大门之外，这在一定程度上缓解了人民法院的"人案矛盾"，但也损害了部分群众的合法权益，人民法院"立案难"问题反映突出。

立案是审判的前提和基础，是启动司法程序的总开关。有案不立、有诉不理，司法为民公正司法就无从谈起，法治中国建设进程就会受到影响。为切实保障当事人诉权，党的十八届四中全会提出，改革案件受理制度，变立案审查制为立案登记制，对人民法院依法应该受理的案件，做到有案必立、有诉必理。最高人民法院党组和周强院长敏锐意识到，这是人民法院案件受理制度的历史性变革，是彻底解决我国几千年来群众"告状难"问题的重大历史机遇。虽然改革的推进势必加剧"人案矛盾"，但却有利于保障人民群众利益，人民法院即使赴汤蹈火，也必须坚定维护。面

---

* 执笔人：徐德芳。

对重重困难，周强院长以"沧海横流，方见英雄本色"的诗句，勉励大家坚定改革的意志和决心。

2014 年 11 月初，为全面贯彻落实党的十八届四中全会精神，依法推行立案登记制改革，经最高人民法院党组和周强院长批准，最高人民法院立案庭成立了立案改革调研小组，先后在北京、山东等地召开五次座谈会，广泛听取了地方法院同志、法学专家、律师的意见，并征求了全国人大、中央政法委、最高检、公安部、司法部、中国法学会等单位的意见，形成了《关于人民法院推行立案登记制改革的意见》（以下简称《意见》）和《最高人民法院关于人民法院登记立案若干问题的规定》（以下简称《规定》），通过明确登记立案范围、规范登记立案程序、健全配套机制、制裁违法滥诉、强化立案监督，从制度上、源头上解决人民群众反映强烈的"立案难"问题。期间，中央政法委孟建柱书记和周强院长多次听取调研小组工作报告。2015 年 4 月 1 日，中央全面深化改革领导小组召开第十一次会议，审议通过了《意见》。习近平总书记在会上强调，立案登记制改革更加贴近人民群众，是司法规律的体现，是司法为民的重要措施。4 月 15 日，按照中央全面深化改革领导小组部署，最高人民法院正式对外发布《意见》，同时发布《规定》。自 2015 年 5 月 1 日起，人民法院全面实行立案登记制，对依法应该受理的案件做到有案必立、有诉必理。

## 二、多措并举，有力保障立案登记制改革顺利实施

实行立案登记制改革，核心是对人民法院依法应当受理的案件，做到有案必立、有诉必理，切实解决司法实践中存在的"有案不立、有诉不理、拖延立案、抬高门槛"等问题，充分保障当事人诉权。为确保这项改革顺利推进，我们主要采取了以下举措：

一是精心谋划部署。最高人民法院高度重视立案登记制改革，将其作为 2015 年司法体制改革的一项重点任务。2015 年 4 月 16 日，召开全国法院立案登记制改革视频会，对立案登记制改革作了全面部署。孟建柱书记专门作了批示，强调要坚持从群众最需要的地方改起，着眼创新，在改革中不断完善立案制度，建设一套符合中国国情、符合司法规律的立案登记制度。周强院长作了重要讲话，指出立案登记制改革是推进国家治理体系和治理能力现代化，推进法治中国建设的必然要求，是司法体制改革的重点任务，是践行司法为民的重大举措，是确保司法公正的重要环节。各级

人民法院要从依法治国的要求出发，从司法事业长远发展出发，以高度的历史责任感和使命感推进立案登记制改革。各地法院严格按照中央的要求和最高法院的部署，第一时间向地方党委进行专题汇报。普遍制定实施细则，明确登记立案操作规程。提前摸排情况，全面清理不符合登记立案规定的"土政策"。通过以会代训、视频培训和举办专门培训班等形式，对立案工作人员进行专门培训，统一操作规范。新辟立案窗口，强化诉讼引导，引入律师、大学生志愿者等第三方力量提供咨询答疑服务等，有力保障了立案登记制改革的顺利实施。

二是简化立案程序。最高人民法院改革立案工作机制，从简化立案程序、方便当事人行使诉权角度，对登记立案作了以下五点要求：第一，对起诉、自诉，做到一律接收诉状，出具书面凭证并注明收到日期。坚决杜绝"不收材料、不予答复、不出具法律文书"的行为。第二，对接受诉状后，符合法律规定的起诉、自诉，应当当场予以登记立案。全国法院当场登记立案率超过95%，有的地方超过98%。第三，对当场不能判定是否符合法律规定的，在法律规定期限内仍不能决定的，应当先行立案。第四，对当事人提交的诉状和材料不符合要求的，一次性书面告知在指定期限内补正。不少法院制作了一次性补正清单，明明白白告知当事人需要补充的材料，避免往返奔波。第五，对当事人提起民事、行政起诉，只要符合条件，不管有没有当场交诉讼费，都应该立案。

三是创新服务方式。人民法院坚持从群众需求出发，加大创新力度，以诉讼服务中心建设为契机，不断提升立案服务水平。如上海浦东法院开发了自助立案机，半年时间内立案4832件，平均立案时间只有15分钟。今年3月，浦东法院又开发了二维码自助立案系统，一个月内立案1000多件，极大提高了立案效率，减少了当事人等待时间。江苏全省法院推行网上立案服务。当事人或律师可以不受时间、地点限制，随时随地通过电脑、手机提交起诉材料，完成立案手续。2015年，江苏全省网上立案25779件。福建泉州法院率先推行异地立案服务，构建起"家门口诉讼"的新型立案模式。当事人在全市任何一家法院或法庭都可以完成立案手续。泉州法院全年为当事人和律师跨域立案14445件。最高人民法院抓住机遇，于2015年10月，在安徽合肥召开了全国法院诉讼服务中心建设工作推进会，及时总结推广各地先进经验，目前，部分东部沿海省份法院的诉讼服务已经远远超过香港、台湾地区，达到世界先进水平。

四是强化立案监督。为了确保立案登记制改革落实到位，2015 年 5 月 4 日，周强院长在最高人民法院集控中心，视频连线全国各高级法院，随机抽查苏州中院等中基层法院，听取实行立案登记制改革工作报告。同日，我院派出 10 个督导组，分赴河北、辽宁、上海等地，释明立案登记制改革法律适用问题，检查开展登记立案工作的运行情况，询问律师、当事人对立案改革的意见建议。各地普遍建立立案工作网络舆情应对和上下联动机制，实行定期"零报告"制度。不少法院充分运用微信、微博、法院 APP 等新媒体公开立案流程，定期邀请人大代表、政协委员、社会各界群众到立案信访窗口监督检查，听取意见建议，以实际行动回应社会关切。最高法院立案庭不定期、不间断地派出工作组，到各地法院明查暗访，发现问题，严厉通报，督促改进。

五是完善配套机制。积极推进多元化解、繁简分流等改革，着力解决立案登记制改革带来的新问题。如四川广安中院在立案庭设立速审组，实行"简案快审"，全年速裁案件 8000 多件，占全部案件的 33%，人均结案 519 件，是全市办案法官人均结案数的 3.9 倍，平均结案时间仅 21 天，大大缩短了办案周期。上海徐汇区法院成立的诉调对接中心，五年来成功调解民商事纠纷 4 万多件，占全部案件 52% 以上，有效缓解了后续审判压力。最高人民法院在四川眉山召开了多元化解矛盾纠纷经验交流会议，积极推动多元纠纷解决新格局的形成。

六是加大宣传引导。为引导社会正确认识立案登记制改革，最高人民法院制作了动漫宣传册并向当事人发放。同时，接受中央电视台、《人民法院报》等数十家新闻媒体采访，刊发解读文章，于 2015 年 6 月 9 日和 11 月 15 日召开两场新闻发布会，向社会宣传立案登记制改革成效。不少法院在诉讼服务大厅、诉讼服务网设立立案登记制改革专栏，制作宣传片和宣传海报，摆放登记立案流程介绍、登记立案解读、诉讼指南，积极宣传立案登记制，帮助群众了解、理解立案登记制改革的基本内容，形成正确舆论导向。

### 三、成绩显著，实现了"有案必立、有诉必理"的庄严承诺

自 2015 年 5 月 1 日实行立案登记制改革以来，全国法院登记立案秩序井然，案件入口更加畅通。从全国总体情况看，截至 2016 年 3 月，全国法院登记立案数量 14203053 件，同比增长 28.44%。其中，民事起诉

9794129 件，同比增长 25.40%；行政起诉 222664 件，同比增长 60.97%；刑事自诉 9882 件，同比增长 58.01%；国家赔偿申请 6229 件，同比增长 120.57%；执行申请 4170149 件，同比增长 34.53%。

从各地区情况看，截至 2016 年 3 月，登记立案数量超过 100 万件的地区有 4 个，分别是江苏、浙江、山东、广东。其中，江苏法院立案数量接近 120 万件。就各地区同比增幅情况而言，同比增幅超过 40% 的地区有 6 个。其中，增幅最大的是陕西法院，同比增长 62%，其次为河南、贵州、宁夏、云南、四川。增幅在 30% 至 40% 之间的地区有 12 个。增幅在 20% 至 30% 之间的地区有 7 个。增幅在 20% 以下的地区有 7 个。

从社会各界的反响来看，普遍认为立案登记制度改革措施落实坚决、彻底，极大地方便了群众诉讼，提高了诉讼效率，减轻了当事人诉累。一定意义上说，长期以来困扰人民群众诉权行使的"立案难"问题已经成为历史。但在看到成绩的同时，我们也注意到，随着立案登记制改革的深入推进，出现了一些新情况、新问题，主要表现为：一是对立案登记认识存在偏差。有些人提出，立案登记制改革后，案件无须审查就可进入法院。这种认识上的偏差使得出现了网上热炒的"赵薇瞪我"等"奇葩"起诉。二是行政案件立案面临巨大压力。行政案件同比增长 60.97%，个别地区增幅超过 100%，给后续审判工作带来巨大压力。此外，少数地区党政领导没有树立法治观念，仍以维护地区稳定为由，要求继续对诸如涉及当地重点工程的案件不予受理。三是多元化解、诉前分流难度加大。立案登记制改革后，不少当事人拒绝选择诉前调解，多元化解机制难以全面落实，诉前化解空间不断压缩。如北京法院 2015 年诉前化解数量同比下降 57.5%。浙江法院诉前化解率同比下降 2.13%。四是规制恶意诉讼缺乏明确法律依据。改革后恶意诉讼现象在各地普遍存在，且有上升趋势，如对基于同一行政行为或纠纷，反复提起不同类型诉讼；对已处理过的信访诉求，再次提出行政诉讼等等，消耗大量司法资源，严重影响正常的法院工作秩序。

# 人身安全保护令案件立案问题探讨

麦　珏　孙利建　戴　曙*

《中华人民共和国反家庭暴力法》（以下简称《反家暴法》）已于2016年3月1日施行，该法第四章对人身安全保护令作了专门规定。为正确理解人身安全保护令立法规定，加强和规范人身安全保护令案件立案受理工作，切实预防和制止家庭暴力，保护家庭成员的合法权益，维护平等、和睦、文明的家庭关系，促进家庭和谐、社会稳定，本文拟对人身安全保护令案件的管辖法院、诉讼主体、当事人称谓、立案受理、案号案由、诉讼费用等相关立案问题作一深入探讨。

## 一、管辖法院

《反家暴法》第二十五条规定，人身安全保护令案件由申请人或者被申请人的居住地、家庭暴力发生地的基层人民法院管辖。该条明确了人身安全保护令案件级别管辖和地域管辖的标准，其中级别管辖明确所有的人身安全保护令案件由基层法院管辖。地域管辖则有两点需要注意和准确把握：一是第二十五条规定的是"申请人或者被申请人的居住地"，而不是"经常居住地"，即对居住地居住的时间不再要求达到一年以上。二是如何理解"暴力发生地"，我们认为应指"家庭暴力行为发生地"，包括家庭暴力行为实施地和家庭暴力结果发生地。具体适用时，可参照家庭暴力报案受理的公安派出所所在地等来确定地域管辖，但家庭成员之间偶发暴力行为的公共场所不应作为确定地域管辖的依据。根据《反家暴法》第二条规定，家庭暴力，是指家庭成员之间以殴打、捆绑、残害、限制人身自由以及经常性谩骂、恐吓等方式实施的身体、精神等侵害行为。如以谩骂、恐

---

* 作者单位：上海市高级人民法院立案庭。

吓方式实施身体、精神等侵害行为，应以经常性谩骂、恐吓暴力行为实施地或结果发生地作为确定地域管辖的标准，不应以偶尔的谩骂、恐吓暴力行为实施地或结果发生地作为确定地域管辖的标准。

## 二、诉讼主体

根据民事诉讼法的规定，公民、法人、其他组织可以作为民事诉讼的当事人，即可以作为诉讼主体。人身安全保护令案件诉讼主体需要重点把握好以下两个问题。

### （一）"近亲属"范围的确定

《反家暴法》第二十三条第二款规定，"当事人是无民事行为能力人、限制民事行为能力人，或者因受到强制、威吓等原因无法申请人身安全保护令的，其近亲属、公安机关、妇女联合会、居民委员会、村民委员会、救助管理机构可以代为申请。"如何确定该条规定的"近亲属"范围，直接影响着人身安全保护令案件的代为申请人范围的确定。《最高人民法院关于贯彻执行〈中华人民共和国民法通则〉若干问题的意见（试行）》（以下简称《民法通则意见》）第12条规定"民法通则中规定的近亲属包括配偶、父母、子女、兄弟姐妹、祖父母、外祖父母、孙子女、外孙子女"。但《最高人民法院关于适用〈中华人民共和国民事诉讼法〉的解释》（以下简称《民事诉讼法解释》）第八十五条却规定"根据民事诉讼法第五十八条第二款第二项规定，与当事人有夫妻、直系血亲、三代以内旁系血亲、近姻亲关系以及其他有抚养、赡养关系的亲属，可以当事人近亲属的名义作为诉讼代理人"。人身安全保护令案件的近亲属范围应依据上述哪条规定为准呢？我们认为，后者《民事诉讼法解释》关于"近亲属"范围的解释界定比前者《民法通则意见》更为宽泛。从新法优于旧法，以及从《反家暴法》加大家庭暴力受害人保护力度的立法理念来看，应尽量放宽人身安全保护令案件申请主体范围，因此人身安全保护令案件代为申请人中"近亲属"范围应根据《民事诉讼法解释》的规定来确定。

### （二）"家庭成员以外共同生活的人"范围的确定

《反家暴法》第三十七条规定"家庭成员以外共同生活的人之间实施的暴力行为，参照本法规定执行"。因此，家庭成员以外共同生活的人亦可以作为人身安全保护令的当事人。如何界定"家庭成员以外共同生活的人"的范围至关重要。

最高人民法院、最高人民检察院、公安部、司法部2015年3月2日发布的《关于依法办理家庭暴力犯罪案件的意见》(法发〔2015〕4号)开头部分规定:"发生在家庭成员之间,以及具有监护、扶养、寄养、同居等关系的共同生活人员之间的家庭暴力犯罪,严重侵害公民人身权利,破坏家庭关系,影响社会和谐稳定。人民法院、人民检察院、公安机关、司法行政机关应当严格履行职责,充分运用法律,积极预防和有效惩治各种家庭暴力犯罪,切实保障人权,维护社会秩序。"

全国人大常委会法工委原副主任阚珂在接受《法制日报》记者采访时亦表示:"家庭成员以外共同生活的人,指的是具有监护、抚养、寄养和同居关系的人,这些人虽然不是家庭成员,却存在着这样的关系。我们在调研中了解到,在一些比较偏远的农村,存在着这样的习惯和风俗,结婚只办了婚礼但没有办理结婚登记手续,仍然得到了双方家庭和村里人的认可,这里讲的'同居'是这样的关系。尽管没有婚姻关系,但是同居双方都有人身不受侵害的权利。因此,法律坚持了'保护权利不保护关系'的原则。"①

因此,可参照上述规定,将"家庭成员以外共同生活的人"的范围界定为"具有监护、扶养、寄养、同居等关系的共同生活人员"。

## 三、当事人称谓

### (一)申请人与被申请人

人身安全保护令案件的申请人往往是受害人,但从诉讼的角度来看,该当事人只是声称受害的人,并非一定就是实际上的受害人。同样,人身安全保护令案件的被申请人往往是加害人,但从诉讼的角度来看,该当事人也只是申请人声称为加害的人,并非一定就是实际上的加害人,至多是存在加害嫌疑的人而已,正如在刑事审判前,没有罪犯之称谓,只有犯罪嫌疑人之说是一样的道理。因此,在申请人身安全保护令案件中,不可以有受害人与加害人之称谓,而只能有申请人与被申请人之称谓。对此,从

---

① 蒲晓磊:《反家庭暴力法制定没留遗憾》,载2016年4月5日《法制日报》第9版。

《反家暴法》第二十九条①规定亦可看出，当事人称谓使用的也是申请人与被申请人。因此，人身安全保护令案件当事人一般称谓为申请人和被申请人。如果申请人与被申请人是受诉法院正在审理的案件中的原、被告，根据《最高人民法院关于印发人身安全保护令样式的通知》（法〔2016〕51号）中人身安全保护令样式说明，则应当写为："申请人（原告）：×××，被申请人（被告）：×××"或者"申请人（被告）：×××，被申请人（原告）：×××"。

## （二）代为申请案件当事人称谓

根据《最高人民法院关于印发人身安全保护令样式的通知》中人身安全保护令样式说明，代为申请情况下，当事人称谓一般为申请人、代为申请人（或法定代理人）、被申请人。一是如果家暴受害者是无民事行为能力人或者限制民事行为能力人，由其监护人代为提出申请的，则在申请人基本情况之后另起一行，写明其法定代理人的基本情况。二是如果家暴受害者是无民事行为能力人或者限制民事行为能力人，或者因受到强制、威吓等原因无法自行申请人身安全保护令，代为申请的为其近亲属的，应当在申请人基本情况之后另起一行，写明代为申请人的自然情况。三是由公安机关、妇女联合会、居民委员会、村民委员会、救助管理机构代为申请的，应当在申请人基本情况之后另起一行，写明代为申请机构的名称、住所地、法定代表人的名称、经办人的姓名、职务。

## （三）复议案件当事人称谓

人身安全保护令复议案件当事人称谓一般为申请复议人，对方则写为人身安全保护令申请人或人身安全保护令被申请人。

## 四、立案受理

根据民事诉讼法关于起诉受理②及立案登记制改革的相关规定，人身

---

① 《反家暴法》第二十九条："人身安全保护令可以包括下列措施：（一）禁止被申请人实施家庭暴力；（二）禁止被申请人骚扰、跟踪、接触申请人及其相关近亲属；（三）责令被申请人迁出申请人住所；（四）保护申请人人身安全的其他措施。"

② 民事诉讼法第一百一十九条："起诉必须符合下列条件：（一）原告是与本案有直接利害关系的公民、法人和其他组织；（二）有明确的被告；（三）有具体的诉讼请求和事实、理由；（四）属于人民法院受理民事诉讼的范围和受诉人民法院管辖。"

安全保护令的受理条件应当为：（1）有明确的被申请人；（2）申请人与被申请人存在婚姻关系、家庭关系或者属于家庭成员以外共同生活的人；（3）有具体的请求和事实、理由。也即对人身安全保护令立案受理应当是形式审查、登记立案，不应在立案时再要求申请人必须提供一定的证据表明曾遭受家庭暴力或正面临家庭暴力威胁，应采取最低限度的证据提供标准，即只要申请人作出曾遭受家庭暴力或正面临家庭暴力威胁的陈述，就应当受理立案。因为根据民事诉讼法第六十三条①规定，当事人的陈述亦属于八大证据的种类之一，而且申请人可能无法提供某些证据，需要申请立案后由法院依职权调查。为避免对申请人身安全保护令案件立案的过严审查，不宜将"有一定证据表明曾遭受家庭暴力或正面临家庭暴力威胁"作为申请立案受理条件。

《反家暴法》第二十四条规定，申请人身安全保护令应当以书面方式提出；书面申请确有困难的，可以口头申请，由人民法院记入笔录。因此，司法实践中，人民法院应高度重视人身安全保护令案件的立案受理工作，开通绿色通道，安排专人优先办理人身安全保护令的申请受理工作；对申请人书面申请有困难的，可以引导申请人至法律援助窗口由法律援助人员代为书写申请书，或者由申请人口头申请，立案工作人员记入笔录，并由申请人以签名、捺指印等方式确认。按照立案登记制改革要求当场登记立案。由立案人员填写《涉家暴案情提示单》一并及时移交审理。

## 五、案号案由

### （一）一般情况

最高人民法院2016年1月27日印发的《关于确定人身安全保护令案件及其类型代字的通知》（法〔2016〕37号）规定：在民事案件中增设一个二级类型案件，即人身安全保护令案件；下设两个三级类型案件，即人身安全保护令申请审查案件，类型代字为"民保令"，人身安全保护令变更案件，类型代字为"民保更"。因此，人身安全保护令案件相应的案由应为一个二级案由，即人身安全保护令；下设四个三级案由，即人身安全

---

① 民事诉讼法第六十三条："证据包括：（一）当事人的陈述；（二）书证；（三）物证；（四）视听资料；（五）电子数据；（六）证人证言；（七）鉴定意见；（八）勘验笔录。证据必须查证属实，才能作为认定事实的根据。"

保护令申请、人身保全保护令撤销、人身安全保护令变更、人身安全保护令延长。[①]

（二）其他情况

1. 当事人在诉讼过程中提出申请的，是使用原案件案号，还是另立新案使用人身安全保护令案号

我们认为，人身安全保护令是一个独立的二级类型民事案件，应当另立案件编立人身安全保护令案件案号。否则，也不利于人身安全保护令的申请强制执行与后续违反人身安全保护令的制裁。如在婚姻家庭纠纷等案件审理过程中，当事人申请人身安全保护令的，不宜由民事审判部门使用审理中的婚姻家庭纠纷等案件的字号，直接与婚姻家庭纠纷等案件合并审理，而应由民事审判部门释明引导当事人至立案部门申请立案，或将当事人申请材料移送至立案部门登记立案，由立案部门根据最高法院《关于确定人身安全保护令案件及其类型代字的通知》要求，单独编立人身安全保护令案件字号后移送民事审判部门审理。

2. 人身安全保护令复议案件与执行案件案号

根据《最高人民法院关于印发人身安全保护令样式的通知》规定，复议案件无论是裁定撤销原裁定，还是驳回复议申请，类型代字一律使用"民保更"，即案号一律使用"……民保更××号"。需要强制执行的人身安全保护令裁定，应像其他民事判决裁定的申请执行一样，由作出裁定的部门移送执行或由当事人申请执行，立案部门予以立执行案件，并编立执行案件案号。

## 六、诉讼费用

《反家暴法》第十九条第二款规定"人民法院应当依法对家庭暴力受害人缓收、减收或者免受诉讼费用"。据此，人民法院自 2016 年 3 月 1 日起受理的涉家暴案件应当依法对家暴受害人缓收、减收或者免除诉讼费用。最高法院中国应用法学研究所 2008 年 3 月发布的《涉及家庭暴力婚姻

---

① 《反家暴法》第三十条规定："人身安全保护令的有效期不超过六个月，自作出之日起生效。人身安全保护令失效前，人民法院可以根据申请人的申请撤销、变更或者延长。"根据该条规定，人身安全保护令变更案件，包括人身安全保护令撤销、变更、延长三种情况，对应人身安全保护令撤销、人身安全保护令变更、人身安全保护令延长三个三级案由。

案件审理指南》第八十五条规定，申请人身安全保护令，无须交纳诉讼费用。因此，我们认为，可参照该规定，对人身安全保护令案件，包括人身安全保护令申请审查案件和人身安全保护令变更案件，均不收取诉讼费用。2016年7月13日起施行的《最高人民法院关于人身安全保护令案件相关程序问题的批复》（法释〔2016〕15号）第一条亦明确，向人民法院申请人身安全保护令，不收取诉讼费用。

# 立案登记制的法经济学分析

苟振伟*　　许常海**

为了实现人民法院依法、及时受理案件，做到有案必立、有诉必理，保障当事人诉权，最高人民法院于 2015 年 5 月开始全面推行立案登记制改革。实现司法公正是司法改革的主旋律，但司法改革也同时关注司法效率问题，因为过高的司法成本会最终影响司法公正的实现，而且司法效率也是司法公正的应有之义。甚至如波斯纳所言，"正义的第二种涵义——也许是最普通的涵义——是效率。"① 本文以立案登记制改革为考察基点，通过运用法经济学方法，分析制度价值，并试图展望制度发展进路。

## 一、司法活动的经济学属性

从法经济学的角度观察司法活动，我们会发现，与经济市场相似，司法是一种向社会提供"正义"这类公共产品的活动，其中也存在供给和需求以及成本，而且司法资源也存在稀缺性。因此，法院是根据自己掌握的司法资源向社会提供司法正义产品的社会机构。如同企业需要销售更多的商品一样，法院作为一个销售者，应当做的是使社会上更多的人能够寻求司法的救济。同时，法院也需要考量司法成本的高低，充分利用有限的司法资源受理和审判案件，不断提高审判效益。只有这样，才能提升社会大众对司法公正的认同度。

如果说人民法院是作为卖方市场的国家代言人，那么诉讼当事人就是买方市场的消费者。西方经济学里对参加经济活动的人有一种标准化的提

---

　＊　作者单位：最高人民法院立案庭。

＊＊　作者单位：最高人民法院刑一庭。

　①　波斯纳：《法律的经济分析》（上册），蒋兆康译，中国大百科全书出版社 1997 年版，第 31 页。

法，即"合乎理性的人"，也称"经济人"，他们从事经济活动中的一切事务均以对其有利为出发点。虽然上述理论颇受争议，但诉讼当事人与经济人很相似。诉讼当事人要寻求法院的救济，也必须付出一定的代价，包括诉讼费、时间、精力及机会成本。因此，诉讼行为类似于一种购买正义的行动，诉讼过程即是诉讼当事人进行利益衡量和计算的过程。

## 二、立案登记制的成本和效益

依以上论述，司法资源是稀缺的，进行司法活动是有代价的，因而也就存在进行成本和效益分析的需要。成本效益分析是法律经济分析的主要方法，其基本原理就是对项目或方案所需的社会成本及可得到的收益从量上进行分析对比，权衡得失利弊，从而评价公共项目的可取性。① 对司法程序成本效益的分析应当是全面的，要立足于整个社会的层面，既要看到法院付出的成本，即财政预算等国家的公共成本，也要看到诉讼当事人为参与诉讼而投入的时间、诉讼费等私人成本。因为每一个诉讼法律关系的形成都是人民法院与有关当事人两种诉讼主体的诉讼行为相结合的结果，故对诉讼成本的分析也要同时考虑到这两个方面。也因此，符合成本效益原则的司法资源配置包括两个方面的内容：一方面，对于当事人来说，其提起诉讼活动的成本要低；另一方面，从法院的角度来说，应当降低司法运作的成本。

长期以来，我国诉讼法律规定和司法实践中采取的立案制度是立案审查制，法院对原告起诉要进行程序性审查和实质性审查，符合法定立案条件的才予以立案，即法院对立案审查有实质决定权。这就对群众的诉权行使形成较大限制，产生了长期存在的立案难问题，严重影响了司法公信力。从法经济学的角度来看，通过实行立案审查制，法院可以"因地制宜"地受理案件，尽管有利于使部分案件获得较为充足的司法资源，也能够缓解现今法院工作中案多人少的矛盾，对司法资源紧张局面有一定改善，但如果从整个社会的角度看，就会发现立案审查制并非是经济的司法程序。

除了产生诉讼费用和法院必要的审理成本支出外，实行立案审查制还会导致以下成本的产生或增长。一是立案成本。立案审查之下，有的法院在法律规定之外设定案件受理条件，制定不符合法律规定的"土政策"，提高立

---

① 冯玉军：《法经济学》，中国人民大学出版社 2013 年版，第 111 页。

案门槛，以支持地方经济发展等理由对符合法定条件的起诉不予受理。这使部分诉讼当事人耗费大量时间和精力申请立案但却可能始终徘徊在"法院门前"。二是维稳等社会成本。在立案阶段设置各种标准甚至法外条件对当事人的起诉要件进行过度审查，虽然可以将不符合管辖原则、不规范或可能存在信访风险的案件排除在诉讼程序之外，但有些纠纷确实更适合通过诉讼解决。如果群众解决矛盾的出口不通畅，那么就不利于从根本上化解矛盾，这就导致因立案难引发的信访等问题长期存在，进而产生高额的维稳成本。此外，诉讼当事人将大量时间投资于立案甚至信访，其投入生产等经济活动的时间会被压缩，由之产生的机会成本也是巨大的，社会财富必将减少。三是伦理成本。在立案难成为社会各界广泛关注的热点问题的形势下，如果法院因为自身司法资源的紧缺或外部干预而对当事人的合法诉权进行"免疫"，以人为设置门槛的方式减少受理案件数量，那么无疑会损害法律的严整性和统一性，最终影响的是法院的权威地位和正义形象，其代价是难以衡量的。可见，这些成本的产生或增长都是非必要的。

立案审查制的产生与传统法院管理的目标相关。传统法院管理的目标在于确保每个案件都能够获得尽量多的司法资源。对此，一种办法是增加人员编制和法庭审判设施。这种解决方案是通过增加司法投入的方式解决供需矛盾，在理论上符合经济学原理，但实际的情况是：由于受物质生活条件的限制，国家财政是有限的，对司法的投入也是有限的，故司法资源不可能无限制地扩充。因此，当司法需求大于国家对司法资源投入的极限时，该方案是无法实现的。所以产生了另一种办法，那就是通过立案审查减少受理案件的数量，以此缓解审判压力。但如上分析，这种办法也有很强的局限性。

基于此，法院启动了立案登记制改革，从审查立案转变为登记立案。只要当事人提供符合法律规定的起诉材料，法院都应当予以登记立案。这属于一种司法制度的变迁，是对权力和相应利益的再分配。制度变迁或创新不是指制度的任何一种变化，而是指用一种效率更高的制度取代原有制度或对一种更有效的制度的生产过程，是制度主体解决制度短缺，从而扩大制度供给以获得潜在收益的行为。[①] 司法制度是一种生产性资源，具有稀缺性，主要是由立法机关提供，但立案登记制是由司法机关提供的。制

---

① 钱弘道：《法律经济学的基础理论》，载《法学研究》2002 年第 4 期，第 5 页。

度变迁有两个方面的动因。由于外部环境的变化发展，一方面会使原来的制度安排变得无效、并非最佳或制度短缺，另一方面会改变可供选择的制度结构的制度选择范围。其根源在于制度决定者与接受者的矛盾，推动着制度从均衡到非均衡再到均衡的矛盾运动。[①] 根据法经济学理论，法律需求决定法律供给，当人们在经济生活中迫切需要法律这种调整手段并积极谋求法律秩序的维护时，法律供给就必然发生。正是由于立案审查制不能满足诉讼当事人对司法资源的强烈需求，给诉讼当事人带来了巨大的诉讼成本，从保障诉权出发，法院做出了对立案制度的变革。

立案登记制改革的法经济学意义恰恰就在于能够减轻或消除立案审查制产生的上述成本，尤其是诉讼当事人的诉讼成本，使立案难的社会问题通过法律途径予以解决，因而受到群众欢迎。具体来说，立案登记制的制度效益主要体现在以下几个方面：

第一，减少当事人的立案成本。《关于人民法院登记立案若干问题的规定》第二条规定："对起诉、自诉，人民法院应当一律接收诉状，出具书面凭证并注明收到日期。对符合法律规定的起诉、自诉，人民法院应当当场予以登记立案。"立案登记制实施以来，各地法院当场登记立案率基本都在 90 % 以上。各地法院还努力推动规范立案和便民立案，包括制发统一的诉状样本、一次性告知书等材料样式，规范登记立案工作流程，普及阳光立案、网上立案、预约立案，积极延伸便民利民诉讼措施。这极大地减轻了当事人先前因立案而耗费的时间成本、金钱成本和机会成本，如前所述，最终的结果是社会财富的增加。

第二，减少因立案难问题产生的社会成本。立案登记制消除了起诉条件的过多限制，打开了立案的闸门，使当事人立案变得顺畅有序，加之立案过程的公开消除了暗箱操作的可能和起诉权的不平等对待，以往因立案难而产生的申诉上访等问题得到基本解决，从而使维稳成本大大降低，也减少了因当事人申诉、上访造成的经济损失。此外，立案登记制的实施也提升了法院的公信力，增强了诉讼当事人对法院工作的信任和支持，从而减少了审查立案带来的司法信誉成本。

第三，一定程度上可以减少错误审判的成本。从经济学的角度看，诉讼制度的目的就是要使两类成本之和最小化。第一类是错误的司法判决的

---

① 钱弘道：《法律经济学的基础理论》，载《法学研究》2002 年第 4 期，第 5 页。

成本，第二类是诉讼制度的运行成本。① 诉讼制度的运行成本以及源于错误的司法判决的成本都会带来社会财富的损失。立案登记制使各种疑难案件顺畅地进入法院，这将倒逼审判人员提高审判能力，加强对法律理论及业务知识的钻研，从而防止因司法能力不强而导致的错判乃至社会财富的减损，这实际上也起到效率提升的作用。

分析一个新的司法程序，既要看到该程序减少的成本和产生的效益，也要看到该程序是否产生了新的成本，这才是实事求是的科学态度。相比立案审查制，立案登记制也并非是完全没有成本产生的，从法院的角度来看，尤其是考察立案登记制实施以来的实际情况，也会发现，立案登记制有效地节约了当事人参加诉讼的各项成本，但对应的司法机关支出的成本进一步加大。这主要体现在，立案登记制改革刺激了潜在的诉讼当事人的司法需求，法院受理的案件数量增多，尤其是行政案件收案数量大幅增加，而法院尤其是基层法院现有的民商事、行政审判力量明显不足，司法资源供不应求的紧张局面进一步加剧。② 为了推进立案登记制改革，法院加强立案信息化建设并提高诉讼服务水平，这在方便群众立案诉讼的同时也是一种司法资源的投入和司法成本的增加。改革后，恶意诉讼、违法滥诉现象普遍存在，且有上升趋势，滥诉者往往就同一事项多地起诉、上诉、申诉，浪费有限的司法资源。此外，企业破产改制、拆迁安置补偿、土地征用等涉众敏感案件有大幅上升趋势，这些纠纷成因复杂，有些仅靠判决并不能有效化解，通过诉讼手段解决成本高但效益低。如果任由案件无限增加，那么日益增多的案件和有限的司法资源之间的矛盾必将进一步加剧，这也会使法院能够提供的正义产品的质量下降。

然而，我们不能因为立案登记制产生了新的司法成本就否定其价值，因为任何制度的变迁都不是零成本的。制度变迁的价值是正值还是负值取决于对前后成本支出的衡量和对整体效益变化的观察，而且一项制度的生命力依赖于该制度的自我进化与外部环境的优化的结合。从整个社会的角度观察，我们会看到，法院是通过提高司法的运行成本减轻了群众的诉讼

---

① 波斯纳：《法律的经济分析》（下册），蒋兆康译，中国大百科全书出版社 1997 年版，第 717 页。

② 从法经济学的角度看，理性的诉讼当事人会权衡诉讼成本、诉讼收益和胜诉概率来确定是否提起诉讼。当事人提起诉讼的条件是诉讼带来的预期收益大于诉讼成本。立案登记制极大地降低了当事人的诉讼成本，也促进当事人选择诉讼来解决纠纷。

成本，诉讼成本在一定程度上是转移了。同时，更要看到，立案登记制不是孤立的制度，其司法效益的充分发挥有赖完善相关配套机制，从而实现司法资源的优化配置。如果忽略与之相配套的其他程序及其运作机制，则可能会出现系统紊乱和效益不彰。所以，立案登记制改革产生的成本并不是无法减少的，这种成本的增加只是阶段性的。

## 三、立案登记制下司法资源的优化配置

综上，立案登记制在彰显其制度效益的同时也进一步加剧了司法资源的紧张，案多人少矛盾进一步凸显，使法院工作压力巨大。所以，如果在外部环境没有变化，配套机制没有跟进的情况下，对现今法院工作来说，在一定程度上讲，孤立的立案登记制也不是一个经济的司法制度。要改变司法资源供求失衡的现状，一个办法是增加司法资源的供给，另一个办法是对现有司法资源进行更加合理的配置，提高司法资源利用的效率。但前已论证，资源的稀缺性是经济学的一个基本假设，受物质生活条件的限制，现代社会中的司法资源也不可能无限制地扩充。因此，一般通过增加人员编制和法庭审判设施来舒缓压力的传统方案并不具有持续性。而且，司法的本质也要求增加职业化的法律专业人员，但适合司法审判的法律职业人才必须经过长期培养。故司法资源一旦稀缺，必然会持续相当长的时间。

因此，只有通过对有限司法资源的优化配置来解决问题，这也是现今法院正在重点推进的工作。可以体现为内外两个方面。一是对进入司法程序的案件进行繁简分流，在个案之间实现资源的重新配置。对于简单案件适用简易程序；对于复杂案件，则保证投入更多的司法资源，使有限司法资源发挥最大的效益。二是通过建立替代性纠纷解决机制提供适应不同需求的纠纷解决程序，将大量案件解决在诉外，从而使有限的司法资源合理配置于部分纠纷，而这些纠纷通过司法程序的解决是最有效益的。

建立替代性纠纷解决机制的法经济学理由在于，各种不同纠纷解决方式的效益是不同的，故不同的纠纷适宜采用不同的纠纷解决方式。各种纠纷解决方式的并存格局也像市场过程一样，形形色色的法律消费者一直在进行利益的衡量，去选择能使自身利益最大化的纠纷解决办法，都希望支付最小成本获得尽可能多的收益或者避免更大的损失。从成本角度分析，采用诉讼方式，耗时、费力，成本较大；而与诉讼相比，替代性纠纷解决方式中的和解和调解简单、快捷、省时省力，是低成本的，且易于化解矛

盾。因为在替代性纠纷解决方式中，纠纷当事人之间更多的是合作，而不是斗争。当事人在自愿协商的基础上陈述自己的主张和要求，讨价还价，在可交易的空间内寻求最大化的目标，获取各自的诉求和主张的利益，因此更容易实现效率前提下的均衡。

尤为重要的是，不同的纠纷解决方式实现人们既定目标的程度有所不同，但是在特定的时空领域中人们又只能选择其中的一种，所以对一种纠纷解决方式的选择都会产生机会成本。这意味着，可以通过对机会成本的调节有效引导诉讼当事人选择适宜的纠纷解决方式，以此避免因过多案件进入司法程序而加剧司法资源供不应求的局面。如通过提高或者降低诉讼费，发挥其"杠杆"作用，可以增加或者减少社会群体提起诉讼的数量；对于庭前自愿和解、调解的当事人，可以减免诉讼费用，以此鼓励更多纠纷当事人选择庭前和解和调解。需要说明的是，通过建立替代性纠纷解决机制减少进入诉讼的案件数量与先前通过审查立案减少案件数量是截然不同的程序设计。因为前者是在保障当事人诉权的前提下当事人的自愿选择，而后者是对当事人诉权的限制；前者是通过司法资源的优化配置解决矛盾，后者则是对案件数量比较武断的压缩。故两者的司法效益差别很大。

一定意义上可以说，立案登记制的建立也是替代性纠纷解决机制得以有序运行和发挥实效的前提。从法经济学角度讲，国家为解决纠纷进行的司法资源投入是一种沉没成本，即不管当事人选择诉讼，利用司法资源来解决纠纷，还是选择替代性纠纷解决方式，都不会收回这部分的成本。但诉讼往往是解决纠纷的最后一步，正是因为实行了立案登记制，才使当事人获得了实现自身权利的比较客观的法定预期，而这样的预期是当事人进行和解、调解的基础。即当事人能够在诉讼救济这一维权底线的基础上讨价还价，最终选择能获得最大效益的方式。这也同时说明了，立案审查制下替代性纠纷解决方式的效益发挥有其局限性。

根据科斯定理，能使交易成本最小化的法律是最好的法律。效率是司法制度包含的要素之一，司法制度安排的不同会直接影响到司法效率。历史地看，司法制度的进步就体现为成本更低、更有效的司法制度不断地替代成本较高、效率较低的司法制度。通过案件的繁简分流和建立替代性纠纷解决机制，可以提高立案登记制下司法资源的配置效率，达到司法收益的最大化，即在一定的司法成本投入下，实现通过诉讼解决纠纷的数量和质量达到最佳状态。

# 第三方参与社会矛盾纠纷化解的域外实践及启示

徐德芳*

建立多元化纠纷解决机制，引入律师、专家等社会第三方人士参与司法活动，是当前司法工作的一个显著趋势。第三方参与矛盾纠纷化解是系统性的工作，不仅包括在诉前参与调解、和解工作，促进矛盾纠纷快速解决，也包括在案件审结后，对仍不服的当事人开展化解或者申诉代理活动。

对第三方参与诉前调解、和解工作，党的十八届四中全会提出：健全社会矛盾纠纷预防化解机制，完善调解、仲裁、行政裁决、行政复议、诉讼等有机衔接、相互协调的多元化纠纷解决机制。2015 年 4 月，最高人民法院召开全国法院多元化纠纷解决机制改革工作推进会（眉山会议），周强院长指出："各级人民法院要按照'国家制定发展战略、司法发挥保障作用、推动国家立法进程'新的'三步走'战略，努力在全社会树立'国家主导、司法推动、社会参与、多元并举、法治保障'的现代纠纷解决理念。要按照党中央和中央政法委部署，优化法院内外资源配置，对多元化纠纷解决机制进行'升级换代'。将诉调对接平台从单一平面的衔接功能向多元立体的服务功能转变；将诉调对接机制从单向输出向双向互动转变；将诉调衔接对象从重点突破向全面启动转变；将诉调对接操作规范从零散差异向系统整合转变；将解纷人才的培养从经验型向职业型转变；将法院内部调解机制从粗放型向精细化转变。"同时要求建设功能强大、资源充足的诉调对接平台；建立形式多样、运行规范的诉调对接机制；创新高效便捷、灵活开放的网络调解及其他对接方式；完善基础牢固、良性互动的诉调对接关系。2015 年 11 月，最高人民法院召开全国法院诉讼服务

---

* 最高人民法院立案庭法官助理。

中心建设推进会，会上，周强院长明确提出：要促进深度融合，实现诉讼服务中心社会化。坚持开放共享，促进各领域融合发展已经成为不可阻挡的时代潮流。在这一时代背景下，人民法院不能自我封闭、闭门发展，应该让司法走向社会，让社会走进司法，实现司法资源与社会资源的交融共享、良性互动。要建立矛盾纠纷多元化解机制，在诉讼服务中心建立诉调对接平台，强化诉前调解，加强诉调对接，让更多纠纷在诉讼渠道之外得到有效化解。要进一步整合社会资源，建立一流法院智库，通过购买社会服务，引入法律专家、律师、心理学家、爱国宗教人士、社会志愿者等专业力量，为人民群众提供立案咨询、心理疏导、矛盾化解、代理申诉等服务。要依靠群众服务群众，探索实行诉讼服务项目外包，对一些适宜由社会提供的商品买卖、商务服务、邮寄担保等事宜，可以通过招投标等方式委托专业机构到诉讼服务中心驻点服务。要加强社会服务规范化建设，引入市场管理机制，建立群众公开评价制度，不断改进服务方式和服务内容。要深入挖掘群众新的司法需求点，借助微博、微信、手机电视等极具人气的服务平台，打造诉讼服务特色栏目，实现与群众的良性互动，及时回应群众司法关切，引导当事人正确行使权利、履行义务，引导全社会增强法治意识。2016 年 6 月，最高人民法院连续下发《关于人民法院进一步深化多元化纠纷解决机制改革的意见》和《人民法院特邀调解的规定》，对诉调对接平台、诉调对接机制以及特邀调解作了明确规定。各级人民法院纷纷依托已经建成的集诉讼服务大厅、诉讼服务网和 12368 热线"三位一体"的诉讼服务中心开展诉前调解、诉调对接工作。如上海法院普遍设立诉调对接中心，在当事人自愿的情况下先行调解，调解不成的直接立案。厦门市湖里区法院建立了以诉调对接中心为载体，多个审判团队分工合作的工作模式，供电、物业等纠纷的调撤率超过 90%。甘肃平凉市华亭县、崆峒区法院设立了"一室五处"，即温馨调解室，下设立案调解处、审中调解处、附设调解处、执行和解处、人民调解处，促进矛盾纠纷快速化解。河南郑州市高新区法院与该省保险行业协会合作共同成立了郑州高新区法院涉保案件诉前调解室，由一名审判员及三名特邀人民调解员、两名书记员组成，成功调解 400 多件案件。

对社会第三方参与信访案件化解，党的十八届四中全会提出：对不服司法机关生效裁判、决定的申诉，逐步实行由律师代理制度。对聘不起律师的申诉人，纳入法律援助范围。2015 年 11 月，中央政法委下发《关于建立律师参与化解和代理涉法涉诉信访案件制度的意见（试行）》，对律师等社会第三方参与涉诉信访案件化解提出明确要求。意见指出：对不服政法机关法律处理意见，以信访形式表达诉求的，可由律师协会委派的律师，听取信访人诉求，评析信访事项，有针对性地做好释法析理、提出处理建议、引导申诉等工作，促进案件得到依法公正处理，实现息诉息访。不少法院结合地方实际，引入法律专家、律师、心理学家、社会志愿者等专业力量，为人民群众提供立案咨询、心理疏导、矛盾化解、代理申诉等服务。如浙江椒江区法院导诉台由律师参与值班。对当事人同意调解的，分流到司法调解室，实现了 70% 左右的纠纷调解解决。贵州遵义中院设立法律援助工作站，由市律师协会每周指派律师提供法律咨询和法律援助工作。山东全省法院推行律师代理申诉制度，由值班律师为信访群众提供法律咨询和申诉代理服务。广东佛山南海区法院设立义工岗，由当地义工团安排专人值班，为当事人提供咨询服务。内蒙呼和浩特新城区法院设置人民陪审员和法律援助窗口，对城市房地产开发交易、农村土地流转、企事业劳动人事争议及欠薪纠纷、民间借贷、婚姻继承纠纷案件，进行诉前联调。辽宁沈阳皇姑区法院推行的网上调解咨询平台，广泛联合社区、党政机关、事业单位及中小学校，在网上解决法律问题。宁夏同心县法院的"哈吉"调解室，厦门中院的"五缘"调解室等，均依托当地特有文化化解了大量矛盾纠纷。目前，最高人民法院正在起草《关于逐步实行律师代理申诉制度若干问题的规定（试行）》，对律师如何代理申诉案件作出规定。

在全国法院普遍引入社会第三方开展矛盾纠纷化解工作的形势下，笔者通过介绍德国和英国第三方参与调解化解工作的一些做法，以期为我国建立社会第三方参与化解工作提供一定借鉴。

## 一、德英两国第三方参与司法工作的相关情况

### （一）德国调解（mediation）制度

德国调解制度属于替代性纠纷解决机制（Alternative Dispute Resolution，简写为 ADR）的方式之一（与协商、裁决等方式并列）。德国 2012 年 7 月颁布的《促进调解及其他诉讼外冲突解决程序法》（以下简称《调解法》）第 1 条第 1 款明确规定，调解是当事人借助一个或多个调解员的

帮助以自愿和自我负责的方式旨在和好一致地解决他们之间的争议所实施的秘密性的框架程序。可见，调解不同于德国民事诉讼法第279条规定的"不问诉讼到任何程度，法院应该注意使诉讼或各个争点得到和好的解决"及"法官有义务为当事人在任何阶段提供调解服务"的诉内调解制度，也不同于我国的调解制度，其自身有一套完整的理论基础和操作程序。包括调解在内的 ADR 制度在德国能够发展起来，应当说是德国法制上的一个重大突破。原因在于，德国人传统上是好诉的，喜欢争出是非黑白，向法院提起诉讼在德国人看来是一个很平常的事，通过这种对抗性的纠纷解决方式处理问题也是无可置疑的。但近年来，包括法院、政府、民间机构都在大力倡导调解方式解决纠纷，这说明调解对于解决司法实践以及社会上出现的许多问题具有诸多程序性优点。为了能够全方位深层次地了解德国调解制度，结合考察内容，着重介绍以下几个方面：

1. 调解制度在德国的发展及社会各方面的评价

20 世纪 70 年代，德国律师及法学界人士在与美国接触过程中，发现了 ADR 制度，并开始进行研究与倡导。到了 20 世纪 90 年代，英美法系大力推行 ADR 制度，德国政府官员在访问美国期间，发现美国的法官将案件交由调解员处理并取得很好效果。德国官员认为这种形式能够更好地解决社会冲突，于是回国后积极倡导，法院、律师、社会第三方开始尝试采取调解方式解决矛盾纠纷。特别是法院，面对"案多人少"的矛盾、大量疑难案件长时间积压等问题，试图通过引入调解制度来缓和诉讼本身缺陷带来的负面效应。最初，调解被运用于家庭婚姻案件中，主要原因在于这类案件涉及夫妻、父母子女之间的隐私，当事人更希望有一种更加秘密的方式去解决纠纷，而司法的公开性特征难以满足当事人这方面的需求，所以，当调解被适用于此类案件时，双方当事人达成合意的效果远远好于由第三方机构作出裁判的效果。之后，调解逐渐被拓展到经济领域，包括商事纠纷、劳动争议纠纷等，原因在于这类案件的双方当事人只是想就案件分清是非黑白，不想破坏双方之间的关系，毕竟以后还要在一起合作。虽然在实践中法官、律师以及专门调解员已经开始尝试并试图推广这一做法，如柏林州的法院在 2006 年开始在民事案件中尝试运用调解，效果很好，但由于缺少立法上的规定，社会上也存在很多反对的声音，特别是对法官和律师担任调解员存在质疑。为了回应这些反对声音，部分州的政府部门作了积极努力。如柏林州司法部委托一位冲突学教授进行了调研，分析此种做法是否值得推广。这位教授评估的结果是积极的，认为调解应用在适当案例中具有一定优势，能够提升司法效率，节约司法成本。这种无法可依的状况到 2008 年有了转机。2008 年 5 月 21 日，欧盟发布了《欧洲议会及欧盟理事会关于民商事调解若干问题的 2008/52/EC 指令》（以下简称《指令》），明确提出"本指令之目的在于便利当事人利用替代性纠纷解决机制，并通过鼓励使用调解以及确保调解与司法程序之间平衡关系促成纠纷的妥善解决"。虽然《指令》要求欧盟各国将其转化成国内法，但由于《指令》不是特指诉讼上的调解，而是广义上的调解，因此，"《指令》中的内容是否能够适用于法院"在当时引发社会广泛讨论。反对意见认为，调解最大的基础是自愿，如果明确规定法官可以进行调解，不符合司法的一贯准则；此外，法官应当是天生适用法律的，采用调解方式，法官将偏离适用法律的天职等。但部分法官认为，调解对于解决纠纷是有效的，因此赞成将调解运用到法院中。在各方面力量的博弈过程中，《调解法》正式出台，共包括九个部分：①调解的定义；②调解程序和调解员的任务；③公开义务和任职限制；④保密义务；⑤调解员的培训与进修、适格调解员；⑥授权规定；⑦促进调解的科研计划与财政支持；⑧评估；⑨过渡规定。[①] 同时，德国民事诉讼法也进行了相应修改，引入"调解法官"的概念，提出法院可以向当事人建议调解。同时，给各州法院明确了时间表，要求在 2013 年 8 月前必须实施这一规定。

从目前看，调解在德国仍然算是一个新鲜事物，多方力量都在积极予以推动。包括：第一，立法导向。如德国民事诉讼法第 253 条第 3 款规定，诉状涵盖的内容必须有争议是否已经尝试和解这一项。德国宪法法院对公民起诉柏林州"关于邻里纠纷、婚姻家庭纠纷，调解是前置程序"是违宪的，作出"基于双方谅解和解解决矛盾的方式优于判决"的答复，奠定了适用调解的优势地位。第二，法官作为一个精英职业，担任调解法官的行为本身就是对调解的正面宣传。第三，民间机构如联邦调解员协会等，致力于通过各种渠道向公民、行政机关、企业团体等宣传调解文化，以使调解纠纷解决模式在政策决策领域占有一席之地。第四，发挥诉讼费用杠杆作用。柏林州诉讼费用是三倍预缴，如果调解结案的，只需支付三分之一诉讼费。目前，柏林州司法部正在积极协调财政部，对调解结案的，免收

---

① 张泽涛、肖振国：《德国〈调解法〉评述及其启示》，载《法学评论》2013 年第 1 期。

诉讼费用；相关机构也打算在《调解法》实施五年后进行调研，分析穷人是否因为没钱不进行调解，如果这样的情况很普遍，可能会将调解费用纳入司法援助范围。第五，诉讼费用保险制度（民事案件不纳入其中）。德国民众绝大部分都购买了诉讼保险，如果败诉，诉讼费用由保险公司负担。目前，保险公司推出套餐，对通过调解结案的，保险公司承担调解费用；如果调解不成，再承担律师费、诉讼费用等。基于以上因素，社会上对调解的认识也在逐渐发生变化，接受调解员培训的人员越来越多，约有5万人经过培训。德国注册律师16万5千人中，有5千人经过培训具有调解员资格。有些律师的业务重点已经从原先的代理活动转为调解员工作。但从目前实际情况看，进行调解的比例却没有预期的高。从联邦律师协会的一个调查来看，在消费领域，消费者在发生纠纷后，75%的人不愿意打官司；51%希望避免法院诉讼；对于愿意采取什么方式解决纠纷，选择调解的达44%，而选择诉讼的只有20%，但希望与实际却相差甚远。实际通过调解解决的比例是最低的，通过诉讼解决纠纷的比例最高。调解在德国适用率不高的原因在于三个方面。一是受德国传统法律文化的影响。"为权利而斗争"精确阐述了德国民众好诉的本质特征，而调解是依赖双方当事人彼此的妥协，这让很多人难以接受。二是法院内部意见的不统一。有一部分法官还秉持传统观念，认为法官就应当依法判决，而不是采用调解这种抛开法律的方式解决纠纷。三是律师思想的障碍。部分律师认为接受调解既会让被代理人认为自己能力不足，也可能在费用上有损失，且调解可能比诉讼耗时更长，效率性不够。从法院调解的案件看，2012年，德国8万件案件中有7558件是调解结案的。

2. 调解的主要形式

德国调解主要有四种形式。

第一，法院调解。案件进入法院后，一部分案件是因为调解是前置程序（如柏林州规定，婚姻家庭案件要先进行调解），可以交由调解法官进行调解；还有一部分案件是主审法院认为超过主审范围；双方积怨很久，情感因素过多；有幕后隐情；双方无法沟通或者认为当事人的诉请不是双方矛盾的关键点，即便对当事人的诉求进行依法判决，也不能解决双方之间的矛盾。在这些情况下，会在征得当事人同意情况下，将案件交由调解法官调解。

第二，行业和行政调解（组织机构内设）。企业组织内部设有调解员机构，对企业内部发生的纠纷，先由法务部、工会等部门组织进行调解，如果不能达成和解，再向法院提起诉讼。部分行政机关如青少年局也设有内部调解员，负责部分事项的调解。

第三，私人调解。主要是通过取得调解员资格的自由执业者、律师等进行调解。当事人在提起诉讼前，可以在行业协会网站上查看调解员名单，共同确定一名或多名调解员，在付费后，由调解员对纠纷事项进行调解。

第四，混合调解。对有些已经进入法院的争议事项，如果法院认为可以先进行调解，可以建议当事人先找私人调解员进行调解，如果不成，再由法院进行审理。如果调解成功，法院对其合法性进行审查后进行司法确认，该协议具有一定执行力。

3. 调解的基本原则及范围

调解主要有两大原则。第一是自愿原则。不论是哪种形式的调解，都需要当事人自愿选择。当事人在调解结束前的任何一个阶段不愿意接受调解，调解必须终止。特别是法院调解过程中，主审法院认为案件可以调解，必须询问双方当事人的意愿，如果双方当事人愿意，主审法官可以找一名调解法官，召开一个四方会议，由调解法官说明调解的流程，如果一方当事人不同意继续，调解立即终止。第二是保密原则。调解员及所有参与调解程序的人员对调解过程中与案件有关的内容均负有保密义务。在法院调解中，调解法官不能告知主审法院在调解过程中获知的有关案件的全部信息。但是保密原则也有例外，包括：公开调解协议的内容对于执行或是履行协议必不可少的；公开案情的内容是为了保护公法领域中更重要的价值；公开案情是获知案件真相所必需的。

调解可以涉及大部分领域，运用最广泛的是民事领域，但近年来，社会法院对公民与国家机关之间的纠纷也逐渐运用调解方式解决，如对起诉人数众多的行政案件，运用调解方式能够一次结案，并令双方当事人满意，不会出现二审、再审等情形，能更大限度地节约司法成本。调解适用领域的唯一例外是刑事案件不能进行调解。对双方当事人自愿选择接受的调解事项，如果涉及公共利益的，即法律规定必须经过法院判决的，如劳动法、家庭婚姻法、建筑法等已就某些特定事项规定必须经过法院判决的，即使双方当事人达成协议，也需要法院进行判决，如双方当事人要求离婚，可以对财产分割、孩子探视权等进行调解，但是否准予离婚及养老必须经过法院判决。

在此要强调的一点是，对于法院已经做出裁判，但当事人怠于执行的，为了维护司法权威，一般不会进行调解，但是对一些涉及邻里、家庭等亲密关系的纠纷，如果当事人不接受司法裁判结果，也可以进行调解。

4. 调解员的选任、培训及执业限制

对成为调解员，目前法律只规定了"需要完成培训"的条件。但对参加培训的人员，法律并没有对其专业背景进行限制，调解员可以是有法律背景的律师、法官，也可以是不具备法律背景的心理学家、社会学家等。

德国非常注重调解员的培训，《调解法》规定的培训课时是 120 学时。如果想要获得专业协会的资格认证，条件将更为苛刻。目前，德国主要有三家民间调解协会，包括联邦调解协会（BM）、联邦婚姻家庭调解协会（BAFM）、联邦劳动经济调解协会（BMWA）。其中，联邦调解员协会规定，取得该协会资格认证的调解员需要进行 200 学时的培训。培训的内容包括 120 学时的基础课程，内容主要为调解的基础知识、调解流程及整体框架，协商与沟通技巧，冲突解决能力，相关调解法律，模拟表演、角色扮演等；30 学时参与两个不同领域的调解实践；30 学时自我审视课程（心理学方法，由学员进行座谈，表达自己遭遇的调解失败及不理想情况，存在的障碍、困难等，也可以由调解员分享成功案例）；20 学时集体学习。对培训机构及培训人员也没有硬性规定，只需要是一个年满 25 岁有资质的教员即可。

对法官而言，其要获得调解员资格，需要由院务委员会决定是否同意其参加培训。基础培训是 6 天，费用由司法部承担，教授课程的老师通常为心理学方面的专家，之后可以去观摩其他有调解员资格的法官进行现场调解（前提是当事人同意），这一过程结束后，就可以进行调解了。为了让调解法官业务水平不断提升，司法部会定期组织不同课题的培训，这些课题是根据每种诉讼法院的业务需求设定的。培训的方法主要是可视化的途径，即通过现场演示让接受培训的人看到冲突的大小，对如何调解有一个感性认识。法官和律师虽然基础学习的时间少于 120 小时，但一旦成为调解员，每两年需要学习 20 学时。

《调解法》规定调解员应当是独立的、中立的。为了保证这种独立性和中立性，在被选择作为一个案件的调解员后，要向当事人披露案件中任何可能影响中立性和独立性的信息。调解前在同一案件中为一方当事人从事过活动的人，不得担任调解员。调解员不得在调解中和调解后在同一案件中为一方当事人从事活动。与调解前在同一案件中为一方当事人从事活动的人处于同一职业活动团体或办公团体的其他人员也不得担任调解员等。[①]

5. 法院调解

德国在司法程序中既有诉内调解，又有法官调解员，但两者基础理论不同。诉内调解是主审法官基于当事人的诉求，在法律框架下进行的调解，完全按照法律程序进行；法院调解是在不考虑合法性等法律问题的基础上进行的调解，调解的内容不限于当事人的诉求，只要当事人提出来的争议焦点，均可以通过调解方式解决。诉内调解是在主审法官主导下进行的，当事人可能会因为司法权威而被迫达成调解协议，但是法院调解是双方当事人自由谈判的过程，调解员不对调解方案发表意见，只是为双方当事人创造一个平等沟通的环境，同时维持调解现场的秩序。基于此，当事人对两者感觉截然不同，诉内调解始终受公权力因素制约，不自由；而法院调解是让当事人充分行使自主权。因此，法院调解最大的价值在于让当事人通过自己的谈判获得最大利益。

法院调解的程序也不同于诉内调解。主审法院征求双方当事人同意，将案件转给调解法官，便进入调解程序。对参与调解的双方当事人，不是传唤、传讯，而是邀请，选择的地点也不是法庭，而是会议室，一般桌子上会有水和食品，双方当事人以及调解员围坐在一起，整个调解氛围是轻松自由的。调解主要分为以下五个步骤。

第一步，开始阶段。调解员对双方的到来表示欢迎，同时说明参加调解的原则，包括保密原则、公开原则、自愿原则等，如果这一阶段有人提出终止，调解立即终止。

第二步，收集问题阶段。双方当事人分别阐述自己认为存在的问题，并根据严重性排出先后顺序。调解法官通常会根据双方当事人的阐述在题板上列出来，方便当事人确认。

第三步，核心阶段。双方谈论所有的问题及争议的焦点，通过交谈找到利益点。这一过程中，以双方当事人本人说为主，尽量避免律师插话，在一方说话时另一方不得说话，对当事人说的不清楚的地方由调解员追

---

问，从而找到双方真实意图以及矛盾产生的原因。在这一阶段，调解员负责把控现场秩序，并给当事人正确导向。明确告诉双方调解不能做什么，对发现双方争议的内容可能涉及心理层面或其他不是调解所能解决的，要及时告知，并终止调解。

第四步，谈判阶段。当事人自己找解决方式，由双方当事人自己谈判并达成和解。调解员只负责协助工作，不具体参与和解方案的确定。

第五步，结束阶段。当事人在达成调解方案后，可以由律师参与作出调解的书面表达，最后由法院出具调解书。对当事人未能达成调解的，法院认为不具备继续调解条件的以及当事人不愿意继续调解的，调解法官将案件转给主审法院，由主审法院重启审判程序。

6. 律师调解

律师在调解过程中有双重作用。在不担任调解员的情况下，律师起陪伴作用，在此过程中，其主要职能是帮助当事人利益最大化。而在担任调解员时，其角色是中立的。对律师在两者之间如何转换角色，社会上曾有很大争议。刚开始，律师界对律师担任调解员并不认可，但随着现在越来越多的律师参与调解事务中，律师界认为那些成为调解员的律师更具有解决矛盾的能力，甚至通过提升律师调解的收费来激励更多的律师参与调解。如律师促成调解的，律师费是双倍。目前，对一些企业之间的经济纠纷，其解决纠纷方式从原来的仲裁逐渐转变为调解，有些甚至以合同条款的形式规定解决纠纷的方式为调解，原因在于调解具有快捷、成本低等特点。但律师在调解过程中也面临困境，其中一个是联邦最高法院对律师执业义务作出限制：律师在建议和解方案时要想到判决的可能性，如果和解方案所获得的利益少于判决，可能会承担风险，但由于判决结果有不确定性，律师界对此限制抱怨极大。

(二) 德国申诉 (petition) 制度

德国申诉不同于我国行政诉讼法、刑事诉讼法规定的对生效裁判结果不服提起的申诉，而是由联邦宪法和州宪法规定的公民的基本权利。任何人都有权单独或与他人一起向立法及行政机关就自己或他人事项进行申诉。这里的"任何人"不受年龄、国籍、住所地的限制，未成年人、外国人都可以进行申诉。其中，申诉的事项也很广泛，只有以下事项除外：①私人主体之间的争议；②寻求信息披露、单纯指责、说教、发表某种言论，对联邦机构或者联邦州政府的抱怨指责；③司法裁判。通常情况下，联邦议会和州议会都有一个专门委员会（申诉委员会）负责处理申诉相关事务，工作人员包括议员和行政人员。据联邦申诉委员会统计，每年大约有 15000 件至 20000 件申诉，申诉排名前四的是劳动和社会保障部（约占 21%）、司法部（约占 13%）、财政部（约占 11%）以及卫生部（8%）。申诉委员会对当事人的申诉一般都以书面形式答复，申诉成功率约 25%。已经经过申诉委员会处理后仍不服，如果没有新的证据和事实，征求委员会议员就此事是否还有其他想法，如果没有的话，将书面答复不再就申诉事项进行整改，建议通过司法手段解决。

申诉委员会收到的申诉信件中，也有很多是对司法裁判结果不满，对这样的信件，一般只会做解释工作，通过书面回复表明委员会无权对其进行救济。因为如果司法上的权利全部穷尽，议会是不能进行个案救济的。申诉委员会在审查当事人申诉理由时，如果认为是因为法律本身造成的案件瑕疵，将会通过修订法律的方式进行救济，以保证以后不会出现类似的申诉。但就当事人反映的申诉案件本身是不会对其进行救济的。总的来说，议会申诉委员会与司法之间的关系是相互独立的，立法权与司法权无交集，议会唯一对司法的影响是通过修改法律。在某些特殊案件中，如果一方是政府部门或者行政部门，可能会与政府或行政部门长官进行交涉，以使其撤诉或者改变行政行为等，但这只是建议性质的，不具有强制力，政府或行政部门如果不同意，也只能不了了之。

目前，申诉委员会正在大力推行网上申诉。当事人可以通过在网站上提交申诉材料进行申诉。2013 年，联邦申诉委员会收到网上申诉达 45%，萨克森州申诉委员会收到网上申诉约 20%～30%。对通过网上或者信件反映的申诉，委员会处理的程序是一样的，对处理结果，委员会通常会选择比较有典型意义的进行公开，比例约为 10%～20%。

## （三）英国刑事申诉复审委员会

20 世纪 70 年代末到 90 年代初期，英国出现数起冤假错案，这使得政府和社会极为震惊。原因在于这些错案多数经过上诉法院审理，并且还有陪审团参与，但法院驳回了当事人的上诉申请，在这种情况下，竟然出现错案，让社会难以置信。为了制止在刑事审判领域再出现这种情况，成立了皇家委员会，以审查上诉法院是否存在错案，之后于 1995 年颁布的

《刑事上诉法》（Criminal Appeal Act）确定了由英国刑事申诉复审委员会（Criminal Cases Review Commission，简称CCRC）代替皇家委员会履行这一职责。两年后CCRC开始正式工作。CCRC每年大约收到一千多件案件，但经过审查只有4%被提交到上诉法院，其中上诉法院成功改判的达到70%。

### 1. CCRC性质

CCRC是一个独立的法定机构，主要是对英格兰、威尔士和北爱尔兰刑事法庭可能存在的错误判刑及定罪进行审查复核。资金主要来源于内政部的拨款。向CCRC提出申请，并不是获得二次上诉机会，而是由作为一个独立机构的CCRC对申请人的申请进行调查。CCRC在调查过程中，不受任何限制，其有权到任何部门调取任何资料和情报，可以要求社会服务部门、政府部门、武装部队、情报部门甚至首相提供资料，包括一些敏感信息以及警方和检方未向辩护人公开的材料（包括公共利益豁免或个人识别信息材料），也可以对法官和律师提出相关问题，还可以委托警方代表委员会进行质询。CCRC主席的任期是5年，可以连任。

### 2. 委员选任

CCRC至少要有11名委员，其中约三分之一是律师，其他委员来自专业领域，受过专业培训，具有一系列发现司法错案相关的专业技能和经验。律师委员主要包括为个人提供民事和刑事司法服务的执业者，为皇家检察署、军队工作以及学术界工作的律师，非律师委员则是政府部门前行政长官、退休或离职警官、税收会计师、法医鉴定顾问、工业部门主要长官。委员任命方式与上诉法官的任命方式一样，都是由首相提名女王任命。除全职和兼职委员外，CCRC中还有许多职员，约100人。这些职员有一半是社会工作者，和委员一样，他们中的很多人不是律师，但大多数具有在其他机构工作的经历，如贸易标准部、警察局等。

### 3. 受理范围

任何认为自己在英格兰、威尔士或北爱尔兰被错误定罪或判决犯有刑事罪行的人以及在军事法庭或英国武装部队的服务民事法庭被定罪的人（不包括适用移民法、民法和反社会法被定罪或判刑的案件），均可向CCRC提出申请。CCRC对申请复查的案件没有时间上的限制，不管多久前的案件都可以向CCRC提出，甚至当事人本人已经不在了，但只要有在世的近亲属提出，都可以受理。但受理也有前提条件，就是申请人必须先通过正常渠道进行上诉,[①] 包括申请人提起上诉，但被判决败诉的，或者申请人要求上诉，法院不予立案的。但也存在特殊情况，即使申请人没有试图提出上诉，CCRC 还是可以审查案件。但什么是"特殊情况"，并没有一个明确的定义，通常 CCRC 会根据个案进行判断，如当事人因病将要去世，无法正常上诉，可能会被认为是"特殊情况"。当然，CCRC 是免费为申请人提供审查复核服务的。

4. 审查程序

CCRC 在收到申请后，工作人员会收集与案件有关的全部资料，包括法院判决、上诉资料等。这些工作可能会在 5 个工作日内完成，之后根据材料决定是否需要将案件送给审查复核人员进行调查。对没有特殊情况未进行上诉的，没有提出任何重大新的事实和证据让 CCRC 能够将案件转移上诉法院以及正在上诉法院审理的情况下，可能决定不会对案件进行复核，但会写信告知此结果，并至少预留 28 天让申请人进行解释。

对移交给审查复核员的案件，工作人员将调查申请人在申请中提到的要点以及 CCRC 认为需要调查的任何情况。调查结束后，案件将被移送到一名单独的委员或委员会进行考量。如果三名委员同意上诉，那么上诉后是不能撤回的。

对已经 CCRC 调查复核过的申请，只有提出之前申请中未提及的，且未在原审审判或上诉中出现的新情况下，CCRC 才能接受再次申请。

CCRC 根据案情复查程度的不同，办理时间也不相同。对一些简单的案件，可能数周就能做出结论。对复杂的案件，需要数个月的时间。就案件处理的优先顺序，通常是已经入狱的优于尚未入狱的案件，但对一些申请人健康堪忧、潜在重要证人患重病等可能影响证据保存时间的情况下，可能会优先处理。

5. 移送上诉法院的条件

CCRC 会将哪些案件移送给上诉法院呢？就 4% 的移送率来看，CCRC 的审查是很谨慎的。对有新的证据或法律依据证明判决对当事人有很大错

---

① 英国法院的审级是比较混乱的，刑事案件与民事案件并不相同。就刑事案件而言，通常情况下，相当于我国基层法院的是治安法院（Magistrates' Court），相当于中级法院的是皇室法院（Crown Court），接下来是高等法院（High Court），再接下来是上诉法院（Court of Appeal），最后是最高法院（Supreme Court）。

误判决或定罪可能（real possibility①），CCRC 才可能将案件移送至相应的上诉法院。CCRC 与上诉法院一样，关心的不是有罪无罪，而是定罪是否"安全"（safe）。新的证据或法律依据通常是在原来审判或者上诉中未包含的东西。如以前一直没有发现的证据，或者在审判期间发生变化的情况如出现新的证人等，或者以前没有的、重要的新的法律观点如公诉人结案陈词错误或起诉的法律依据错误等。CCRC 一般不能再次审查陪审团、法官已经了解的事情。

6. 与上诉法院的关系

在 CCRC 认为确实有可能推翻定罪或改变判决的情况下才会决定是否将案件转移到上诉法院。对转移的案件，上诉法院必须安排和聆讯上诉，并决定是否推翻定罪和更改判决。上诉法院只有在认为原审判决是"不安全"（unsafe）的情况下，才能推翻原判，决定重审。即便法院否决了上诉，也不会加重量刑。对转移到上诉法院的案件，以前申请人可以提出任何主张，但现在立法规定除非法院接受其他上诉理由，否则只能主张 CCRC 将案件移送上诉法院审理的理由。

一旦案件被转移给上诉法院，除非法院要求 CCRC 再作进一步的工作，它的职能就结束了，不能对上诉法院的审判进行干涉。

7. 对 CCRC 的监督

对 CCRC 的监督主要有四个方面：一是司法部每隔几年会对 CCRC 进行评估；二是众议院设有特殊委员会进行审查，内政部事务委员会和内政大臣每两年对 CCRC 进行询问，并将询问结果公布，但这种询问只能针对一般性问题，不能针对具体个案；三是接受司法审查，CCRC 并不对议会申诉专员负责，但在有关部门对 CCRC 进行调查时可以对要求调阅资料的方式提出质疑，可以向高等法院进行司法审查；四是上诉法院审查 CCRC 提出移送的理由，进而决定是否采纳。

虽然 CCRC 在纠正冤假错案方面发挥了重要作用，但是随着近些年政府对 CCRC 的重视不如从前，CCRC 也面临人员短缺和资源不足的问题。

## 二、德英两国相关制度对我国的启示

从两国建立的相关制度来看，对我国第三方参与司法工作主要有两方

---

① 对"real possibility"的理解，认为是介于"bare possibility"和"racing certainty"之间。许多反对者认为，这一标准太高了，实际上，司法不公比 CCRC 审查认为的错判比率要普遍多了。

面的启示：一是从源头治理层面上，改革诉讼机制；二是从申诉案件审查化解层面上，建立第三方审查化解申诉案件制度。

## （一）改革诉讼机制

从我国司法现状看，涉诉信访数量一直呈高位运行态势，极大影响了司法公信和司法权威。减少信访数量，最根本在于源头治理，在于提升立案、审判、执行阶段的工作质效。但目前，受"案多人少"问题的影响，一方面法官办理案件数量逐年增加，有些地方法官年结案 800 至 1000 件，法官不堪重负，压力极大，同时，待遇偏低，职业荣誉感降低导致司法人才流失严重；另一方面，导致司法质效低下，司法公信受损。如何在案件数量增加，司法人员限缩，司法能力提升空间有限的情况下，破解司法难题，是当前重要课题。从国外情况看，德国基层法院的法官每年审理案件达 800 件，但据柏林和勃兰登堡法院家事法庭的法官介绍，每个月需要写判决的只有一两件，或是两三件，且并没有出现中国的信访问题。原因一方面是由于德国司法权威性很高，另一方面也是很重要的一个方面就是大量案件通过审前程序、调解制度等快速处理掉了。因此，改革中国诉讼机制是应然之举。除丰富繁简分流、速裁等制度外，还包括完善审外调解制度以及建立社会治理体系等。

1. 在"审外调解"中尝试引入"调解法官"

（1）必要性分析

受"以和为贵"传统文化思想的影响，中国历来重视调解，特别是民间调解源远流长并被作为"东方经验"传播到世界各国。民间调解思路也被广泛运用到司法工作中，并发挥了重要作用。2013 年，各级法院通过调解和撤诉方式处理案件 479.8 万件，除刑事等一些不能采用调解方式处理的案件，法院的调解率达到一半以上。然而，也应当看到，法官在审判过程中采用调解方式解决纠纷，必然会受诉讼本身僵化性、程序化、滞后性等缺陷的影响。例如，人民法院审理的范围只能依据当事人的诉请，超过诉请范围的主张，人民法院不会进行审理判决，但实际情况是当事人争议的焦点不是诉请本身，而在诉请之外；又如，在双方违约情况下，在被告未提出反诉情况下，法院只能审理原告起诉被告违约的情况，不能对整个事件进行一揽子处理，从根本上化解矛盾等。我国民事诉讼法第九十三条规定，人民法院审理民事案件，根据当事人自愿原则，在事实清楚的基础上，分清是非，进行调解。但在实现事实清楚、分清是非的过程中，法官内心难免会对案件有一个法律上的认定，并会以此认定来左右双方当事人的调解意愿及调解方案。此外，调解与司法判决的理论基础是不同的，在调审不分、过分强调调解率的情况下，易出现以判压调的情况，背离了调解自愿原则，一些反复缠访闹访的案件就是当事人反映调解是非自愿的。因此，区分审内调解和审外调解，① 让"调解法官调解，让主审法官判决"的"调审分离"的模式更能发挥调解和判决各自的功效，进而提高法院工作质效。

（2）审外调解工作理念和原则

审外调解不同于审内调解，最大特点在于让双方当事人能够充分交流，并通过两方磋商，找到一个最佳的和解方案。它不是要求双方当事人各自让步，作出牺牲，而是在既定条件下，为自己争取最大利益。

因此，审外调解有三大工作原则。一是自愿性。调解必须在双方当事人自愿的前提下进行，一方当事人不愿意接受调解或者在调解过程中不愿意继续，调解都应立即终止。要保证当事人的自愿性，不应对审外调解的调解率有硬性要求，否则仍易出现强制调解的情况。二是独立性。调解法官不代表任何一方当事人，也不代表法院发表意见，只是通过给当事人提供指引，同时维持现场秩序来为双方当事人创造一个平等轻松的交流环境，从而让双方当事人能够自行解决纠纷。三是保密性。调解法官在调解过程不进行现场记录，对调解中获知的全部信息也负有保密义务，在没有特殊情况下，不能将这些内容告知第三人，包括案件调解不成后负责审理的主审法官。

（3）调解法官的选任和培训

对自愿从事调解工作并且具有一定调解能力的人员，经各级法院党组批准，可以成为调解法官。这些人员可以包括返聘的退休法官以及不从事审判工作的人员。对有意向从事这项工作的人员，应当进行为期一周的培训。培训的内容不仅包括调解方面的基础知识，如关于哪些案件可以调解的法律规定等，还要包括心理学方面的知识，如沟通的技巧，如何解决冲突，对当事人负面情绪的引导，如何应对不同的矛盾纠纷等。此后，还需要定期组织调解法官进行交流培训，不断提高调解能力。

---

① 审内调解和审外调解，是指法院内的调解。审内就是主审法官在审判程序中进行的调解；审外就是在审判程序之外所进行的调解。

（4）调解事项

审外调解是对已经进入法院的案件进行调解，因此，调解的事项首先应属于法院受理范围。其次属于可调解的事项，对法律规定不适用调解的情况不能进行调解。如《最高人民法院关于人民法院民事调解工作若干问题的规定》第二条规定，以下案件不适用调解：①特别程序、督促程序、公示催告程序、破产还债程序的案件；②婚姻关系、身份关系确认案件；③其他依案件性质不能进行调解的民事案件。最后，调解的范围不限于当事人诉求，对当事人诉求之外的内容也可以进行调解，最后形成一揽子解决方案。

（5）调解程序

调解程序因发生阶段有所不同。对审前调解，当事人在申请立案的过程中，立案人员可以询问当事人是否愿意接受调解，并说明审外调解的相关程序。对双方当事人都愿意接受的，可以于当日或双方认可的日期安排调解室和调解法官。调解室设在诉讼服务大厅内，在布置上区别于法庭的庄严，而应是温暖的。调解法官不事先阅读卷宗或相关材料。在调解开始前，先介绍调解中应注意的事项及调解程序，并询问双方是否愿意接受调解。在双方当事人均同意的情况下，调解开始，由双方当事人分别提出自己的请求，并归纳争议点，法官只对双方归纳的争议点进行记录，并与双方一起进行确认。在争议点确认后，由双方当事人阐述调解方案，法官不发表意见，在双方出现僵局的情况下，法官可以进行引导，最后形成和解意见。对最后的和解意见，法官在进行合法性审查后，出具裁定书。调解不成或一方要求终止调解的，案件重新进入审判流程，被分配到相关业务庭进行审理，同时，调解法官工作结束，不再参与之后的审理程序，即便当事人在案件审理过程中，自愿选择审外调解的，也只能由其他调解法官主持工作。

审判过程中，在主审法官认为调解方式对解决纠纷更为有利的情况下，询问是否愿意接受调解法官的调解，在当事人愿意的情况下，转给调解法官调解。经调解达成和解意向后，案件转回主审法官，由主审法官出具裁定书，调解不成的，由主审法官按照法律规定进行判决。

（6）激励措施

对于如何使更多的当事人选择审前调解，可以通过改革诉讼费用交纳制度予以激励。对在审前达成调解的，可以免收或者只收三分之一的诉讼费用。关于如何激励更多的法院工作人员担任调解法官，一方面通过对在审判业务之外从事调解法官工作的人，在晋升时优先考虑；另一方面可以安排更多的调解方面的培训，以提升法官个人素质，使其具有更强的调解能力，同时促进审内调解率的提高。

2. 完善社会第三方调解制度，加快社会治理体系建设

人民法院职能的法定性以及自身规律特点决定了不是所有的矛盾纠纷都能通过并且适宜通过法院解决。在目前法院"案多人少"情况下，应当更多发挥社会力量化解矛盾纠纷的作用，形成以人民调解为基础，行业调解和行政调解为主体，第三方调解为补充，司法调解为引导和保障的社会治理体系。

我国《人民调解法》中关于调解的规定，主要是依托于村民委员会、居民委员会设立的人民调解委员会及企业事业单位根据需要设立的人民调解委员会，调解事项主要是民间纠纷。人民调解委员会虽然在解决社区居民、村民之间、单位内部的纠纷方面发挥了巨大作用，但是无法调动一些具有专业知识背景，希望通过提供调解方面的专业服务从而为他人解决纠纷的精英人士的积极性，也不能对有调解需求的商事纠纷予以解决。因此，我国应当在现有人民调解、行业调解和行政调解制度的基础上推动建立第三方调解制度。

（1）第三方调解的概念

第三方调解，是指独立于双方当事人之外的中立的人员通过专业知识促进双方就矛盾纠纷的解决达成协议。这里的第三方不完全等同于人民调解员，原因在于人民调解员可能更多的是依靠与双方当事人之间的血缘或友好关系，或者对双方当事人均具有很高的权威性来促成纠纷的解决。例如，两村民发生纠纷，可能由双方共同的一个亲戚或者村支书进行调解，方式可能是多种多样的，包括一些"土办法"或者"和稀泥"的做法，如两村民对一头羊的归属产生争议，找村支书解决，村支书让两人去他家吃饭，在吃完饭后，两人问羊的问题怎么解决，村支书说已经解决了，今晚吃的就是它。（在像中国这样一个讲究人情的社会，这种方法对个人特别是农村村民之间纠纷的解决是非常有效的，体现了中国人的处事艺术。）但是第三方依靠的是其专业能力，为双方创造一个协商的平台。因此，第三方调解制度在更大程度上与仲裁制度相类似，对调解人员的专业性和调解的程序等都有严格的要求。

（2）调解员选任

对调解员的专业背景没有硬性要求，可以包括具有法律、心理学、社会学等方面知识的人员，但为了强调其专业性，调解员的产生可以包括两种方式。一种是参照《仲裁法》关于仲裁员的规定，对于具有以下执业背景的人员，可以直接具有成为调解员的资格：从事律师工作满八年，从事法官或者检察官工作满八年，从事人民调解工作满八年，从事法律、心理学等专业教学、研究并具有高级职称等；另一种是对从事其他职业的人员，司法部可以组织调解员资格认定方面的考试，通过考试的可以具有调解员的资格。在具备资格后，应当接受调解员相关的培训，在培训结束后，可以以调解员身份进行执业。

当然，可以设立个人调解事务所或者合伙调解事务所，设立条件可以比照律师事务所的设立条件。

（3）调解事项

对双方自愿的调解需求，调解员均可以进行调解。双方形成的调解协议具有合同的效力，与人民调解委员会出具的调解协议具有同样的效力。对法律规定需要法院判决确认的，需要依照法律规定进行。当然，政府也可以就某些事项通过购买服务的方式要求某个调解员或者调解事务所负责调解工作。

（4）调解员的管理

调解员以及调解事务所由各地司法行政部门负责管理。具体可以比照律师事务所。

## （二）律师等社会第三方参与申诉案件审查化解

CCRC在纠正冤假错案方面的成功经验主要取决于三点：第一是独立性，委员是由首相提名女王任命的，与法官的任命是一样的；第二是广泛性，包括手段广泛性（它可以调查的范围极广，以保证错案能够被纠正）以及调查案件的广泛性（申请案件没有时间限制）；第三是权威性，CCRC转移给上诉法院的案件，上诉法院必须进行审查并作出结论。但由于我国国情不同于英国，特别是在司法权威尚未完全建立的情况下，建立第三方参与申诉案件审查化解制度要把握好尺度，既要考虑第三方机构如何获得公众信任，又要考虑维护司法裁判的权威性。鉴于目前中央政法委已经出台了律师参与化解和代理涉法涉诉信访案件制度的意见，本文仅就律师代理申诉问题进行分析。

　　建立律师代理申诉制度，其意义主要体现在三个方面。首先，保障当事人依法行使申诉权利。从最高人民法院调研情况看，申诉人绝大多数都是普通群众，申诉时往往无法准确表达诉讼请求，迫切需要律师等专业人士给予指导。但从实际情况看，律师代理申诉案件比例很低，绝大多数申诉案件都没有委托律师进行代理。以2015年最高人民法院刑事申诉情况为例，4204件刑事申诉案件中，委托律师代理的仅占9.35%，远远不能满足群众需求。实行律师代理申诉制度，就是为申诉人找一个专业"代言人"，正确表达诉求，维护合法权益。其次，实现申诉法治化。近年来，申诉无序一直是困扰司法机关的一个难题。其产生原因是多方面的。为从根本上解决这一问题，党的十八届三中全会明确提出把涉法涉诉信访纳入法治轨道解决，中办、国办和中央政法委先后下发五个改革文件。党的十八届四中全会再次强调要把信访纳入法治化轨道。实行律师代理申诉，能够通过律师代为表达诉求，形成依照法律程序解决诉求的规矩，进而促进申诉程序规范化，实现依法申诉。最后，促进司法公正，提升司法公信，维护司法权威。在影响司法公信力诸多因素中，当事人不服司法机关生效裁判，反复申诉是最为严重、影响最大的。而此问题法院和检察院自身无法解决。律师能够运用精通法律、熟悉司法实践、当事人信任的优势，缓解信访人对立情绪，在司法与民众之间搭建有效沟通的桥梁。一方面向当事人释法明理，引导当事人依法表达诉求；另一方面与法院、检察院形成良性话语沟通平台，为司法机关依法纠错提供信息来源，从而提升司法公信，树立司法权威。但从最高人民法院前期开展调研的情况看，各地反映建立律师代理申诉制度的主要困难或问题体现在以下九个方面。一是缺乏规范性文件。最高人民法院应尽快出台操作规范，对律师代理申诉的概念、范围、性质、工作流程等作出明确规定，指导各地实践。二是经费保障问题。让律师无偿提供法律服务，不仅难以调动律师积极性，也不利于这项制度可持续推进。而申诉信访人绝大多数都不愿意花钱聘请律师。因此，推行这项制度，需要通过政府购买服务，或者财政拨付专项经费来解决。三是当事人不愿意律师代理。在没有明确规定强制代理情况下，是否选择律师代理是当事人的自由。不少地方安排律师在法院坐班，或者由司法局指派律师提供服务，一旦律师作出对当事人不利的意见，当事人便认为律师是替法院说话，对律师的中立性、独立性产生质疑，不愿意接受律师服务。四是律师积极性难以调动。申诉案件大多数案情复杂、诉讼标的额不大，改判可能性不高，对这些案件，律师有畏难情绪，资深律师不愿参与这项工作。愿意参与的律师又面临水平不足的问题，完全靠行政推动难以调动积极性。五是缺乏必要的律师遴选机制。个别素质较低、职业道德较差的律师，把从事代理业务作为获得名利的手段，不仅没有解决矛盾，反而唆使当事人采取极端方式上访。不少法院建议应当确定申诉人与律师之间双向选择机制。建立律师数据库，在公开的平台上将律师的信息发布，供当事人选择。当事人也可以发布法律服务需求，供律师竞标。六是对律师代理申诉的管理与考核。要对律师代理行为进行规范管理，加强纪律要求，进行年度考评。公开典型案例，对优秀律师予以表彰。对出现违法违规情形的，要追究相关责任。七是对法律援助范围的界定。要对"聘不起律师"的认定条件，接受法律援助的当事人或信访人能否选择律师，律师能否拒绝提供法律援助等进行明确规定。八是应当建立联席会议制度。单靠律师或者法院一家难以保证这项制度全面推行，应当由党委领导，政法委、司法局、法院、律协等相关部门共同参与推动。九是宣传引导不够。律师和社会公众对这项制度的意义了解不够。为此，有必要以规范性文件形式对律师代理申诉制度相关内容予以明确。

1. 律师代理申诉的适用范围

四中全会规定，对不服司法机关的生效裁判、决定，实行律师代理申诉。这里明确的适用范围是不服司法机关的生效裁判、决定。但从司法实践看，这一规定过于笼统，不少法院提出应当详细列明适用情形，便于统一操作标准。根据诉讼法的相关规定，当事人对已经发生法律效力的刑事判决、裁定不服，可以向人民法院或者人民检察院提出申诉。申诉人对驳回申诉不服的，可以向上一级人民法院申诉。但当事人对已经发生法律效力的民事、行政判决、裁定、调解书不服，可以提出再审申请。对人民法院作出的再审判决、裁定以及驳回再审申请裁定不服的，当事人应当向人民检察院申请检察建议或者抗诉。据此，对各类型案件当事人能否提出申诉，法律规定并不一致。因此，在当前阶段，可以考虑将法律明确规定有权提出申诉的案件纳入律师代理范围。此外，不少法院反映法律明确规定有权提出申诉的案件比例不高，各地涉诉信访案件中最为突出的仍然是民事、行政案件信访问题。各地仍有不少民事、行政案件当事人向法院提出申诉，情形主要涉及：①对人民法院已经再审过的民事、行政案件，人民检察院不提出检察建议或者抗诉；②人民检察院已经做出不予受理决定，但当事人仍不服的；③当事人未在法律规定再审期限内就生效的民事、行政案件裁判文书提出再审申请，而后向人民法院申诉的。对这些情形，按照法律规定，当事人诉权已经行使完毕，无权再向人民法院或者人民检察院反映诉求。但如果法院或检察院一律不予接待，当事人可能会反复缠闹，影响社会稳定。为此，可以考虑增设一个兜底条款，对人民法院或者人民检察院认为确有必要的，安排由律师进行接待。

2. 委托律师代理的途径

律师法中明确规定，律师有权代理申诉案件。据此，应当明确的是凡是有律师执业资格的，均有权代理申诉。对律师提出代理申诉意见的，人民法院和人民检察院应当认真审查。但从当前情况看，现有制度设计难以调动律师和当事人的积极性。一方面，申诉案件往往经过一审、二审、再审程序，案件复杂，很多律师不愿意代理申诉案件，这就需要有一定的激励机制吸引律师去从事这项工作；另一方面，当事人出于代理费用等方面的考虑，往往不愿意聘请律师或者没有途径去聘请律师，这就需要有一个平台为当事人选择律师提供便利。因此，除了当事人自行聘请律师以及对符合法律援助条件的给予法律援助外，对没有自行聘请又不符合法律援助条件的，如何由律师代理申诉？在当前没有强制代理的情况下，可以考虑建立律师信息库，吸收具有较强公益心、业务素质高的律师进入，由信息库的律师为申诉人提供无偿代理申诉服务，逐步引导申诉人选择由律师代为申诉。对进入信息库的律师应当具备的条件，如果要求过高，可能只有少部分律师事务所和律师符合条件，而符合条件的优秀律师事务所或者资深律师不一定愿意参与这项工作；如果要求过低，一般的律师事务所或者年轻律师可能又难以胜任这项工作。综合考虑申诉案件疑难复杂性质，资历浅的律师难以胜任的工作实际，我们在设置准入条件时，还是要根据各地实际情况来进行把握。

3. 审查处理程序

人民法院、人民检察院如何审查律师意见，直接关系律师代理申诉的积极性，影响该制度长效发展。从不少地方推行律师代理申诉制度情况看，多数律师反映律师提出意见后，不能得到书面答复，希望法院、检察院在不同意代理意见的情况下，与律师进行沟通。对此，我们在审查处理程序方面可以考虑以下问题：一是法院、检察院对律师代理意见如何处理，二是信息库中的律师如何启动程序，三是法院、检察院以何种形式进行处理。

（1）法院、检察院如何处理律师代理申诉意见

考虑到申诉是法院、检察院发现错案的渠道之一，当事人提出申诉的，人民法院、人民检察院只有对认为可能案件确有错误的，才会立案复查，并出具审查意见。对律师代为提出申诉的，人民法院或者人民检察院也应当遵循以上工作原则。但是，对进入信息库的律师，可以考虑赋予一定的特殊权利如立案建议权和瑕疵补正建议权。

可以考虑对信息库律师提出代理申诉意见的，人民法院、人民检察院应当立案审查，并在规定期限内审查完毕。人民法院、人民检察院通过立案复查的形式回应律师意见，能够体现信息库中的律师与普通律师代理申诉的制度差别，从而使更多优秀的律师愿意进入信息库，为申诉人提供法律服务。与此同时，信息库中的律师都是经过挑选的具有较强专业能力的人，可以通过审查对一部分案件没有问题的申诉进行过滤，从而避免出现大量申诉案件进行立案的问题。也有观点提出，对人民检察院提出抗诉的，人民法院才应当立案。如果信息库中律师提出代理意见，法院必须立案的话，是否将律师的权利等同于检察院的权力，这给律师的权限是否过大？应当认识到，立案复查并非启动再审或者重新审判程序，而是人民法院对认为可能存在的问题进行审查，判断是否符合启动重新审判条件。因此，只是赋予部分律师的立案建议权。从山东实践来看，律师经过接谈后同意代理的约占十分之一，这说明绝大多数案件律师经过接谈认为没有问题，并向当事人进行了释明。因此，赋予信息库中的律师一定的特殊权利，既能够保障申诉人的权利，也能够通过制度上的激励机制调动律师工作积极性。

（2）信息库中的律师如何启动程序

目前有以下几种观点：一是由信息库中的三名律师共同评议后提出代理意见；二是由代理律师提交当地律师协会专业委员会集体评议；三是由代理律师所在律师事务所集体评析。但对第一种方案，三名律师可以是不同律师事务所的，那么在实践操作过程中，可能出现另外两名律师参与评议变成了形式上的，发挥不了实际作用，可能该条件形同虚设。对第二种方案，一方面，律师协会的专业委员会不是每个地方都设立了；另一方面，专业委员会能力有限，申诉案件全部由专业委员会评议可能导致提交

代理申诉意见变得十分困难，不利于推动该制度。因此，采用第三种方案更为合适。如经三名以上进入信息库的律师集体评议，多数认为符合人民法院或人民检察院申诉立案条件，向人民法院或者人民检察院提交具有参与评议律师签名的代理申诉意见的，人民法院或者人民检察院在规定时间内应当予以立案。

（3）法院、检察院以何种形式处理律师意见

通常而言，法院、检察院立案复查后有两种结果，一种是启动审判监督程序，另一种是认为不符合再审审理条件后驳回。对法院、检察院同意律师意见的，自然会依照法律规定程序启动审判监督程序。所以，对法院、检察院不同意律师代理意见的，也应当出具书面意见。

# 【调查研究】

## 关于防范与规制滥诉行为的调研报告

北京市高级人民法院

### 引 言

2015 年 4 月 1 日，中央全面深化改革领导小组正式审议并通过了《关于人民法院推行立案登记制改革的意见》，之后立案登记制全面推开。立案审查制向立案登记制的转变，使得当事人诉权这一权利救济权有了更加充分的保护依据，很大程度上增加了当事人行使诉权的便利性。但是部分当事人滥用诉权给当前的人民法院工作也带来很多挑战，最高人民法院周强院长在关于立案登记制改革的讲话中明确提出："要制裁违法滥诉，加大对虚假诉讼、恶意诉讼、无理缠诉行为的惩治力度，依法维护登记立案秩序，坚决维护司法权威。"这说明了立案登记制下更应当旗帜鲜明地对一些当事人不正当行使诉权的滥诉行为坚决予以制裁。

从本次调研结果来看，立案登记制实施后各个法院发现的滥诉行为的数量均有所增长，部分当事人的滥诉行为呈现很大的随意性与不确定性。这与司法行为所追求的稳定性、权威性是背道而驰的。尤其是在当前基层法院面临"案多人少"突出矛盾的情况下，滥诉行为严重影响了司法效率，浪费了司法资源，动摇了司法的权威性。因此，很有必要对滥诉行为进行防范与规制。

# 第一部分　关于"滥诉"的界定

## 一、什么是滥诉

诉权是法律明确赋予当事人的一项重要的权利，是当事人在其自身合法权利受到侵害，或当事人之间发生纠纷时享有向国家请求获得司法救济的权利。当事人行使诉权之根本目的在于保护自身的合法权益，但是任何权利都是有边界的，诉权的行使也不例外。

关于"滥诉"的含义，现行法律中并未给出一个权威明确的定义，最高院采用列举的方式将虚假诉讼、恶意诉讼、无理缠诉行为归结为三类滥用诉权行为。法学理论界多是从诉权的基本理论出发，探讨诉权的内在权能及界限问题，而司法实务界多是从滥诉的表现形式及行为特点方面关注滥诉行为对司法实务的影响。从文义上来看，"滥"有不加选择、不加节制、浮夸不切实际的含义，当前在司法实践中发现的滥诉行为也多表现在当事人在行使诉权时不加选择、不加节制、不切实际，将国家法律赋予当事人享有的神圣权利泛滥化。

综上可将"滥诉"概括为当事人出于不合理或者不合法的动机和目的，在知道或者应当知道其不具备诉权行使要件或者缺乏必要性的情况下，通过行使诉权使得对方当事人的合法权益甚至国家、集体利益受损，或者造成司法资源的浪费、扰乱正常审判秩序的行为。

## 二、对滥诉行为的划分标准

滥诉行为有的发生在立案阶段，有的则发生在审判、执行阶段。即使在立案阶段即已发生，但只有一小部分在立案阶段即能够识别，更多的则须经过实体审理才能够识别，在立案阶段法官只能对此存疑，甚至完全难以发现。因此不宜从诉讼进程来划分滥诉行为。基于本次调研情况，立足人民法院的职能定位，建议从滥诉行为的外在表现形式结合行为人的诉求来判断是否属于滥诉行为，进而对滥诉行为的类型进行初步划分，以便在立案、审判、执行等诉讼活动的各个阶段对滥诉行为进行初步的识别判断，并采取相应的规制措施。

## 三、虚假诉讼、恶意诉讼、无理缠讼行为的含义及表现形式

党的十八届四中全会提出了要加大对虚假诉讼、恶意诉讼、无理缠诉行为的惩治力度。[①] 这也从侧面说明了当前三类滥诉行为的普遍性和严重性。

虚假诉讼，即当事人一方或当事人之间恶意串通，违背诚实信用原则，通过虚构案件事实、伪造变造证据等方式，向人民法院提起诉讼，意图获取非法利益的行为。例如朝阳法院发现涉及拆迁补偿纠纷的诉讼案件中，被拆迁人往往通过虚假诉讼以获取更多经济利益，该院审理的相当一部分继承纠纷、离婚纠纷、分家析产纠纷均存在虚假诉讼的情况。

恶意诉讼，主要指违背诚实信用原则，恶意向人民法院提起诉讼，意图损害他方合法权益，获取非法利益的行为。主要表现形式为：当事人不以胜诉为目的，而试图通过诉讼达到减损对方当事人的名誉，或者日常琐事也要提起诉讼，通过舆论炒作从而为自己扬名；也有部分当事人为了在诉讼中获取不正当的程序利益，恶意制造明显不合理的诉讼从而拖延其他相关案件的诉讼进程。例如东城区法院受理的李某诉铁道部一案，李某诉称其在山东往返北京的列车上遭到列车乘务人员及旅客的侮辱、诬陷、诽谤，对其人身、精神造成了极大伤害，请求法院判令赔偿各项损失及精神损害抚慰金 50 亿元。

无理缠诉，主要指当事人为谋取不正当利益，恶意反复启动、拖延诉讼程序；为达到胜诉目的，没有合理的理由就同一性质的问题，反复提起各类民事、行政、刑事诉讼；或者明知自己的诉求不符合立案条件，以哄闹、围堵司法机关，言语辱骂威胁、恶意以虚假事实检举司法工作人员等行为，扰乱司法秩序，企图向法院施加压力，以谋取不正当利益。例如李某诉公安部系列案件，李某采取向公安部信访、频繁投诉省级或基层公安机关，或者复议省级或基层公安机关、申请公安部公开复议处理依据等形式，明知不属于行政诉讼受案范围，向法院提起行政诉讼，其目的不在于诉讼本身，而在于通过诉讼的形式向公安部施压，以促进公安部协调有关部门实现其个人利益。

---

① 见《中共中央关于全面推进依法治国若干重大问题的决定》。

## 四、如何把握滥用诉权与合理诉讼的界限

滥用诉权与合理诉讼在诉的构成要件方面并无典型区别。滥诉行为绝大多数情况下都符合诉的构成要件,有明确的原、被告,有一定的事实理由,当事人之间也存在一定的法律关系。因此,滥诉案件并非都不符合立案条件。换言之,滥用诉权行为与合理诉讼行为的区别更多体现于概念比较层面而非外在特征方面,由于二者在外在行为表现形式上具有较高的相似性,因此难以单独通过外在行为模式来划清界限。

滥诉行为不仅包含了没有诉权而坚持起诉,也包括了虽有诉权但加以滥用、不正当行使诉权的行为。滥诉行为与合理诉讼区分的重大意义在于通过区分识别滥诉行为,为下一步采取措施规制滥诉行为建立基础,并通过两者之间界限的划分主动引导当事人合理、合法行使诉权。滥诉行为与合理诉讼之间界限的划定对保障当事人诉权,维护司法权威作用重大。如果标准设定过于宽松,则会放纵诉权滥用;如果标准设定过于严格,则将对合理诉权的行使产生冲击。在当前注重保护当事人诉权的形势下,划定滥用诉权与合理诉讼之间的界限应考虑以下几方面。

一是从主观方面考量,要结合诉求来看当事人提起诉讼时是否具有主观恶意,是否能够意识到诉讼行为的后果。主观方面的判断应以有一般社会经验和常识的人的认识水平为标准,不能要求当事人能全面准确理解相关法律条文、全面认清法律事实及法律关系。如果当事人主观上并无侵害他人权益的故意,而只是由于自身认识水平与能力的欠缺而不必要地行使了诉权,这就属于无主观恶意的滥用诉权行为,对此应当加以解释说明,合理引导,从某种意义上来说这部分滥诉行为属于基本没有危害性的不合理诉讼。如果滥诉行为是为了谋求不正当的利益,诉讼仅仅为实现自己不正当目的的工具,那么这类滥诉行为必须加以严格规制,必要时进行惩罚,以维护正常的诉讼秩序。

二是从当事人据以提起诉讼的事实依据方面来看,即当事人请求权的事实基础是否有正当性、必要性,并据此判断当事人是否适格、是否享有诉的利益。如果请求权基础根本不成立,或者请求权基础虽然成立,但起诉人或被起诉人并非适格的当事人、起诉人并未享有现实的诉的利益,则应当警惕存在滥用诉权的可能性。

三是应从当事人行使诉权的必要性来看。许多滥诉行为都存在一个共

性，即该诉讼行为表面上看是合法的，但却是不必要的、多余的，不是出于维护自身或者社会公共权益的目的，而是为了损害对方利益、增加对方的诉讼成本、舆论炒作等不正当的目的。如果符合这一特征，则也可以将其定性为滥诉行为。

## 第二部分　滥诉的概况

### 一、辖区内滥诉行为的整体数量情况

立案登记制实施以来，北京法院收案数量快速增长。根据统计，滥诉行为在民事诉讼案件、刑事自诉类案件、行政诉讼案件、执行案件中均有发现，其中尤其以信息公开为案由的行政诉讼案件数量居多。[①] 表 1 为北京法院收案量情况。

表 1

| | 北京法院收案量（件） | | 升降（件） | 升降（%） |
| --- | --- | --- | --- | --- |
| | 2015 年 1 - 3 月 | 2016 年 1 - 3 月 | | |
| 民商事案件 | 105637 | 115279 | 9642 | 9.1% |
| 行政诉讼案件 | 6039 | 8631 | 2592 | 42.9% |
| 刑事自诉案件 | 24 | 73 | 49 | 204.2% |

本报告选取了中级法院及基层法院报送的数据，对北京法院辖区内的滥诉行为情况进行简要的说明。

北京市第四中级人民法院上报的统计数据显示，该院的滥诉案件主要集中在行政诉讼案件中，2015 年四中院共登记立案行政案件 1397 件，其中存在滥诉行为的案件共计 349 件，占立案总数的 24.98%，从涉及案件类型来看以信息公开类案件居多，349 件涉及滥诉行为的案件中约中有 298 件为申请政府信息公开的行政诉讼案件。2016 年截至 3 月 24 日，在已经

---

① 北京法院现共有中级法院 5 家，即北京市第一、第二、第三、第四中级人民法院和北京知识产权法院；基层法院 17 家，包括北京市 16 个区法院和北京铁路运输法院（北京铁路运输法院不受理行政案件）。从调研结果来看，立案登记制实施后 21 家法院的行政诉讼案收案量均有不同程度增长，当事人有滥诉行为案件的比例也有较大幅度增长。

立案的 1048 件案件中，579 件案件为裁定驳回起诉，占全部案件的55.24%，这类被裁定驳回起诉的案件中也普遍存在滥诉现象。

基层法院发现的滥诉行为多与辖区内的社会经济发展重点及城市发展建设具有很强的相关性。尤其是近年来北京开展棚户区改造和新城镇建设，与此相关的农村房屋确权、分户、假离婚等虚假诉讼大量涌入法院。在滥诉集中的案件类型中，以 2015 年延庆区法院统计结果为例，滥诉案件数量见表 2。

表 2

|  | 收案量（件） | 滥诉数量（件） | 滥诉比例 |
|---|---|---|---|
| 分家析产纠纷 | 793 | 714 | 90% |
| 继承类纠纷 | 432 | 43 | 10% |
| 离婚类纠纷 | 584 | 116 | 20% |
| 民间借贷纠纷 | 356 | 107 | 30% |
| 涉宅基地使用权纠纷 | 306 | 122 | 40% |
| 行政诉讼类 | 70 | 7 | 10% |
| 刑事自诉类 | 13 | 7 | 50% |

## 二、滥诉行为集中的案件类型

根据统计，各个法院集中反映发现滥诉行为数量最多的是各类行政诉讼案件。2016 年 5 月 1 日北京高院举行了"北京法院新行政诉讼法实施一周年新闻通报会"，披露了一年来北京法院共受理行政诉讼案件 16281 件，同比上升 99%，其中政府信息公开类案件的占比最大。表 3 为 2015 年 4 月至 2016 年 3 月北京法院行政诉讼案件收案数及结案方式。

表 3 单位：件

|  | 2015 年 4 - 6 月 | 2015 年 7 - 9 月 | 2015 年 10 - 12 月 | 2016 年 1 - 3 月 |
|---|---|---|---|---|
| 行政诉讼案件收案数 | 6177 | 4136 | 4621 | 6022 |
| 驳回起诉 | 531 | 1817 | 1642 | 806 |
| 当事人主动撤诉 | 567 | 567 | 891 | 325 |

|  | 2015 年 4 -6 月 | 2015 年 7 -9 月 | 2015 年 10 -12 月 | 2016 年 1 -3 月 |
|---|---|---|---|---|
| 驳回诉讼请求 | 1228 | 1000 | 3495 | 824 |

　　根据表3的统计数据，自立案登记制实施以来，北京法院行政诉讼案件收案数量一直呈现持续上升趋势，且行政诉讼案件的结案方式中驳回起诉、驳回诉讼请求及当事人撤诉的比率一直处于高位，调研情况表明这几类结案方式的案件中存在滥诉行为的概率较大。

　　此外，在民商事审判领域的买卖合同纠纷案件，为了获取不正当拆迁利益而提起的分家析产诉讼、房屋所有权确认诉讼，以及离婚诉讼、民间借贷等几类案件，滥诉行为也较为集中。通过划定滥诉行为的内涵、外延和界限，滥诉行为主要集中表现在以下六类案件情形中。

　　一是一人多诉现象。此类诉讼往往具有数量巨大的特点。该部分起诉人针对某一事件反复或从不同角度提起大量诉讼。如某起诉人认为其人身伤害案件中的鉴定单位在鉴定过程中有违反程序事项，反复向司法局系统、公安局系统邮寄各种投诉，已经提起行政、刑事自诉一审、二审、申请再审案件400余件，立案登记制后，其在东城、西城、二中院分别针对分局、市局和公安部，以公安部门不追究鉴定人员的刑事犯罪责任、不处理其投诉信访事项为由提起8起诉讼，因涉及信访事项，被法院裁定不予立案。某起诉人因不满拆迁，提交起诉材料600余件，从复议、政府信息公开，转向信访领域，或要求区政府主要负责人履行接待其信访的职责，或要求公开相应的信访接待信息，也是因为涉及信访事项，法院出具不予立案裁定12件。某起诉人因为拆迁补偿事项，多次向街道反映，后其腿部受伤，因其认为是政府派人所为，遂开始多种途径的维权，其声称提起600多起复议、400多起诉讼，先后向三个法院提起诉讼，诉讼请求涉及街道履职行为，公安机关违法限制其人身自由，区政府信息公开（公开区长的工资收入等多个方面），其表示要成为提起诉讼最多的人，冲击吉尼斯世界纪录，据不完全统计，法院共出具裁判文书524件（一审275件，二审244件，申诉申请再审5件），其中政府信息公开330件。

　　二是因一事而起诉多名被告。此类诉讼中往往带有很明显的地域或级别管辖的选择倾向，起诉人希望到北京提起行政诉讼，遂以各种理由将国家部委作为被告来起诉。某起诉人对某派出所作出的具体行政行为不服，而将该派出所属或相关的单位，如公安分局、街道办事处、司法局、拘留所、区政府、市公安局、市政府、公安部等近20家单位列为共同被告，诉其行政违法或行政不作为。有的起诉人认为当地行政机关不作为，他们不是依据法律规定向上级机关申请行政复议，而是越级要求省级政府职能部门履行监督职责，不论省级政府职能部门作出何种行为，均不服并向对应部委申请行政复议，最后将省级政府职能部门与对应部委列为双被告提起诉讼。还有的起诉人认为当地部门行政行为违法，直接到北京起诉相关部委，要求其履行对下的监察职责或履行对发生在全国各地任何一个地方行政行为的查处职责。

三是多名起诉人就相同或类似事实提起诉讼。如某法院1个月出具不予受理裁定21件，其中17件均为个人或数人围绕集体占地、宅基地确权、本村集体经济组织签订的土地承包合同等提起的串案，约占该法院出具不予立案裁定总数的81%，其余4件系被拘留人就拘留释放手续、拘留证送达手续，犯罪嫌疑人就刑事侦查过程中取保候审手续、公安机关的取证程序不服提起的行政诉讼。

四是起诉人就纠纷解决过程中的后续环节提起多个诉讼。如某起诉人因不服劳动争议仲裁裁决，向法院提起劳动争议诉讼被驳回后，对经手过此案的所有工作人员和机关逐一提起行政诉讼和刑事自诉，行政诉讼被告包括劳动争议仲裁委员会、基层法院、中级法院，刑事自诉被告人包括仲裁员、一审法官、二审法官、书记员等。又如，因对警察对其交通肇事纠纷处理不服，坚持认为警察构成玩忽职守罪而提起刑事自诉。再如，某起诉人本来起诉媒体刊登文章侵犯名誉权，因不满行政机关对媒体资格向法院出具的证明，陆续向出具证明的行政机关提起8起诉讼。

五是明显没有事实依据的起诉。某起诉人起诉某公司侵权纠纷，主要原因为公司未给其涨工资，要求公司给予几亿的赔偿。某起诉人认为某本出版物中有常识性错误，造成了自己思维混乱，起诉要求出版单位承担消除影响的民事责任。还有的起诉人认为高空坠物虽然未伤到自己，但是某些机关蓄意所为，故起诉要求上千万的赔偿。有的起诉人直接在诉外地政府的起诉状上，明确写明要求全国人大法工委罢免全国法院某庭长、北京高院某庭长的职务。有的起诉人认为全国人大信访局不履行作为职责，在法官释明的情况下，坚持以全国人大为被告提起行政诉讼。

六是还有一部分起诉人重复起诉，或是在已经诉过某行政机关并经法院实体判决后，在得知该行政机关职责转移到新的行政机关后，对新的行政机关再次以相同事项、相同理由提起行政诉讼，立案庭查明行政机关职责变更事宜后，以所述事项曾于五年前提起诉讼，受生效裁判文书羁束为由裁定不予立案。

## 第三部分　滥诉的破解办法

在"滥诉"概念并未明确界定的前提下，还是应当在立案阶段坚持诉权保障优先原则，围绕具体的诉讼请求和事实依据进行审查，进而采取措施规制滥诉行为。

### 一、当前已经实施的防范与规制滥诉行为的举措

2012年新民事诉讼法规定了诚实信用原则，并对几种常见的滥用诉权的行为进行了规制，但从实际情况来看对于滥诉行为的遏制作用甚微。根据本次调研情况来看，辖区内法院在之前的工作中主要采取了以下措施来防范与规制滥诉行为。

首先，在立案阶段对当事人加强正面诉讼指引和释明，通过口头告知、展板宣传等方式向当事人宣传滥诉行为的法律后果，侧重于事前的宣传指引，并且以要求当事人签署书面的诚信诉讼承诺书①的形式，告诫当事人滥诉的后果及法律制裁的方式，警示当事人滥用诉权恶意进行诉讼将承担相应的法律责任。

其次，针对部分重复起诉、频繁起诉并被多次驳回起诉或不予受理的当事人，将其列入滥诉人员清单。在立案阶段对清单人员的诉讼进行严格的登记审查，并对其进行重点的诉讼风险提示，第一时间告知其滥诉行为的风险及相应的法律后果。

最后，对不符合立案条件的案件开具一次性补正告知书，严格遵循立案登记制的要求，告知当事人在法定期限内不予补正的后果，在法定期限内经补正仍然不符合立案要求的，坚决裁定不予立案，对于在案件审理或者执行阶段发现的坚决按照现有的法律规定及时处理。

---

① 目前北京市法院辖区内的第四中级人民法院及昌平、海淀、东城法院三个基层法院在立案阶段要求立案当事人签署并提交诚信诉讼承诺书。

## 二、对于今后防范与规制滥诉行为的设想和建议

诉权与审判权互相作用推动诉讼程序顺利进行。必须处理好保障诉权与滥用诉权规制之间的关系。从当前采取的各种举措来看，防范与规制滥诉行为的工作更多的由立案部门来承担，而伴随着立案登记制的不断深化，诉讼呈现激增趋势，法院立案部门压力较大，一方面要切实做好登记立案工作，另一方面又要在法定期间内对不符合立案条件的案件逐一出具不予受理裁定，因此很难在做好自己本职工作的前提下两者兼顾。建议在今后防范与规制滥诉行为工作中，还是应当发挥多部门的协同作战优势，由立案部门在源头发挥好过滤功能，在进行必要的审查后对不符合立案条件的滥诉案件不予立案；对于符合立案登记制要求的起诉，在进入诉讼程序后，由承办案件的审判庭室或者诉讼服务部门快速识别、快速处理，在发现滥诉行为后及时采取相应措施，消除滥诉行为人的侥幸心理，挤压滥诉行为人的活动空间。

在今后的工作中，建议做好以下重点工作。

一是准确把握立法本意，建立符合立法本意的立案登记制度。首先立案登记不代表不进行立案审查。十八届四中全会决定中指出"对人民法院依法应该受理的案件，做到有案必立、有诉必理，保障当事人诉权"。如何将"依法应该受理的案件"与"不该受理的案件"区别开来，显然需要法院依职权进行必要审查。"有案必立、有诉必理"是要求法院立"应立之案"，理"应理之诉"，对有悖法律规定的诉求，法院完全可以"案不立、诉不理"。①

二是应当就性质恶劣的滥诉行为严格追究当事人的法律责任，充分用好法律赋予人民法院的权力，在明确对滥诉行为的认定标准后，对认定为滥诉行为的个人依法追究其相应的法律责任，提高滥诉行为的成本。

三是进一步完善多元化纠纷解决机制。在依托立案登记制保障当事人诉权的同时，构建多元化的纠纷调处化解机制体系，使当事人在面对不同性质和不同类型的纠纷时，能够选择最为适宜的纠纷解决途径。探索建立类型案件的标准化解程序，在立案前，加强对人民调解、委托调解、行政调解等非诉讼纠纷化解机制的宣传力度，引导当事人选择更加便捷、高

---

① 参见中国人民大学法学院副教授许尚豪《"立案登记制"后如何审查立案》，刊载于2014年12月24日《人民日报》。

效、低成本的非诉方式化解矛盾纠纷，促进案件分流，减少对司法资源的浪费。

四是针对立案登记制实施后的行政诉讼案件立案数量明显增多，滥诉行为高发的实际情况，探索建立与相关行政机关的沟通协调机制，采用繁简分流、诉前调解等方式将一部分争议不大的案件进行分流，同时做好行政调解、行政裁决、行政复议和行政审判等方式的有效衔接和优势互补，形成化解合力，做好行政争议的实质化解工作；依托联席会议、年度报告、司法建议等平台，促进行政机关依法行政、规范执法，从源头上预防和化解矛盾纠纷。

五是要用好已有的防范与规制手段，充分发挥其潜力，并借用社会媒体的力量宣传有代表性的滥诉行为及其应承担的法律后果，内外合力挤压滥诉行为人的生存空间，引导社会公众依法正当行使诉权。

六是改革现行的案件受理费制度。① 新的诉讼费用缴费制度将法院"裁定不予受理""裁定驳回起诉"程序中的案件受理费予以取消。对于正常行使诉权的当事人来讲，诉讼费是解决纠纷占用司法资源所要付出的必要成本，而取消"裁定不予受理""裁定驳回起诉"程序中的案件受理费意味着当事人在起诉时无须考虑诉讼成本，等于鼓励滥用诉权。因此改革案件受理费制度在立案登记制实施后具有更重要的现实迫切性。

七是对于因滥诉行为而遭受侵害的当事人，法院要充分利用现有制度帮助其保护合法权益。要充分保障第三人的诉讼参与权，法官对存疑案件应主动依职权追加第三人；充分利用第三人撤销之诉、执行异议之诉、审判监督程序等程序设计对利益受侵害的当事人进行救济。

## 三、目前防范与规制滥诉行为存在的障碍及疑难问题

一是立案登记制实施以来，一些当事人对立案登记制存在认识误区，法院的释明工作难度较大，加之新闻宣传中个别媒体不负责任的言论让很多当事人误以为"只要起诉法院就必须立案"，部分当事人缺乏法律知识，将法院视为可以解决一切矛盾纠纷的部门，对一些明显不符合立案条件的纠纷提起诉讼，对法院裁定不予受理的处理表示质疑和不满，少数当事人对法院产生对立情绪后，进而发展为恶意滥用诉讼权利。

---

① 本次参与调研的 20 家法院中，有 18 家法院提出了改革现有案件受理费制度的建议。

二是立案登记制下，立案审查对滥用诉权与合理行使诉权的甄别难度较大。立案登记制下，立案时对主体资格、法律关系、诉讼请求以及管辖权等程序性问题不再作实质审查，对证据有瑕疵案件的审查标准难以把握，对于当事人是否具有滥用诉权的恶意，鉴别难度加大。

三是现行法律缺乏对滥诉行为的判断甄别标准，目前仅对当事人之间有串通的虚假诉讼做出了规定，对于其他类型的滥用诉权行为并无明确规定，且对于是否构成滥用诉权也缺乏具有可操作性的认定标准。由于此类滥诉行为的认定标准不明确，导致立案阶段难以从源头上对此类滥诉行为做到系统化防范，这使得立案阶段鉴定识别和筛查过滤工作难度大大增加。

四是对于如何防范、规制滥用诉权的行为缺乏具体法律规定。民事诉讼法及相关司法解释对于滥用诉权的行为规定了如何处罚，但哪些行为适用这些条款，处罚幅度如何掌握，只能由各院法官自行裁量，客观加大了对滥诉行为的定性难度。

## 四、构成滥诉行为应承担的法律后果

由于滥诉行为的成本较低，危害极大，因此有必要对法院已经认定的滥诉行为，坚决要求滥诉行为人承担相应的法律责任。可以按照民事诉讼法关于妨害民事诉讼的规定驳回其请求，并对认定为滥诉行为的当事人予以罚款、拘留，对于因滥诉行为受到损失的当事人或者第三人，还应当承担相应的赔偿责任或者侵权责任；对于滥诉行为情节严重、影响恶劣，并已造成实际损失的，依法追究相应的刑事责任。《最高人民法院关于人民法院登记立案若干问题的规定》第十六条规定："人民法院依法维护登记立案秩序，推进诉讼诚信建设。对干扰立案秩序、虚假诉讼的，根据民事诉讼法、行政诉讼法有关规定予以罚款、拘留；构成犯罪的，依法追究刑事责任。"对滥诉行为中的虚假诉讼行为恶劣并已造成实际损害的要依据该规定坚决予以制裁。

# 【案例评析】

## 日常活动记录作为证据的审查与适用

张华锋[*]　　刘绍斐[**]

**内容摘要：** 对于书证内容记载是否真实的判断涉及书证本身的验真、鉴真问题。通过相关证据能够证实记载真实的书证可以作为定案依据。日常活动记录作为一个特殊类型的书证，尤要注重审查其内容的真实性。对于该类书证应该从形成过程、形成目的、是否被伪造等多方面审查。从更宽泛的角度，物证和书证可以通过对于其本身保管链条的有效传递和物证本身是否有效等方面认定。

**关键词：** 书证　日常活动记录

## 一、基本案情

申诉人：湖南省岳阳县农村信用合作联社，系本案案外人，与本案审判结果有利害关系的利益相关方。

原审被告人：邓某，女，1970 年 4 月 3 日出生，汉族，原系岳阳县信用社合同工。

原审被告人：彭某某，女，1957 年 11 月 9 日出生，汉族，本科文化，原系岳阳县城东信用社职工。

## 二、原审法院审理情况

2008 年 7 月 23 日，湖南省岳阳市岳阳楼区人民法院审理湖南省岳阳

---

[*] 最高人民法院第二巡回法庭助理审判员。

[**] 最高人民法院第二巡回法庭法官助理。

市岳阳楼区人民检察院指控被告人邓某、彭某某犯职务侵占罪、盗窃罪，被告人李某某犯盗窃罪一案后作出（2008）楼刑初二字第 102 号刑事判决。原审被告人邓某不服，提出上诉。2009 年 8 月 10 日，湖南省岳阳市中级人民法院作出（2008）岳中刑二终字第 60 号刑事判决。案外人岳阳县农村信用合作联社不服，提出申诉。岳阳市中级人民法院复查后于 2012 年 6 月 27 日以（2012）岳中刑监字第 7 号驳回通知驳回其申诉。湖南省高级人民法院于 2013 年 11 月 22 日以（2013）湘高法刑监字第 10 号再审决定书决定由该院提审本案。2014 年 9 月 10 日，湖南省高级人民法院以（2014）湘高法刑再终字第 14 号刑事裁定驳回其申诉，维持湖南省岳阳市中级人民法院（2008）岳中刑二终字第 60 号刑事判决。

岳阳市岳阳楼区人民法院一审认定事实如下。

## （一）职务侵占

被告人邓某 1995 年成为岳阳县城东信用社合同工，后陆续担任岳阳县城东信用社出纳、岳阳县欣荣信用社会计、分社负责人。1998 年至 2006 年期间，被告人邓某利用职务之便，以为信用社办理存款业务为由，共向被害人谭某祥揽储存款本金 733 万元，利息 376.26 万元，所揽存款未入岳阳县信用社的存款账。其中 2001 年至 2004 年期间，被告人邓某以岳阳县城东信用社的名义，使用加盖岳阳县城东信用社印鉴的过期作废存款存单向被害人谭某祥揽储 10 笔，合计本金 389 万元。2004 年至 2006 年期间，被告人邓某以岳阳县欣荣信用社的名义，使用加盖岳阳县欣荣信用社印鉴的过期作废存款存单揽储 9 笔，合计本金 344 万元。被告人邓某将上述存款分别以个人名义借款给他人以及用于买筹码等赌博活动，挥霍一空。

被告人彭某某 1986 年成为岳阳县黄秀信用社正式职工，后陆续担任岳阳县城东信用社出纳、分社负责人。1994 年至 1998 年期间，被告人彭某某向被害人谭某祥揽储 4 笔存款，合计本金 42 万元存入岳阳县信用社。此后，被告人彭某某以岳阳县城东信用社名义继续向被害人谭某祥揽储，所揽储蓄均未入岳阳县城东信用社的存款账。1998 年至 2006 年 8 月期间，被告人彭某某利用职务之便，以为信用社办理存款业务为由，共向被害人谭某祥揽储存款本金 559.31 万元（包括此前转存 42 万元），利息 452.53 万元。其中 1998 年至 2000 年向被害人谭某祥出具的是真实的加盖岳阳县城东信用社印鉴的存款存单，共计 14 笔，合计本金金额 238.1 万元，2001

年至 2006 年 8 月，向被害人谭某祥出具的则是加盖岳阳县城东信用社印鉴的过期作废存款存单，共计 6 笔，合计本金金额 321 万元。被告人彭某某将上述存款分别以个人名义借贷给他人以及用于买筹码等赌博活动，挥霍一空。

（二）盗窃

2007 年 5 月 2 日，被害人谭某祥找被告人邓某、彭某某进行结算，要求取出存款。被告人邓某、彭某某因无力偿还，多次商议对策，被告人邓某提出合伙出钱雇人从被害人谭某祥家中偷出放在保险柜内的信用社存单，以销毁证据，被告人彭某某表示同意。两人从 2007 年 5 月开始策划，寻找多人作案未果。2007 年 8 月 1 日，被告人邓某通过陶某良（在逃）找到被告人李某某，被告人李某某介绍撬保险柜专业人员余某满（在逃），被告人邓某、彭某某、李某某及余某满在岳阳市五里牌友缘茶楼见面后，由邓某、李某某、余某满具体商谈相关事宜，邓某允诺："事成后付给佣金 1 万元。"邓某将商谈情况告知了在茶楼隔壁房等候的彭某某，并说："如果偷到了（指钱），就不需要佣金。"邓某带着李某某和余某满对谭某祥家进行踩点后，决定 8 月 2 日中午实施盗窃。8 月 2 日中午，被告人邓某、彭某某及陶某良乘车到被害人谭某祥工作的五大院校函授站，确认被害人谭某祥不在家中。中午 1 时许，被告人邓某、彭某某在花板桥普香园门口接到被告人李某某及余某满等人。进入电大家属区后，被告人李某某及余某满两人翻窗进入谭某祥室内，撬盗保险柜，陶某良在屋外望风，被告人邓某、彭某某在电大大门对面观察。半小时后，被告人李某某及余某满等人将保险柜内账单、存单等物及现金 40 余万元人民币和 575 英镑盗出，与被告人邓某等人坐车离开现场。作案后，被告人邓某与被告人李某某约好在岳阳市南华阁茶楼见面，被告人李某某将盗来的邓某、彭某某两人存单交给邓某。被告人邓某、彭某某在岳阳县一茶楼内将盗来的存单销毁。被告人李某某分得赃款 13 万元人民币及 575 英镑，余某满分得赃款 13 万元人民币，被告人邓某分得赃款 6 万元人民币，陶某良分得赃款 10 万元人民币。2007 年 8 月 6 日、8 月 15 日、8 月 11 日，被告人邓某、彭某某、李某某被公安机关分别抓获归案，被告人李某某退赃 13 万元人民币及 575 英镑。

岳阳市中级人民法院二审、申诉复查及湖南省高级人民法院再审查明事实与此相同。

### 三、申诉理由及请求

岳阳县农村信用合作社向最高人民法院申诉要求撤销原判，要求认定被告人彭某某、邓某不构成职务侵占罪，应以盗窃罪论处，该社不应当承担民事赔偿责任。彭某某、邓某使用的是作废的存单，不能作为职务侵占罪认定的前提。认定其犯罪的事实不清，鉴定报告不具有客观性，鉴定所依据的材料之一是谭某祥的"个人资产底盘表"，该书证记载的内容不客观、不属实，故该鉴定不具有客观性。

### 四、最高人民法院审查意见

会计鉴定报告可以作为定案证据采信。会计鉴定意见依据材料之一是谭某祥的"个人资产底盘表"，该书证制作过程由被告人邓某、彭某某的供述和辩解予以证实，被害人谭某祥陈述予以印证。该账簿（个人资产底盘表）是谭某祥为核实和记载自己资产账目所记录的事实，不是为了诉讼或者其他仲裁等目的制作，该记载是其正常经营、生活中的日常记录的一部分，具有持续性。该账簿中关于彭某某、邓某等人处存款数目的记载，是在三人共同核对验证后，谭某祥立刻记载于该资产底盘上的，并没有误记、错记等机会；另一方面该记载完全属于为了个人事项的个人使用而记载，不是为了相关的诉讼目的记载，其真实可靠。故该鉴定所依据的书证材料具有客观性。就民事赔偿责任而言，岳阳县农村信用合作联社应该为自己员工的行为承担民事责任，此行为是典型的表现代理，称不应该赔偿的理由不充分。

二被告人邓某、彭某某作为信贷人员，以信用社的名义和加盖有信用社印章的存款单揽储后，利用职务便利未将款列入信用社账目，而将该款非法占有，即二被告人利用担任信用社信贷员的职务便利将本单位财物占为己有，其中彭某某非法据为己有数额为 559.1 万元、邓某为 733 万元，数额巨大，其行为均已构成职务侵占罪。原判定性并无不当。

### 五、评析意见

本案关键是事实认定问题，即在借款凭据已经被被告人邓某、彭某某雇用他人盗窃损毁的情况下，能否依照谭某祥的记录等证据，认定二被告人从谭某祥处是否借款以及借款的数额。

（一）足以认定被告人邓某、彭某某利用信用社存单揽储的事实

被告人彭某某、邓某在案发后即供述了自己带着有效的或者无效的且加盖相关信用社印章的存款单向被害人谭某祥揽储的事实。二人在到案后即时供述了该犯罪过程，如实供述了多次揽储的时间和数额，以及揽储付利息的方式为复利计息；彭某某详细供述了自己每次揽储所带的存单是加盖信用社印章的一式三联的存单，邓某对于自己揽储过程的供述也证实是带着加盖印章的存单揽储。

二被告人分别供述了关于向谭某祥揽储后的对账情况，关于对账的数额二被告人供述相互印证，其中彭某某的数额为 560 万元本金，利息是400 多万元，共计 1000 余万元；邓某从谭某祥处揽储本金 330 余万元，利息以复利计，约 700 多万元，总计欠款 1100 余万元。该数额也和被害人谭某祥的陈述一致。

被害人谭某祥陈述证实，彭某某是自己的学生，在自己开办的进修学校学习认识的。一开始揽储，自己的款都及时还了，后来自己信任他们就给他们提供贷款了。每次存款都是二人带着一式三联并加盖有关信用社印章的存单来的，但是该存单被被告人邓某、彭某某找人盗走销毁了。最近一段时间，自己和彭某某、邓某对账了，并要求二人分别还回自己 300 万元。当时对账的情况是在彭某某揽储处存放本金 559.1 万元，在邓某揽储处存放本金 733 万元。最近一次，即二被告人于 2007 年 5 月底的一天中午一起到谭某祥处结算核对，将二被告人手中的所有存款单结算了一次，彭某某开了六张存单，共计数额 1011.84 万元，邓某开了六张存单，共计数额 1104.26 万元。这是截止到 2007 年 5 月底在邓某、彭某某处本息数额总计。

（二）谭某祥的"个人资产底盘表"可以作为鉴定意见依据的检材

1. 会计鉴定意见合法、有效，可以作为证据采信

经阅卷审查，湖南安信司法鉴定所的司法会计鉴定意见系湖南省岳阳市中级人民法院委托具有司法鉴定资质的鉴定机构出具，委托程序合法。

湖南安信司法鉴定所在鉴定过程中依据的材料客观、来源合法，该司法会计鉴定意见可以作为证据使用。该鉴定确认邓某揽储本金为 685 万元，利息 419.26 万元，共计 1104.26 万元；彭某某揽储本金 552 万元，利息 459.84 万元，共计 1011.84 万元。该鉴定意见对可能的误差作了说明，其结论具有客观性、中立性。

2. 谭某祥的"个人资产底盘表"应作为鉴定报告依据、定案依据

鉴定意见所依据的材料之一是谭某祥的"个人资产底盘表"。在被告人已经将向被害人谭某祥出具的存款凭据损毁的情况下，其作为书证用来证实本案关键事实。

首先，该证据形成具有客观性，在保管过程中不存在伪造、编造情形。

2007 年 5 月底和被告人彭某某、邓某进行结算、核对时，谭某祥将结算、核对的结果记在了"个人资产底盘表"上。该情况也被彭某某供述证实，即在结算完毕后谭某祥在一个本子上做了记载。

该"个人资产底盘表"在 2007 年 8 月 2 日被李某某等人盗走，到 2007 年 8 月 15 日同案犯陶某良委托其兄陶某梁将该账本交给岳阳市公安局刑警支队便衣侦查大队，期间并没有经过谭某祥之手，可以排除谭某祥伪造该证据的可能性。

其次，该账簿记载内容为其他证据所印证。

该账本是谭某祥为核实和记载自己资产账目所记录的事实，其关于自己资产的记载是为个人核查自己资产使用，该记载是日常记录的一部分，具有持续性，该记载没有不符合常理之处。该账本中关于在彭某某、邓某等人处存款数目的记载，是在三人共同核对验证后，谭某祥立刻记载的，并没有误记、错记等机会，并且该记载完全属于为了个人事项的个人使用而记载，不是为了相关的诉讼、仲裁等目的记载，其真实可靠。对于该鉴定所依据的书证材料，足以认定其真实性。

再次，该账簿是日常记录的一部分，本身具有可信性。

关于该书证的采信在一定程度上属于传闻证据的例外，即对于日常记录中的相关人员在事件发生后立即或者合理的时间内，基于日常记录的要求将该事件或者信息记录的，可以作为证据使用。但该记录不能为了任何听证或者诉讼目的而形成，且该记录保存在了日常所保存的位置（地方），此观念和制度也为美国《联邦证据规则》所确认。该规则 803（6）日常

活动的记录表明，符合下列条件的关于行为、时间、状况、意见或者诊断的记录（可以作为证据采信）：①该记录是由就有关行为、事件、状况、意见或者诊断有知识的人，在当时或者其后不久制作的，或者其内容来自于该人所传递的信息；②该记录是企业、组织、职业或者行业（无论是否以营利为目的）在日常生活中保存的；③制作该记录是该活动的日常惯例；④所有这些条件都为保管人或者其他适格的证人证言所证实；⑤信息来源、制作方法或者环境方面没有表明其缺乏可靠性。

在谭某祥文件的传递过程中没有证据证实存在伪造、失真的情况和可能，故上述鉴定具有可采性。所以在本案中尽管存在原始凭证被二被告人雇用他人从被害人处偷出并毁掉的情况，在案件事实认定中没有彭某某、邓某给被害人开具的原始存款单作为证据，但是根据现有证据可以认定其基本内容和本案的基本犯罪事实。

二被告人和被害人谭某祥均证实在揽储、存款过程中二被告人使用的是加盖信用合作社印章的存单，并且谭某祥在"个人资产底盘表"上每次都明确记载了揽储时间、信用社名称和存单号，并证实了是加盖印章的存单。从常理上，没有信用社的印章并以信用社的名义揽储，被告人也不可能从被害人处巨额揽储并获得成功，可以认定二被告人在揽储过程中是以信用社的名义并使用了信用社的印章，其行为属于职务行为。申诉人认为本案鉴定意见所依据的谭某祥提供的账簿记载不客观、不真实，不能作为证据使用的意见不予采纳。

经过对上述被告人供述和被害人陈述的分析，二者相互印证，并且关于具体的揽储数额、日期、方式均在被告人供述中予以列明，和被害人谭某祥留存的底账相互印证。故二被告人以信用社的名义从被害人处取款且没有存入信用社，而是自己非法占有。

（三）会计鉴定报告合法客观有效

邓某、彭某某作为信贷人员，以信用社的名义和加盖有信用社印章的存款单揽储后，将该款非法占有，该过程中利用了职务之便，即利用担任信用社信贷员的职务便利将本单位财物占为己有，其中彭某某非法据为己有数额为 559.1 万元（利息 452.53 万元）、邓某为 733 万元（利息 376.26 万元），数额巨大，其行为均已构成职务侵占罪。因为上述财产已经属于二被告人所在的信用合作社所有，二被告人是利用职务便利将单位款项据为己有，认定其行为成立职务侵占罪并无不当。

## （四）本案应注意的问题

本案存在成立诈骗罪的可能性。即本案被告人彭某某、邓某利用信用社的虚假印章、存款单等骗取被害人谭某祥的信任，在谭某祥被骗后处分了自己财产。但是纵观本案的犯罪客体应是农村信用合作社的财产权，以职务侵占罪定罪量刑比较恰当，更能概括本案的犯罪主体、客观方面尤其是因果关系、主观方面的特征。最高人民法院的相关案例也认为该种情况以职务侵占罪定罪量刑。

关于申诉主体的确认。本案申诉主体属于与本案有利害关系的第三人。本案属于《最高人民法院关于适用〈中华人民共和国刑事诉讼法〉的解释》（法释〔2012〕21号）第三百七十一条规定的案外人申诉情况，即"案外人认为已经发生法律效力的判决、裁定侵害其合法权益，提出申诉的，人民法院应当审查处理"。本案中彭某某、邓某作为信用社工作人员犯职务侵占罪，其要承担退赔责任、民事赔偿责任。在被告人自己财产不足以执行的情况下，应该由其任职的信用社承担，故岳阳信用社作为本案的民事责任承担主体，有申诉主体资格。

综合本案，借鉴《联邦证据规则》关于传闻证据例外的规定中的"日常记录例外"，应当对于基于日常生产、生活中依照惯例形成的文书，尤其是在有其他证据予以印证的情况下，作为证据采信和定案依据。作为证据要注重审查其合法性、关联性和客观性。对于书证的客观性，尤其要审查其形成的过程、保存的链条以及与其他证据是否相互印证。这是书证客观性应审查的重要内容。

# 【经验交流】

## 打造司法为民公正司法的窗口

张 坚[*]

前不久，习近平总书记亲临安徽视察指导，作出重要指示，发表重要讲话。总书记在充分肯定安徽各项事业取得显著成绩的同时，深刻指明了安徽发展的"一大目标、五大任务"，要求安徽敢于领跑、争先创优，并强调"唯创新才有未来"。人民法院是党领导下的国家审判机关，是党和国家工作全局中的重要一域，安徽法院工作必须融入全省经济社会发展大局之中，奋力在中部崛起中闯出新路，坚定地向全国第一方阵冲刺。

诉讼服务中心是安徽法院的一大司法品牌形象和重要建设工程，其发展一直备受关注。中央政治局委员、中央政法委书记孟建柱同志两次对安徽法院诉讼服务中心建设予以充分肯定；去年，全国法院诉讼服务中心建设推进会在安徽合肥成功召开；推广诉讼服务中心建设安徽"合肥经验"，写入周强院长在十二届全国人大四次会议上所作的最高法院工作报告中。作为安徽全省法院三级联动、整体推进诉讼服务中心建设的缩影，诉讼服务中心建设安徽"合肥经验"已经成为法院窗口建设的标杆和各地学习借鉴的样板，发挥着应有作用和影响力。在新的形势下，如何发挥优势、提档升级、闯出新路，努力让全省法院诉讼服务中心建设始终保持旺盛的生命力，需要我们认真思考、积极探索实践。

---

[*] 安徽省高级人民法院党组书记、院长。

## 一、打造多元化解矛盾纠纷的聚集地和司法为民的新模式，是诉讼服务中心建设安徽"合肥经验"发展的必然方向

诉讼服务中心是面向群众、服务群众的窗口，是群众诉讼"始发站"和司法审判"总开关"。推进诉讼服务中心建设，必须立足经济社会发展对法院工作的新要求，立足人民群众对司法工作的新需求。当前，需要把握好三个方面的态势。

一是多元纠纷解决机制改革的深入推进。党的十八届四中全会对推进多元化纠纷解决机制改革作出重要部署，深化多元化纠纷解决机制改革是当前司法改革的重要任务。近年来，围绕建立健全多元化纠纷解决机制，最高法院两次组织试点，发布指导性文件，并于去年在四川眉山召开全国法院多元化纠纷解决机制改革工作推进会，提出了"六个转变"的工作目标。与此同时，最高法院高度重视诉讼服务中心建设，多次召开全国性会议，下发规范性意见，提出了"系统化、信息化、标准化、社会化"的建设要求。多元化纠纷解决机制和诉讼服务中心这"两个建设"相互依托、相互协调、相互促进，在满足人民群众多元司法需求、发挥司法资源最大效能、维护社会稳定等方面日益发挥重要作用。

二是法院案件的持续大幅增长。随着经济发展进入新常态、立案登记制实施、新修订的行政诉讼法实施，人民法院受理案件持续快速增长。去年，全国法院受理案件1951.5万件，同比上升24.7%；今年1—3月份，全国法院共新收案件516.7万件，同比上升29.3%。2015年，安徽法院受理案件78万余件，同比上升33.2%，全省法官人均办案101件；今年1—3月份，受理案件近30万件，同比增长30%，预测全年可能突破90万件。特别是立案登记制的实施大大降低了诉讼门槛，加之，诉讼解决纠纷具有权威性、规范性、专业性以及效率较高、成本较低的特点，相当部分的当事人仍愿意来到法院，选择诉讼渠道。针对这一形势，迫切需要强化诉讼服务中心对矛盾纠纷的分层过滤、分流引导的功能作用。

三是基本解决执行难问题的庄严承诺。在十二届全国人大四次会议上，最高法院周强院长庄严承诺"用两到三年时间，基本解决执行难问题"。最高法院随即召开视频会，对"基本解决执行难"工作进行动员部署，前不久又出台了《关于落实"用两到三年时间基本解决执行难问题"的工作纲要》，确定了的时间表、路线图，吹响了向执行难发起总攻的

"冲锋号"。能否兑现"基本解决执行难"这一承诺，关系当事人合法权益的最终实现，关系司法公信力的有效提升，关系司法权威的真正树立，"军中无戏言"，我们没有退路。打赢"基本解决执行难"这场硬仗，既需要全国法院的齐心协力，又需要法院内部各部门的共同发力、形成合力，需要立案、审判、执行、综合服务保障等各个环节统筹兼顾、配合衔接；需要把工作前移、关口前移，依托诉讼服务中心，在案件的源头上提示风险，在诉前调解中促使自动履行，把执行信访案件推向前台，完善多元化解纠纷机制，形成化解矛盾的合力，切实减少进入执行环节的案件。

## 二、打造多元化解矛盾纠纷的聚集地和司法为民的新模式，关键是搭建好"六大平台"

当前，安徽 127 个法院已全部建成诉讼服务大厅、诉讼服务网和 12368 诉讼服务热线。可以说，诉讼服务中心建设既迈上了一个台阶，又处在了一个新的起点。诉讼服务中心的场地环境、基础设施、硬件条件相对完备，功能强化、服务优化、平台细化等方面还有进一步发展的空间。与时俱进加强诉讼服务中心建设，需要我们牢固树立"大服务"理念，以群众需求为导向，从解决深层次问题入手，实质性化解各类矛盾纠纷，满足人民群众多元司法需求，着力搭建"六大平台"。

一是搭建诉调对接平台。促进司法资源与社会资源的深度融合，是满足群众多元司法需求的必然要求；诉讼服务中心作为一个开放、动态的综合服务体系，离不开法院外部各方力量的积极参与。目前，安徽高院已出台《全省法院进一步完善矛盾纠纷多元化解机制工作意见》，规范纠纷解决运行机制和程序对接制度，切实发挥法院在构建多元化纠纷解决体系中的引领、推动和保障作用；三级法院均统一建立诉调对接中心，中心成立办公室，立案庭庭长兼任办公室主任，实现诉调对接工作的规模化、系统化和常态化；并与省工商联联合出台《关于进一步完善非公有制企业矛盾纠纷诉调对接工作的意见》，努力形成解纷合力。截至去年，全省法院诉讼服务中心已建立各类调解中心、调解窗口 510 个，全省法院将进一步加强与交通、医疗、住房建设、环境保护、保险以及妇联、侨联等单位和组织诉调对接，在诉讼服务中心设立涉非公有制企业、家事、劳动、物业、消费纠纷等特色调解窗口，并强化窗口分流、引导功能，有效解决类型化纠纷。同时，根据纠纷性质、数量，派出巡回法庭或派驻人员，驻点开展指导调解和司法确认工作。积极推动建立县区、乡镇、村居委会三级联调组织，在乡镇、社区设立诉讼服务联系点，在人民法庭建立诉讼服务工作站，最大限度将矛盾纠纷化解在基层和萌芽状态。

二是搭建案件速裁平台。民事诉讼法和刑事诉讼法、行政诉讼法都有关于简易程序的规定。实行繁简分流，开展案件速裁，就是以正当的程序规范来配置司法资源，有效提高审判质效。安徽高院将建立健全立案登记分流、调解与速裁衔接等机制，明确家事、物业等多类适宜调解及速裁的案件类型，实行调解前置，对调解不成的快审快结；增设小额速裁庭，组建速审团队，充分利用小额程序、督促程序等方式快速化解矛盾；在全省法院推广简易案件审判法，推广使用固定的庭审、文书模板，尽可能地缩短办案周期。

三是搭建专业解纷平台。城乡不同地域、案件不同类型、当事人多元需求，需要法院整合各类解纷资源，有效发挥行业性、专业性调解组织和人员的专业优势，探索和建设更具特色和实效的对接平台。当前，安徽法院已建立"两代表一委员"调解、人民调解员调解、律师调解、仲裁员调解以及矛盾纠纷多元化解监督指导等五项制度，完善纠纷解决方式，充分发挥各种力量开展调解的优势。下一步，我们将深入推进司法体制改革，进一步深挖法院内部潜力，组织退休法官、未入额法官专职开展诉前调解工作，探索调解和裁判适当分离，为法官员额制改革寻找出路；加强与人民调解组织、行政机关等密切合作，推动设立物业管理、家事案件等特色型、专业型人民调解委员会，积极开展委托、委派调解；针对保险、知识产权、票据证券、涉外商事等专业领域的纠纷，探索建立专家调解员信息库和相关工作制度，促进矛盾纠纷快速化解。

四是搭建网络调解平台。与传统调解相比，网络调解、在线调解具有速度快、效率高、成本低等优势。三年多来，安徽法院强力推进信息化建设，全省法院信息化建设弯道跟进、弯道超车，迈入全国法院先进行列，实现了诉讼服务现场与远程、网上与网下、实体与网络的立体衔接，惠及了每一位法官和每一位当事人。自去年8月，依托安徽法院综合诉讼服务网，全省法院实现网上立案功能，仅半年时间，共接收网上立案59282件，占同期立案数的14.7%，网络在线调解也得到了深入运用、深度认可。为此，安徽法院不断加快构建高效便捷、灵活开放的网络调解平台，将劳动人事、道路交通、婚姻家庭等纠纷集中领域相关行政主管部门的调解窗口引入法院诉讼服务网，使当事人快速选择纠纷解决方式、尽快找到适宜的解决纠纷机构；建立在线矛盾纠纷化解信息系统，做好矛盾纠纷的受理、调解、统计、督办、反馈等工作；积极开展在线调解，推动矛盾纠纷在网上解决。

五是搭建信访化解平台。依法处理信访问题，是人民法院的一项重要工作。近期，安徽高院联合省司法厅制定出台《关于律师参与化解和代理涉诉信访案件工作实施办法（试行）》，全省法院在信访接待场所或诉讼服务中心设立律师工作室，积极开展律师参与化解和代理信访案件工作，引导当事人理性表达诉求；完善远程视频接访，引导信访群众选择视频方式反映诉求；规范网络信访流程，依法处理信访问题。

六是搭建攻克执行难平台。牢固树立一盘棋思想，把诉讼服务中心作为推动基本解决执行难问题的重要阵地，加强立审执协调配合，向立案、审判借力。从立案起主动提示执行风险，引导当事人积极履行举证责任，并自动生成、公开执行信息；执行工作全程公开，全程留痕，每个节点主动向当事人发送短信；运用电子显示屏、官方微信平台等，连续发布失信被执行人相关信息，并在诉讼服务大厅、诉讼服务网公布失信被执行人相关信息，进一步压缩失信被执行人的活动空间，在全社会营造"诚信光荣、失信可耻"的良好氛围。

## 三、打造多元化解矛盾纠纷的聚集地和司法为民的新模式，需要把握的原则要求

推进诉讼服务中心建设提档升级，必须牢固树立科学的工作理念，准确把握工作原则和工作要求。

一要坚持党的领导。党的领导是做好法院各项工作的根本政治保证。推进多元化纠纷解决机制改革，离不开中央、省委的统筹部署，离不开党委政法委的牵头协调；安徽法院诉讼服务中心建设取得现有成效，离不开各级党委、政法委和政府的高度重视和大力支持；巩固发展优势，进一步实现司法资源与社会资源的交融共享、良性互动，更离不开党委、政府的重视支持。我们要始终紧紧依靠党委领导，争取政府支持，在党委政府关心帮助下，解决工作中遇到的困难和问题，不断推进工作发展。

二要遵循法治规律。坚持法治引领，依法开展诉调对接工作，在充分尊重和保障当事人诉权的前提下，积极做好诉前调解引导工作。坚持公平

自愿原则，让当事人自愿选择调解方式、调解组织，加强监督约束，提高调解公信力。坚持高效便民原则，严格执行调解时效制度，不得以拖促调、久调不决。

三要强化保障措施。积极争取财政等部门的支持，不断加大经费投入，扶持和帮助各类调解组织，逐步建立起以财政支持为主、社会投入为辅的经费保障机制。探索推行职业调解服务的市场化运行方式，鼓励专业性调解组织提供有偿服务。加快立法进程，完善保障和推动多元化纠纷解决机制建设。

# 明确方向　找准差距　补齐短板　努力推进全省法院诉讼服务中心建设运用提档升级

## ——在四川全省法院诉讼服务中心建设现场推进会上的讲话

刘　楠[*]

本次全省法院诉讼服务中心建设推进会是经省法院党组决定召开的一次重要会议。会议的主要任务是全面贯彻落实党的十八大、十八届三中、四中、五中全会和最高法院"合肥会议"精神，总结全省法院诉讼服务中心建设经验，部署当前和今后一个时期全省法院诉讼服务中心建设工作，推进全省法院诉讼服务中心建设提档升级，进一步提升全省法院诉讼服务水平。

昨天上午，海萍院长对全省法院如何贯彻落实中央和最高法院相关会议精神，推动全省法院诉讼服务中心建设提档升级做了重要讲话，为当前和今后一个时期我省法院诉讼服务中心建设提出了具体要求，指明了发展方向，我们要认真学习领会，全面贯彻落实。

前天下午和昨天下午，我们实地参观了眉山市中院、仁寿县法院诉讼服务中心。大家共同的感受是眉山两级党委政府对人民法院诉讼服务中心建设高度重视、全力支持、舍得投入；两级法院精心策划、精心组织实施，将最高法院的要求与本地实际结合起来，为我们打造出了一个美观实用、功能完整、科技助力、群众满意的诉讼服务中心样板，值得全省法院学习借鉴。

刚才，我们启动了四川法院网上诉讼服务中心，当事人及其代理人从

---

* 四川省高级人民法院副院长。

此足不出户就可以实现立案、信访、查询、材料收转等除开庭之外的大部分诉讼事务，标志着我省法院诉讼服务中心建设提档升级工作正式拉开序幕。成都中院通过视频展示了"和合智解"e调解平台的运作，将现代信息技术与纠纷解决机制有机结合，形成了在线纠纷化解新模式，拓展了纠纷解决的新思路新路径。眉山等七个法院通过专题片做了经验交流，眉山中院着重从全景式角度展示了诉讼服务中心的布局、功能、运行模式，凸显了系统化、信息化、标准化和社会化的诉讼服务中心建设基本架构；成都中院着重从诉讼服务与信息技术深度融合方面，展示了"以信息化为支撑，审辅科学分工，前后台协同办案"的集约化、高效率诉讼服务模式，体现了"大服务"的发展方向；广安中院依托诉讼服务中心实行繁简分流，以"简案速审"为切入点，演示了速审速裁的解纷运行机制，突出了高效化解纠纷的重要方式；武侯法院以司法为民为视角，从满足群众多元需求为出发点和落脚点，科学规划、合理布局诉讼服务中心功能设置，诠释了诉讼服务中心服务群众诉讼的深刻内涵；东坡法院依托诉讼服务中心打造诉非衔接平台，构建以诉非衔接为核心的多元化纠纷解决机制，演绎了多元化纠纷解决机制的"眉山经验"；合江法院运用未成年人刑事保护、和谐家庭建设等审判指引功能，将审判工作研究成果融入到诉讼服务之中，将诉讼服务中心打造成青少年法治教育基地，展现了诉讼服务中心法治教育"第一课堂"功能；攀枝花东区法院结合自身实际，积极引入律师进驻法院诉讼服务中心提供法律咨询、法律援助、参与矛盾纠纷化解，取得较好成绩，代表了社会第三方参与诉讼服务的基本思路。上述法院诉讼服务中心建设的经验介绍特色鲜明、亮点纷呈，为我们提供了可复制、可借鉴、可推广的经验。

七个法院之所以能够在诉讼服务中心建设中取得积极成果，其共同特点在于它们的方向感、责任感和创新力。一是对司法改革潮流所可能带来的审判资源重新配置具有敏锐的洞察，提前布局对诉讼服务中心的功能予以重新定位；二是对于法院自身的科学发展所面临的系列瓶颈性问题敢于担当，多方寻求支持来不断满足改革对诉讼服务的新要求、人民群众对诉讼服务的新期待；三是不故步自封、墨守成规，充分适应互联网时代的潮流，不断探索新形势下围绕公正高效发挥审判职能的各种路径，并聚焦诉讼服务领域形成一些行之有效的方法和机制。这些都赋予了诉讼服务中心建设极大的内生动力，所以能勇立潮头、一马当先。

下面，我就推进全省法院诉讼服务中心建设提档升级讲几点意见。

## 一、明确方向，增强做好诉讼服务中心建设提档升级的责任感和使命感

大体而言，人民法院的诉讼服务经历了三个阶段，第一个阶段是诉讼服务的初创阶段，时间是在《三五改革纲要》之前，人民法院受理案件还没有大规模增长，诉讼服务功能单一、形式粗放，主要表现为立案窗口收件、立案、收费以及简单的诉讼提示和便民设施。第二个阶段是诉讼服务中心的形成阶段，时间是在 2009 年启动三五改革之后，案件开始大规模增长，沿海一些地区率先提出建立诉讼服务中心的概念，我省一些地方例如成都的锦江区法院开始完善诉讼服务的功能，剥离诉讼事务至诉讼服务窗口、将速裁移至前端、依托信息化手段衔接诉讼服务的前台和审判工作的平台。在此期间，最高人民法院早在 2009 年就提出要加强人民法院立案信访窗口建设，出台了《关于进一步加强人民法院"立案信访窗口"建设的若干意见（试行）》，2014 年，最高法院又提出要全面推进人民法院诉讼服务中心建设，并出台《关于全面推进人民法院诉讼服务中心建设的指导意见》，我省的诉讼服务中心建设也顺势而为进入了一个快速发展阶段。第三个阶段是诉讼服务中心的全面提档升级阶段，立案登记制实施之后人民法院受理案件呈爆发式增长。2015 年 11 月，最高人民法院在安徽合肥召开了全国法院诉讼服务中心建设推进会，提出了人民法院诉讼服务中心建设"大服务、大平台、大辐射"的职能定位和"系统化、信息化、标准化、社会化"的发展目标，标志着人民法院诉讼服务中心建设进入提档升级阶段。从人民法院诉讼服务中心建设的发展历程来看，诉讼服务中心建设和诉讼服务工作在人民法院的整体工作中占有越来越重要的地位，诉讼服务中心建设和诉讼服务工作的内涵也在不断深化和发展。对诉讼服务发展阶段做出分析的目的，有利于找准现阶段我们所处的位置，看清诉讼服务中心建设的趋势和方向，进一步明确是在什么背景下需要我们刻不容缓地推动诉讼服务中心建设的提档升级。

（一）司法改革的总体方向，需要一个能实现"大服务、大平台、大辐射"职能的诉讼服务中心

当前，人民法院司法改革正向着纵深推进。涉法涉诉信访改革、立案

登记制改革、领导干部干预司法问责制度等啃改革"硬骨头"的措施已经开始实施；法官员额制改革、人员分类管理、审判权运行机制改革、执行体制机制改革、法官办案终身负责制等等即将全面展开。这些改革的目标就是尊重司法规律，让法官回归办案本位实现"让审理者裁判、由裁判者负责"，祛除审判权行使的行政化色彩。对内而言，改革涉及司法资源的重新配置，如何才能确保少于过去的员额内法官依法独立公正行使审判权，未能入额的司法辅助人员、行政人员采取什么方式履行好辅助、协同职能，提高司法效率的问题；对外而言，涉及如何保障人民群众在改革后如何更好地行使诉讼权利、更加节约司法成本的问题等等。这些改革对诉讼服务中心建设和诉讼服务工作而言，意味着必须有效承担起一系列辅助支撑功能，来保障改革系统性目标的实现。具体而言，就是要通过"大服务、大平台、大辐射"的职能定位，实现为群众诉讼、法官办案、科学决策、审判管理的大服务；建立起诉讼服务大厅、诉讼服务网、12368热线的综合性平台；增加司法的公共服务供给，把诉讼服务辐射到人民法庭、基层组织、偏远地区，让群众共享司法改革成果。在一定意义上，诉讼服务中心的提档升级，是改革引发的审判工作和各项诉讼活动的流程再造。

（二）案多人少的基本矛盾，需要一个能支撑审判工作公正高效运转，推动司法公信不断提升的诉讼服务中心

去年5月，按照中央和最高法院的部署，立案登记制改革在全国法院全面正式实施，登记立案在解决立案难问题方面取得了很大成绩，深受人民群众和社会各界好评，特别是在解决行政案件立案难方面更是获得各方一致好评。但是，随着立案登记制改革的实施，案多人少的矛盾却日益突出，如果处理不好，就会由"立案难"转变成"诉讼难"。2015年5月开始实施立案登记制至2016年4月底一年的周期里，全省法院登记立案600862件，同比上升14.6%，其中行政案件上升37.38%。在立案登记制改革推进过程中，伴随着经济下行压力的增大，一些历史问题、法律问题、社会问题相互交织的案件开始进入诉讼程序，给人民法院化解纠纷带来极大困难；标的巨大、规模性的涉众型案件不断增长，人民法院维护社会稳定的压力越来越大；有的案件往往涉及若干诉求、涉及多方利益，平衡国家利益、社会利益、公民群体和个体利益的要求高，司法的局限性逐步显现。在这样的背景下，建立一个能支撑审判工作公正高效的运行架

构，就成为迫切之需。作为人民法院的工作"前台"，如果诉讼服务中心能够提供对内对外的精准服务、整合内外资源促进纠纷分流化解，"后台"对纠纷化解在人力资源、司法行政和信息技术方面给予有力支持，就能形成对审判"平台"行使裁判职能的有效支撑，不断让司法公信力得以提升。从刚才各地法院的经验中，我们能够看到无论是审辅分工对诉讼事务的剥离、还是在前台设立纠纷快速化解机制，无论是引入第三方参与纠纷化解，还是提供精准服务降低纠纷解决成本，一个强大的诉讼服务中心对作为第一要务的审判平台的支撑有多么重要。特别是 2015 年 4 月"眉山会议"之后，全国多元化纠纷解决机制改革进入一个"快车道"，2015 年 12 月，中央两办发布了《关于完善多元化纠纷解决机制的意见》将其上升为国家发展战略。人民法院在其中承担着司法引领的作用，通过依托诉讼服务中心强化诉非衔接工作，必将在更加广泛的范围内促进纠纷的分流化解，为审判质效的提升创造有利条件。

（三）互联网应用的飞速发展，需要一个能适应诉讼参与方式和审判工作方式发生深刻转变、司法为民更加精准方便的诉讼服务中心

"互联网＋"时代是一个自我革命的时代，更是一个创新发展的时代，可以有效地实现互联互通、资源共享、跨界融合、有序发展。随着信息技术的迅猛发展，无论是审判工作自身还是人民群众的司法需求都呈现出了新的特点、发生着深刻变化。未来的诉讼，就是借助于现代信息技术，为当事人提供全方位、个性化、高效率的诉讼服务。周强院长将司法改革和信息技术形象地比喻为人民司法的"车之两轮、鸟之双翼"，指出了信息技术在人民法院司法工作中的重要作用。在信息革命的背景下，人民法院要积极适应"互联网＋"的时代发展新潮流，开展网上诉讼服务、远程视频服务、移动网络终端服务、12368 热线服务以及微信公众号、微博、APP 等具有现代技术支撑的高品质服务，打造新形势下具有现代特色的"互联网＋诉讼服务"新模式。

我省法院诉讼服务中心建设从 2010 年起就通过制定《关于加强"立案信访窗口"建设的暂行规定》《关于深入推进诉讼服务中心建设的意见》等文件对全省法院诉讼服务中心建设进行安排部署，通过各种形式的交叉检查、督察督办，推动全省法院诉讼服务中心建设不断发展并取得了积极

成效，海萍院长在昨天的报告中也做了充分肯定。但诉讼服务中心建设和诉讼服务工作与人民法院面临的形势任务相比、与人民群众的多元司法需求相比、与先进地区法院诉讼服务中心建设成果相比，还存在一些困难和问题。这些问题主要表现在：一是思想认识不到位。有些法院对诉讼服务工作的价值、必要性和重要意义认识不到位，把诉讼服务工作作为负担，不愿意在诉讼服务场所建设、便民设施配备、诉讼权利义务告知和风险提示等服务性工作上下太多功夫。二是系统性程度不高。有的法院至今没有建立诉讼服务中心，不少法院诉讼服务功能不完整，都还停留在满足"八大功能"之上，有的法院尚未设立远程视频接访设备、12368诉讼服务热线专用场所和专门座席员，甚至缺少必要的安检设备，无法满足群众的司法需求。三是标准化程度不高。理不清诉讼服务前台、审判工作平台和服务保障后台的关系，致使职责划分不清，服务管理滞后，常常出现推诿扯皮、工作失序等现象，导致诉讼服务中心的功能得不到充分发挥。四是信息化程度不高。多数法院诉讼服务中心科技化程度不高，不少法院没有安装触摸屏、司法公开展示屏、庭审直播显示屏，诉讼服务网几乎形同虚设。五是社会化程度极低。不少法院尚未引进非诉解纷组织和人员诉前分流化解矛盾，绝大多数法院还未引进律师进驻法院化解涉诉信访矛盾和代理申诉，大多数法院未对打印、传真、邮寄送达等引入社会化服务。六是服务作风仍需改进。一些法院干警素质不高、效率低下，不能及时帮助群众解决问题；还有的态度粗暴，对群众"冷硬横推""门难进、脸难看、话难听、事难办"的现象仍然不同程度存在，严重伤害群众感情。

上述问题的存在，在很大程度上制约了诉讼服务中心建设的进程，降低了诉讼服务工作的价值和效果，影响了社会公众对法院工作的评价。全省各级法院必须充分认识新形势下诉讼服务中心建设和诉讼服务工作的极端重要性，切实增强责任感和使命感，以对人民负责、对人民法院司法工作负责的态度，认真查找自身在诉讼服务工作方面的不足，客观分析问题存在的原因，从保障司法改革、坚持司法为民、促进公平正义、提升司法形象的高度，采取积极有效的措施，推动诉讼服务中心建设工作提档升级，不断适应形势发展的需要。

## 二、找准差距、补齐短板，推动诉讼服务中心建设和运用提档升级

在诉讼服务中心建设上，方向很重要，方向明确了，在建设过程当中就会减少成本，少走弯路。省法院按照最高人民法院对诉讼服务中心建设"大服务、大平台、大辐射"的职能定位和"系统化、信息化、标准化、社会化"的"四化"目标要求，制定并即将下发《关于推进全省法院诉讼服务中心建设运用全面提档升级的意见》。该意见从总体要求、职能定位、重点工作等方面对全省法院诉讼服务中心建设提档升级做出了安排，全省法院要按照该意见的要求，着眼发展全局，做好规划设计，精心组织实施，推动全省法院诉讼服务中心建设运用迈上新台阶，取得新成绩。

### （一）着眼全局，推动诉讼服务中心建设系统化发展

着眼推进人民法院工作整体发展，诉讼服务中心建设必须从保障司法改革目标实现、满足人民群众日益增长的诉讼需求出发来推进系统化发展。

剥离审判事务，实现诉讼服务内容系统化。诉讼服务始终不能脱离"诉讼"本身，做好诉讼服务工作，必须在诉讼层面上找到切入口，这个切入口就是对审判事务进行剥离。

剥离的标准就是以该审判事务行使主体来划分，将原来审判权以整体归总给合议庭为标志的单一法官中心，分解为以庭审实质审判权为标志的法官中心和以程序性审判事务为标志的当事人中心，前者以法官为主导，后者以当事人为主导。法官主导的实质审判权部分由合议庭集中行使，当事人主导的审判辅助性事务交给诉讼服务中心办理。剥离审判辅助性事务到诉讼服务中心，就是要将庭审以外的诉讼和非诉讼事务全部剥离出来，作为诉讼辅助性事务交由诉讼服务中心进行一站式、集约化办理，具体包括：诉讼引导、查询咨询、诉讼收费、查阅卷宗、收转送达、联系法官、法律援助、司法救助、投诉建议、审务公开、庭审直播等审判辅助事务；登记立案、诉调对接、受理申请、判后答疑、信访接待等审判事务性服务；立案调解、司法确认、民事速裁、小额诉讼等部分审判服务；安全检查、法制宣传、图书查阅、邮寄快递、银行取款、心理咨询等社会性服务。

　　审判辅助事务的剥离，目的是更好地满足群众诉讼需求、促进审判公正高效、提升管理和服务水平，因此，各地法院在实施审判事务剥离过程当中，要以剥离为原则、不剥离为例外。由于我省法院地区差异、经济发展水平差异、办案人员数量能力差异、法院层级差异大，在推进诉讼服务职能转变过程中，允许各地法院在坚持剥离原则前提下，综合考虑案件数量、法官人数、诉讼服务中心的承受能力、审判服务事务性质等因素，循序渐进，逐步剥离，不搞一刀切，防止因审判服务事务剥离过大超过诉讼服务中心承受能力，或者因管理不到位而导致服务秩序混乱，影响诉讼服务质效和审判质效。但也不允许有条件、有能力全面剥离的法院借口任务繁重、法官不愿意以及缺乏担当精神等理由故意不剥离，故意抵制诉讼服务系统化推进。

　　满足多元需求，实现诉讼服务平台系统化。诉讼服务平台系统化模式就是建立集"诉讼服务大厅、网上诉讼服务中心、12368诉讼服务热线"三位一体的多层次、立体化的综合诉讼服务平台。诉讼服务中心建设首先要解决方便群众诉讼的问题，这就必须在服务平台、服务渠道、服务方式等方面充分考虑是否方便群众使用，是否节约群众诉讼成本，是否彰显司法人文关怀。一方面要满足直接到法院来参与诉讼的当事人、信访群众的需要，打造好法院机关诉讼服务中心实体店，并在便民设施、功能布局、服务方式上予以精心规划、精心设计和有效规范；另一方面要从方便乡村群众和偏远地区群众诉讼入手，将诉讼服务工作向基层延伸、向乡村辐射，并依托人民法庭完善服务范围和服务功能，科学布局诉讼服务站、点，最大限度满足乡村和偏远地区群众需求；再一方面，就是要满足不方便到法院参与诉讼，以及可以不通过到法院就能解决诉讼事项的群众的需要，打造网上诉讼服务中心、12368诉讼服务热线，通过网上虚拟空间和热线语音服务，让这些群众足不出户就可以办理并完成诉讼事务，从而构建起集诉讼服务大厅、网上诉讼服务中心、12368诉讼服务热线为一体的多功能、综合性诉讼服务体系和诉讼服务平台。基层法院特别是人民法庭，要结合"三型法庭"建设，充分发挥前沿阵地作用，依托巡回审判站（点）、法官服务站（点），深入基层、深入群众，不断拓展诉讼服务空间，推动诉讼服务职能向人民法庭、乡镇街道、诉讼服务站点延伸，把诉讼服务辐射到基层组织、偏远地区，形成大辐射、网格式诉讼服务体系，努力解决好服务群众"最后一公里"的问题。

顺应发展，实现诉讼服务功能的系统化。综合性诉讼服务平台建设还要从满足功能需要和打造品牌上来布局和建设。一是要从满足解纷功能需求搭建诉非衔接平台，让诉讼服务平台成为多元化纠纷解决机制有效运行的载体；二是要从接受监督的层面上搭建司法公开的平台，推进阳光司法建设；三是要从保障代表委员、律师、公诉人参与诉讼、履行职责等角度出发，在诉讼服务中心开辟专门场地，在诉讼服务网上开设专门通道，为其搭建依法履职平台；四是要从法治教育的需求出发，将法院文化和法治文化有机融入到诉讼服务中心建设当中，打造法院文化建设阵地；五是要从第三方服务的角度出发，开设专门的社会化服务区，为志愿服务者提供服务保障。

### (二) 深度融合，推动诉讼服务中心建设信息化发展

诉讼服务工作，涉及大量的案件审查办理、大量的诉讼事务流转、大量的运行节点控制、大量的内外工作对接，大量的不同层面服务对象应对、大量的工作运行和效果评价、大量的监督投诉管理，大量的线上线下以及前台、平台、后台事务协调，等等，没有一套科学的管理办法、运行流程、技术保障是根本行不通的。必须充分利用现代科学信息技术来保障诉讼服务工作的有效开展，通过信息技术与诉讼服务工作的深度融合来保障诉讼服务中心和诉讼服务工作有序运转。

通过技术保障改善便民服务设施。要在诉讼服务中心提供电子导诉、导航寻路、文书下载等便民服务；设置电子公告屏、庭审直播荧幕等信息化设备，为人民群众提供诉讼指南、庭审公告等服务信息，实时直播庭审过程。要提供自助查询设备，当事人可以凭身份信息及随案附送的查询码自助查询案件进展节点，可以通过"类案查询"等功能获取同类案件的裁判文书，获得裁判结果预期；社会公众可以通过自助查询设备获取法院审判流程、裁判文书、执行情况等司法公开信息，了解法院典型案例。要利用卡通动漫等人民群众喜闻乐见的形式对诉讼服务事项进行宣传、指引，增强诉讼服务的互动体验和亲和力。

通过信息技术运用提升诉讼服务品质。四川法院诉讼服务网已经开通运行，全省法院务必发挥网上诉讼服务方便、快捷、高效的优势，扎实做好网上诉讼服务工作，不能将其束之高阁。及时办理网上诉讼服务事务，特别是申请立案、网上信访事务；要落实责任主体，及时更新与诉讼服务

网相关联的司法公开信息,让人民群众能够在网上诉讼服务中感受到实惠。要将诉讼服务向手机、平板等移动终端拓展,开发电子法院、掌上法院、微导诉等诉讼服务的 APP,开通诉讼服务微信公众号、微博,让当事人随时随地都可以自主进行网上立案、网上申请、网上咨询等操作,随时了解掌握案件诉讼相关信息,接收法院相关电子文书。

通过信息技术推进司法协作有序开展。整合诉讼服务平台和司法公开三大平台,实现诉讼服务网、诉讼服务 APP 与审判流程公开平台、裁判文书公开平台、执行信息公开平台互通互联,诉讼服务网与诉讼服务大厅功能同步、信息同步、运行同步。要实现诉讼服务网、诉讼服务 APP 和内网办案系统、流程管理系统数据的实时交换,确保第一时间向当事人及社会公众推送案件进展。要实现三级法院诉讼服务网、诉讼服务 APP 的互联互通,建立网上司法协作工作机制,大力开展网上委托送达、委托查封扣押、委托协助执行,全面提高三级法院网上文书传送、卷宗传送、信息数据传送的效率。要建设远程调解、远程接访、网上调解平台等在线纠纷解决方式,利用信息技术助力矛盾纠纷分流化解。

通过信息技术提高诉讼服务管理水平。建立网上监察分析系统,利用互联网和大数据对全省三级法院的所有诉讼服务事项进行远程监控、数据分析、考核评价,实现网上诉讼服务的有效管理,推动"互联网+诉讼服务"模式加快发展,让信息多跑腿,百姓少跑路,最大限度免去当事人的奔波劳累之苦,让人民群众有更多的获得感。

### (三)规范实施,推动诉讼服务中心建设标准化发展

诉讼服务中心既是服务群众的第一窗口,也是纠纷解决的第一阵地、法治教育的第一课堂、司法形象的第一名片。在诉讼服务中心承载的功能越来越多,提供的服务越来越丰富,服务内容越来越细化,服务形式越来越多元的情况下,推动诉讼服务中心建设进行规范化管理、标准化运作显得尤为重要。

规范建设,实现诉讼服务场所建设标准化。当前,全省法院诉讼服务中心建设总体水平不高,一个最重要的因素是没有拓展足够的诉讼服务场地,不能满足诉讼服务工作需要。场所是诉讼服务中心建设的关键要素之一,没有足够的场地,就无法满足中心功能的需求,无法满足接纳诉讼群众的需要。场所建设的标准化原则上要按照最高人民法院今年 5 月份下发

的《人民法院诉讼服务中心技术标准》来实施，高中级法院诉讼服务中心总建筑参考面积为 1100 ㎡，基层法院总建筑参考面积为 850 ㎡；在流线设计上，当事人流线和法官流线要分割开来，尽量不交叉混同；设计风格从总体到局部、从空间到室内陈设塑造，结合诉讼服务中心功能，要稳重庄严；大厅、调解室、信访接待室的装修的色调、材质选择、标识摆布等，都要满足最高法院技术标准的要求，原则上不破坏建设风格、不降低装修标准；配置内容和项目构成要完善、科学、方便应用。结合我省法院工作实际，诉讼服务中心可以增加诉讼辅导室、诉非衔接办公室、人大代表政协委员工作场所等场地，中心面积可以适当大于最高法院参考面积标准。由于我省法院地域差别很大，我们允许在严格执行场所建设标准前提下，各地法院可以根据实际因地制宜适度增减面积和功能。既不搞脱离实际、形式主义的"高、大、上"等浪费资源的建设，也不搞中看不中用的"花拳绣腿"，同时也要坚决反对不思进取、无所作为、低层次重复建设等错误做法和思想倾向，确保我省法院诉讼服务中心建设能够在符合司法工作需要、符合群众需求、符合自身实际的道路上适度超前、高品质发展。

精心规划，实现诉讼服务中心功能布局标准化。目前一些法院诉讼服务中心品质不高的原因，除了场所等硬件建设不到位外，一个突出的问题就是诉讼服务中心功能分区和运行路线混乱，这直接导致了诉讼服务的不便和管理的混乱。诉讼服务大厅是群众到法院办事的重要场所，其区域规划如何、其窗口设置如何，既关系到诉讼服务的质效，更影响到人民法院的形象，因此，在建设诉讼服务中心过程中，一定要把服务功能区域的布局作为一个重要的内容，在规划和设计之时就要事先予以充分考虑。按照最高人民法院技术标准的要求，结合我省法院实际，诉讼服务中心原则上应当分为法警值班、诉讼引导、窗口服务、信访接待、审判服务、自助服务和第三方服务七大功能区，各个功能区分别承担不同的服务内容。法警值班区，主要功用是保障诉讼服务中心安全，设置安全检查岗、便民储物柜、法警值班岗。诉讼引导区，主要功用在于引导群众有序参与诉讼，负责指引方位、排号分流、材料预检、指导自助服务等工作。窗口服务区，主要功用在于办理除庭审外的所有诉讼事务，搭建当事人和法官之间的诉讼服务平台，重点解决群众反映强烈的递交材料难、约见法官难、反映问题难等问题。信访接待区，主要功用在于释法疏导信访群众，专设信访接待室，实行一对一信访接待。审判服务区，专设司法调解室、人民调解室、民事速裁和小额诉讼审判庭，提供立案调解、司法确认、民事速裁、小额诉讼、诉讼保全、先予执行等部分审判服务。自助服务区，提供网络信息查询，包括电子档案查阅、案件进度查询、法律法规查询、裁判文书查阅、法院机构职能以及审判流程等公开信息查询、便民设备等，由当事人自主使用。第三方服务区，引进银行、邮政、法律志愿者、物业管理公司等第三方社会服务行业，为当事人提供取款缴款、打印复印、购物等第三方服务。

需要说明的是，大厅功能区域的划分是相对的而不是绝对的，在划分各功能区域时应当因地制宜，不能为了划分而划分，人为地将各功能区域截然分割、分裂开来。

严密实施，实现诉讼服务窗口设置的标准化。设置服务窗口的目的是在科学划分功能区域的基础上，更好地为群众提供一站式、综合性的便捷服务。服务窗口设置应坚持以下标准：第一，服务功能相对集中、方便群众办理；第二，窗口设置应当与剥离出来的审判辅助性事务相适应。服务窗口具体如何设置、设置多少应当综合考虑场地面积、服务功能相对集中、案件数量多少、服务对象多少等因素，切忌"一刀切"。既要防止因窗口多、窗口服务人员少、有窗口无服务人员而导致窗口功能弱化甚至形同虚设的现象，又要防止窗口多、窗口服务人员多但服务对象少、有窗口无服务对象而造成人财物浪费的现象。由法院的任务、工作性质决定，从各级法院服务实践需求来看，立案、材料收转、信访接待、诉讼收费、受理申请五类窗口，是各级法院诉讼服务大厅的必设窗口。至于办理其他诉讼事务服务如何设置窗口，则应侧重考虑将性质相近、功能相似的服务事务集中到一个或两个窗口办理，无须一事务一窗口。

规范全省法院诉讼服务中心标识标牌。标识标牌是诉讼服务中心本质特征的体现，是诉讼服务品牌的载体，切不可将其作为小事一桩不予关注。全省各级法院诉讼服务中心名称统一使用"诉讼服务中心"，前面不再冠以×××人民法院称谓，"诉讼服务中心"标牌应置于诉讼服务大厅正中醒目位置。基层人民法院延伸设立的诉讼服务站、诉讼联系点等诉讼服务场所，名称统一为"×××人民法院×××诉讼服务站""×××人民法院×××诉讼服务联系点"，人民法庭诉讼服务点标识标牌统一为"×××人民法院×××人民法庭诉讼服务点"，标识标牌应安置在诉讼服务站、点正中醒目位置。诉讼服务点、诉讼服务站、诉讼服务联系点，可参照诉讼服务大厅设施设备建设要求，配备基本的服务设施设备，为群众提供基本的诉讼服务。诉讼服务大厅功能区域应有醒目的标识标牌，方便群众寻求服务。服务窗口应有醒目、明确的标识，表明该窗口的功能，所办理的具体诉讼服务事项，方便群众办理。人民法院12368诉讼服务热线标识标牌统一为"×××人民法院12368诉讼服务热线"。12368诉讼服务热线标识标牌应放置于服务热线场所醒目位置。如果诉讼服务中心建在办公大楼内部的，相关法院应在相应的地方采用指示牌等方式表明诉讼服务中心的路线，指引群众前往。

集中管理，促进诉讼服务管理标准化。按照最高法院对诉讼服务中心实行专门部门管理要求，全省各级法院要积极争取党委政府支持，设立具有独立编制的诉讼服务中心，实行中心集中管理。要注重按照制度规范加强中心工作人员，特别是聘用人员管理和培训，确保诉讼服务行为规范、流程规范、运行规范，让人民群众在不同的法院都能享受到同质化的司法服务。上级法院要加强对下级法院诉讼服务中心建设的监督检查，定期通报情况，督促整改存在的问题，对工作马虎，敷衍塞责，造成不良后果、不良影响的，要承担相应责任。

（四）探索创新，推动诉讼服务中心建设社会化发展

随着社会的发展和进步，各级法院案件数量会越来越多、需要提供诉讼服务的群众会越来越多，服务内容越来越专业化、精细化，单靠法院一家力量，尚不足以为群众提供高品质、高效率的服务。促进司法资源和社会资源的深度融合，是满足群众多元司法需求的必然要求。第三方服务具有专业性、中立性、社会性等特点和优势，因此，各级法院要突破单一由法院工作人员服务群众的思维定式，整合诉讼服务资源，激发多方参与诉讼服务热情，形成工作合力，为群众提供多元的社会化服务。

搭建平台，促进矛盾纠纷非诉化解。要积极引入调解组织入住诉讼服务中心，及时办理人民法院委派委托调解的案件；要积极引入以律师为主体的第三方参与化解和代理涉诉信访案件，最大限度地促进矛盾纠纷由非诉方式化解；要建立健全特邀调解组织和特邀调解员名册、建立健全由各类行业专家组成的智库，方便当事人选择、运用自己信赖的纠纷解决组织、纠纷解决人员和纠纷解决方式化解纠纷，促进纠纷实质性化解。

创新方式，积极开展在线纠纷化解。运用互联网创新搭建的纠纷在线

解决模式，将是未来纠纷化解的一大发展趋势，全省法院要有跨界思维、前瞻思维、用户体验思维，超前谋划，精心规划，尽快建设，不断吸引和整合社会资源和社会力量参与到纠纷化解中来，促进社会自我解纷能力的提高。成都法院"和合智解"E调解、眉山法院"网上诉非衔接"纠纷在线解决项目已经投入运行，走在了全省乃至全国前列，两个地区法院一定要在年底前实践总结出一套可复制、可借鉴的成功经验，在全省法院推广。

合同外包，推动部分诉讼服务事务由社会组织开展。诉讼活动中的很多事务性工作，如扫描录入、卷宗装订、邮寄送达等无须法院专门力量、专门方式办理的事项，可以通过合同外包给符合条件的社会管理机构和公司经营管理。对一些适宜由社会提供的商品买卖、商务服务、复印打印等事宜，可以通过招投标等方式委托专业机构驻点服务。

**三、强化领导、明确责任，全面落实诉讼服务中心建设各项任务**

推进诉讼服务中心建设工作意义重大、任务艰巨。全省法院要将其作为"一把手"工程和民生工程，放在法院建设发展十分突出的位置，与时俱进，常抓不懈。要切实加强组织领导，定期听取工作汇报，督促工作进展，做好协调保障，狠抓工作落实，确保诉讼服务中心建设在明年年底前全面完成提档升级任务。

（一）要积极争取党委政府的大力支持

诉讼服务中心建设需要足够的场地、较大的资金投入、专门机构的集中管理，这些都需要得到党委政府的大力支持才能得以有效进行。全省法院党组一定要把诉讼服务中心建设作为一项事关人民法院发展全局的工作来抓，把诉讼服务中心建设作为服务人民群众的法治阵地来认识，积极向党委政府报告诉讼服务中心建设发展的实际需求、自身在提档升级建设中的实际差距、推进诉讼服务中心建设提档升级的措施办法，积极争取在诉讼服务中心建设项目规划、资金预算、组织机构建设等方面的支持，夯实推进诉讼服务中心建设提档升级的基础。

## （二）要推行项目化管理真抓实干

诉讼服务中心建设提档升级内容丰富，项目众多，省法院即将下发的《关于推进全省法院诉讼服务中心建设运用全面提档升级的意见》对路线图进行了明确，省法院还将在会后进一步明确提档升级的具体标准和时限要求。重点工作推进的初步时间表，是考虑在本月实现网上诉讼服务中心的全面启用，年底前完成第三方解纷组织入住，诉讼事务剥离、辅分调审快速解纷机制建设不晚于明年第二季度形成，场所和信息化融合在 2017 年底前建设完毕。全省各级法院务必高度重视这一项工作，一把手要亲自上阵、亲力亲为，不能将诉讼服务中心建设当成法院一个部门工作来对待，必须整合诉讼服务中心（立案庭）、政治部、审管办、行装处、技术室、办公室、研究室等方方面面的力量，形成推进诉讼服务中心建设提档升级的强大合力。要对诉讼服务中心建设进行项目化管理，及时分解任务，倒排建设工期，敢于立军令状，真刀真枪去做，一件一件去抓。要明确诉讼服务中心建设责任，既要明确牵头的责任领导、责任部门，也要明确具体项目和具体任务的责任领导和责任部门，保证每个环节、每个层面都有人抓、有人做、有人管、有人负责。要将诉讼服务中心建设提档升级工作作为推进"两个一流"工作的重要内容，纳入目标考核，严格奖惩，以此推动诉讼服务中心建设提档升级任务按期全面完成。

## （三）要加强宣传推广

要加大对诉讼服务工作的宣传力度，通过报纸杂志、电视网络等新闻媒体，以及法院网站、微博、微信、新闻客户端、手机电视等，深入宣传诉讼服务中心的功能定位、服务内容、职责权限、纪律作风等，使其成为群众公知、社会公认的响亮品牌。要创新宣传方式，积极采用视频短片、PPT 展示等群众喜闻乐见的形式宣传人民法院加强诉讼服务工作的做法及成效，让群众爱听、愿看，能理解、易接受。要扩大宣传辐射面，深入乡镇街道、社区企业等开展宣传活动，生动展现人民法院诉讼服务工作全景，树立四川法院良好形象，推动全社会都来关心、理解、支持诉讼服务中心建设，为全面实现提档升级目标营造良好的社会环境。

借这次会议机会，我再次强调一下，举世瞩目的 G20 峰会将于 9 月初在杭州市举行，这是 G20 峰会首次在我国召开，中央和各界都非常重视，做好峰会期间的涉诉信访维稳工作意义重大，各地各级法院都责无旁贷。大家要按照最高法院以及省法院关于做好 G20 峰会期间涉诉信访维稳工作的相关通知要求，加强组织、落实责任，及时化解、防止炒作，做好应急处置的预案，排查消除风险隐患，一定要给 G20 峰会的顺利举行营造良好的社会环境和司法环境。

同志们，全面推进全省法院诉讼服务中心建设和运用提档升级，为人民群众提供优质高效诉讼服务，是落实党的十八届四中、五中全会精神，更好地践行司法为民根本宗旨的内在要求。全省法院要牢牢坚持司法为民、公正司法主线，以人民满意为目标，勇于创新，开拓进取，不断提高诉讼服务工作能力和水平，推动诉讼服务中心建设再上新台阶，为全面实施"十三五"规划，全面建成小康社会做出新的更大的贡献。

# 【司法解释理解与适用】

## 深化多元解纷机制改革　提升社会治理法治水平

### ——对《最高人民法院关于人民法院进一步深化多元化纠纷解决机制改革的意见》的理解与适用

胡仕浩* 龙 飞**

　　《最高人民法院关于人民法院进一步深化多元化纠纷解决机制改革的意见》（以下简称《意见》）于 2016 年 6 月 29 日正式发布实施。《意见》作为今后一个时期指导全国法院开展多元化纠纷解决机制改革工作的纲领性文件，不仅是人民法院贯彻中央改革部署，深化司法改革，实现司法为民公正司法的重要举措，也是促进国家治理体系和治理能力现代化，实现社会和谐稳定的重要手段。《意见》总结了人民法院推动多元化纠纷解决机制改革发展的历史经验，明确了进一步深化多元化纠纷解决机制的指导思想、主要目标和基本原则，对完善诉调对接平台建设、健全诉调对接制度、创新诉调对接程序、促进多元化纠纷解决机制发展等提出了系统的指导意见。

### 一、多元化纠纷解决机制改革的主要目标与基本原则

　　多元化纠纷解决机制改革是党的十八届四中全会确定的一项改革任务，也是最高人民法院高度重视的改革项目。近年来，全国法院认真贯彻落实党的十八大和十八届三中、四中、五中全会精神，积极推动多元化纠纷解决机制改革，为畅通群众诉求渠道、满足群众多元司法需求、及时化

---

　　* 最高人民法院司法改革办公室主任。
　　** 最高人民法院司法改革办公室指导处处长。

解矛盾纠纷、推进国家治理体系和治理能力现代化作出积极努力。

2015 年 12 月 6 日，中共中央办公厅、国务院办公厅联合印发《关于完善矛盾纠纷多元化解机制的意见》，从顶层设计对多元化纠纷解决机制建设进行战略安排。为贯彻四中全会决定和中央改革文件精神，最高人民法院的《意见》明确了今后一个时期人民法院进一步深化多元化纠纷解决机制改革的三大目标：一是根据"国家制定发展战略、司法发挥引领作用、推动国家立法进程"的工作思路，建设功能完备、形式多样、运行规范的诉调对接平台，畅通纠纷解决渠道，引导当事人选择适当的纠纷解决方式；二是合理配置纠纷解决的社会资源，完善和解、调解、仲裁、公证、行政裁决、行政复议与诉讼有机衔接、相互协调的多元化纠纷解决机制；三是充分发挥司法在多元化纠纷解决机制建设中的引领、推动和保障作用，为促进经济社会持续发展、全面建成小康社会提供有力司法保障。

《意见》还明确了深化多元化纠纷解决机制改革的五项基本原则：坚持党政主导、综治协调、多元共治；坚持司法引导、诉调对接、社会协同；坚持优化资源、完善制度、法治保障；坚持以人为本、自愿合法、便民利民；坚持立足国情、合理借鉴、改革创新，完善具有中国特色的多元化纠纷解决体系。

## 二、拓展诉调对接平台功能，合理配置纠纷解决资源

建立资源共享、优势互补、相互协调的诉调对接机制是人民法院深入推进多元化纠纷解决机制改革的主要抓手。《意见》第二部分用 13 个条文规定了加强诉调对接平台建设、强化诉调对接关系的内容，主要包括以下五个方面：

一是加强诉调对接平台建设。《意见》要求各级人民法院要将诉调对接平台建设与诉讼服务中心建设结合起来，配备专门人员从事诉调对接工作，建立诉调对接长效工作机制，包括有的地方设置诉调对接中心。《意见》吸收了地方法院近年来探索创新的各具特色和实效的对接机制，明确规定了法院诉讼服务中心等部门可以设立调解工作室、服务窗口。相关人民调解、行业调解或者商事调解组织等作为法院特邀调解组织进驻法院，接受法院登记立案前委派、登记立案后委托调解的案件。《意见》明确了诉调对接平台的职责包括：对纠纷进行适当分流，引导当事人选择非诉讼方式解决；开展委派调解、委托调解；办理司法确认案件；负责特邀调解

组织、特邀调解员名册管理；加强对调解工作的指导；推动诉讼与非诉讼纠纷解决方式的有机衔接。

二是加强与综治组织、行政机关的沟通协调。多元化纠纷解决机制改革是一个系统工程，涉及诸多国家机关、综治组织和其他社会团体等等，需要有一个统筹协调的部门。各级综治组织在综合治理、矛盾纠纷多元化解机制建构方面发挥着领导、决策、统筹资源配置、工作协调等作用。通过社会治安综合治理平台，开展矛盾纠纷排查化解工作，能够有效地对矛盾纠纷进行源头预防、前端治理。各级政府和行政机关在治安管理、社会保障、医疗卫生、消费者权益保护、环境保护等领域，充分发挥职能作用，承担着一定的纠纷解决职责。在多元化纠纷解决机制建构中，各级人民法院必须加强与综治组织和政府行政机关的沟通协调，建立定期或不定期的联席会议制度，形成信息互通、优势互补、协作配合的纠纷解决互动机制，支持行政机关在其职责范围积极开展行政和解、行政调解和行政裁决等，促进诉讼与行政调解、行政复议、行政裁决等机制的对接。

三是加强与各类民间调解组织的对接，发挥社会力量的优势，形成解纷合力。人民调解是诸多民间调解类型中分布最广、作用最大的化解基层矛盾、维护基层稳定的非诉讼纠纷解决机制，是诉调对接工作的主要对象，也是《意见》中的重要内容之一。除此之外，在商事纠纷、行业纠纷领域，各种专业性较强的商事纠纷以及行业领域的纠纷更需要专业人士、行业专家来解决。各类商事调解组织和行业调解组织应运而生，其化解纠纷的专业化、职业化优势不可忽视。《意见》明确各级人民法院要积极推进完善商事调解组织和行业调解的组织建设。另外，《意见》要求各级人民法院积极支持工会、妇联、共青团、法学会等组织以及人大代表、政协委员、专家学者、律师等参与纠纷解决，要求基层法院充分运用人民法庭化解基层矛盾的优势，充分调动基层组织负责人、基层社区工作者、网格管理员、"五老人员"、大学生志愿者等参与纠纷解决的积极性，进一步发挥基层群众化解基层矛盾、维护基层稳定的作用。

四是积极支持仲裁制度改革，支持公证机构的公证活动和调解服务。《仲裁法》颁布实施 20 年来，商事仲裁在促进经济社会发展方面发挥了重要作用，从原先每年受理千余起案件发展到每年 10 多万件，受案标的额增长到 2600 亿元。十八届四中全会提出完善仲裁制度，提高仲裁公信力。各级人民法院应当积极支持仲裁制度改革，尊重商事仲裁规律和仲裁规则，及时办理仲裁机构的保全申请，依照法律规定处理撤销和不予执行仲裁裁决案件，为提高仲裁公信力提供司法保障。在劳动人事争议领域，按照《劳动争议调解仲裁法》和2015年3月中共中央、国务院发布的《关于构建和谐劳动关系的意见》，人民法院应当支持完善劳动人事争议仲裁办案制度，加强劳动人事争议仲裁与诉讼的有效衔接，探索建立裁审标准统一的新规则、新制度。在农村土地承包经营纠纷领域，人民法院应当支持和保障农村土地承包仲裁机构开展调解仲裁，及时审查和执行其作出的裁决书或调解书，实现涉农纠纷仲裁与诉讼的合理衔接。公证制度是我国社会主义法律制度的重要组成部分，是预防性司法证明制度，与司法审判活动具有内在的联系，二者理念相通、功能衔接、职能互补。《意见》规定，支持公证机构对法律行为、事实和文书依法进行核实和证明，在送达、取证、保全、执行等环节提供公证法律服务。将公证机构的债权文书公证扩大到具有给付内容的和解协议、调解协议。在家事、商事等领域，支持公证机构在遗嘱继承、商事交易中开展公证活动，为当事人提供调解服务。

五是开拓创新，促进纠纷解决机制"一站式"平台、信息化和国际化发展。一要建立"一站式"纠纷解决平台。一站式平台是一种纠纷解决的复合型设计，在交通事故、物业管理、消费者维权或需要专业技术的领域，通过设立一站式平台，各种机构、组织进驻，各司其职、集约资源，统筹协调、无隙衔接，既方便当事人解纷需求，又降低当事人解纷成本。《意见》明确在道路交通、劳动争议、医疗卫生、物业管理、消费者权益保护等纠纷多发领域，法院加强与行政机关、人民调解组织、行业调解组织等进行资源整合，推进建立"一站式"纠纷解决服务平台。二要创新在线纠纷解决方式，促进多元化纠纷解决机制的信息化发展。随着"互联网+"时代信息技术的发展，在线纠纷解决方式越来越引起社会各界的关注。最高人民法院提出建设"智慧法院"的目标，要求各级法院充分运用互联网、云计算、大数据、人工智能等技术，打造在线纠纷解决方式的快车道，推动建立在线调解、在线立案、在线司法确认、在线审判、电子督促程序、电子送达等为一体的信息平台，尽最大可能方便群众。三要推动多元化纠纷解决机制的国际化发展。随着全球经济一体化和国家"一带一路"战略的发展要求，跨境纠纷越来越多。为适应多元化纠纷解决机制的国际发展趋势，要不断满足中外当事人的多元司法需求，充分尊重中外当事人所在国政治、法律、文化等因素作出的自愿选择，支持其通过调解、仲裁等非诉讼方式解决纠纷。进一步加强我国与其他国家和地区司法机构、仲裁机构、调解组织的交流和合作，可以提升我国纠纷解决机制的国际竞争力和公信力，提高我国在国际纠纷解决领域的话语权。

## 三、规范诉调对接工作，促进非诉讼解纷机制发展

《意见》第三部分规定健全制度建设，包括特邀调解制度、法院专职调解员制度、律师调解制度，刑事诉讼中的和解、调解制度，行政调解、行政和解、行政裁决等制度，探索民商事中立评估机制、无争议事实记载、无异议调解方案认可等新机制。与《意见》同时发布的《人民法院特邀调解规定》详细规定了特邀调解的内涵、程序等问题，在此不再赘述。这里需要重点说明的是法院专职调解员制度、律师调解制度、民商事中立评估机制等新制度。

法院专职调解员制度是近年来试点法院在实践中探索出的一项新制度，曾在 2012 年《最高人民法院关于扩大诉讼与非诉讼相衔接的矛盾纠纷解决机制改革试点总体方案》（以下简称《扩大试点方案》）中予以明确规定。按照中央改革文件要求，《意见》要求建立法院专职调解员制度，探索调解与裁判适当分离。在多元化纠纷解决机制的背景下，法院将调解机制拓展到诉讼前和诉讼外，尝试由调解能力较强的法官或者司法辅助人员担任专职调解员，从事调解指导工作和登记立案后的委托调解工作，体现了调解专业化的方向，也更符合法院的审判规律和角色定位。专职调解员的主要职责包括：从事诉前分流案件和立案阶段的调解；从事立案后或者诉中的委托调解；跟踪和督促调解协议的履行；对非诉调解组织进行指导；诉调对接的有关工作。通过专职调解员制度，可以在立案阶段分流化解大量简易和适宜调解的案件，为审判庭的法官减轻办案压力。

律师调解是指律师作为中立第三方的调解员，协助纠纷双方当事人自愿协商达成协议的一种调解活动。在实务中，律师参与调解的方式有两种，一是以一方当事人代理人的身份参与纠纷的调解，二是以调解员的身份主持纠纷的调解。2012 年《扩大试点方案》首次提出律师以调解员的身份主持纠纷调解。建立完善律师调解制度，是适应全球调解职业发展趋势的一项新制度。美国、英国以及我国香港特别行政区的非诉纠纷解决机制中，律师和退休法官担任调解员的比例很高。律师作为法律共同体中的重要一员，可以在多元化纠纷解决机制改革中发挥应有作用，能够成为多元

解纷机制中的一支力量。中央改革文件规定，鼓励和规范律师参与重大复杂矛盾纠纷化解，明确律师接受当事人委托提供斡旋、调解等非诉服务的操作规程。鼓励和支持律师通过设立调解工作室等方式开展矛盾纠纷化解工作。《意见》第19条规定了推进律师调解制度，吸纳律师加入人民法院特邀调解员名册，支持律师加入各类调解组织担任调解员，探索建立律师调解工作室，鼓励律师参与纠纷解决，充分发挥律师专业化、职业化优势。同时，规定了推动建立律师委托代理时告知当事人选择非诉方式解决纠纷的机制，目的是让律师真正从帮助当事人解决纠纷的角度出发，应当告知当事人除了诉讼途径之外的非诉纠纷解决方式，充分保障当事人的知情权和选择权。

民商事纠纷中立评估机制是指在民商事案件进入诉讼但还未进行审理前，在特定规则的约束下，由中立第三人根据案件情况为双方当事人及律师作出专业评估意见的纠纷解决机制。通常运用于医疗卫生、不动产、建筑工程、知识产权、环境保护等类型案件。中立评估员从中立和专业角度明确案件适用的法律和所需要的证据，全面、客观、直接地评估案件的优势与劣势，让当事人获得足够信息对可能出现的诉讼结果做出判断。中立评估员出具的评估报告，供当事人参考。当事人可以根据评估意见自行和解，或者由特邀调解员进行调解。

## 四、健全诉调对接程序，完善程序正义标准

在多元化纠纷解决机制建设中，诉讼与非诉纠纷解决方式有效衔接的关键是完善诉调对接的程序安排和各个环节的对接。《意见》第四部分规定了建立告知程序、鼓励当事人先行协商和解、健全委派委托调解程序、探索建立调解前置程序、完善繁简分流机制、完善司法确认程序、加强调解与督促程序的衔接等。这些内容可以促进诉调对接工作的规范化，更重要的是能够为多元化纠纷解决机制提供有效的程序正义保障。

委派调解和委托调解是通过长期司法实践总结出来的改革措施。委托调解的概念最早出现在2004年《最高人民法院关于人民法院民事调解工作的若干意见》中，2009年《关于建立健全诉讼与非诉讼相衔接的矛盾纠纷解决机制的若干意见》中明确了委派调解和委托调解的概念。委派调解是指人民法院对于适宜调解的纠纷在登记立案前委派特邀调解组织或者特邀调解员进行调解；委托调解是指登记立案后或者审理过程中，法院认为

适宜调解的案件可以委托特邀调解组织或者特邀调解员进行调解，或者交由法院专职调解员进行调解。之所以这样规定，主要是出于时间节点的不同以及调解结果的不同。立案前的委派调解达成协议的，其法律后果是当事人可以申请司法确认；而委托调解达成协议后，则可以由法官审查后作出调解书或者根据原告的申请作出撤诉裁定。

探索建立调解前置程序，既符合民事诉讼法确定的"先行调解"制度，也有多元化纠纷解决机制改革实践作支撑，一些地方法院已经开始改革试点。如北京部分法院在交通事故、婚姻和继承、追索物业费和供暖费、10 万元以下的借款合同和买卖合同纠纷等五类案件中，探索推行立案前调解程序前置试点改革，取得良好效果。《意见》规定，积极探索适用调解前置程序的纠纷范围和案件类型。有条件的基层人民法院对家事纠纷、相邻关系、小额债务、劳动争议、消费者权益保护、交通事故、医疗纠纷、物业管理等适宜调解的纠纷，在征求当事人意愿的基础上，引导当事人在登记立案前由特邀调解组织或者特邀调解员先行调解。这一规定是《意见》的一大亮点和突破。应当说明的是，探索调解前置程序不能违反当事人自愿调解原则，不能等同于国外有些国家的强制调解。调解前置程序只是规定对适宜调解的特定类型的纠纷进行先行调解，要求当事人先通过诉讼外调解方式予以解决，扩大当事人实现正义的途径。如果调解前置程序无法解决纠纷，当事人可以要求依审判程序处理。

## 五、完善保障机制，推进多元化纠纷解决机制改革可持续健康发展

为进一步深化多元化纠纷解决机制改革，《意见》第五部分从组织领导、指导监督、管理机制、人才培养、经费保障、发挥诉讼费杠杆作用、宣传研究、立法转化等方面规定了多元化纠纷解决机制的保障机制。重点说明以下几点。

一是加强组织领导和指导监督。诉调对接工作是一项全局性的工作。开展好这项工作，各级法院领导必须高度重视，从以下几个方面统筹安排。第一，加强组织领导。诉调对接工作涉及法院立案、审判、执行、审判管理、司法统计等多个部门，必须加强组织领导，建立整体协调、分工明确、各负其责的工作机制，才能有序发展而不是互相推诿。第二，加强指导监督。近年来，各地诉调对接试点法院、示范法院走在改革前列，发

挥了很好的示范带头作用。《意见》在吸收以往改革经验的基础上，以点带面，要求各高院、各中院要加强对辖区法院的指导监督，明确专门机构，制定落实方案，掌握工作情况，积极开展本辖区示范法院的评选工作，促进改革不断取得实效。第三，建立诉调对接案件管理制度。以往，诉调对接工作没有纳入司法统计，无法计入法院工作量，影响了各地法院开展这项工作的积极性。《意见》要求各地法院今后必须将委派调解、委托调解、专职调解和司法确认等内容纳入案件管理系统和司法统计系统，将诉调对接工作作为法院的常规工作之一。

二是加强经费保障，发挥诉讼费杠杆作用。纠纷化解工作的开展，需要相应的工作经费、必要的办公场所和办公设备条件。此外，调解员、仲裁员的业务培训、薪酬补贴等方面也需要经费投入。《意见》要求各级人民法院要主动争取党委和政府的支持，将纠纷解决经费纳入财政专项预算，积极探索以购买服务等方式将纠纷解决委托给社会力量承担。

发挥诉讼费的杠杆作用是《意见》的又一个改革亮点措施。诉讼费用的合理负担及当事人选择非诉纠纷解决时予以诉讼费用的减免，可以使诉讼费起到引导当事人选择非诉纠纷解决方式的杠杆功能。据此，《意见》探索建立发挥诉讼费杠杆作用的新机制，规定"当事人自行和解而申请撤诉的，免交案件受理费。当事人接受法院委托调解的，人民法院可以适当减免诉讼费用"。其依据是，《诉讼费用交纳办法》第29条规定，"诉讼费用由败诉方负担，胜诉方自愿承担的除外"；第31条规定，"经人民法院调解达成协议的案件，诉讼费用的负担由双方当事人协商解决；协商不成的，由人民法院决定"。根据上述规定，法院对诉讼费用的负担具有决定权，在不违背败诉方负担的一般原则之外，对诉讼中发生的其他费用，可以视情形决定当事人各自负担的费用。对于一方当事人无正当理由不参与调解或者不履行调解协议的，人民法院可以决定其负担有关费用。通过诉讼费的杠杆作用，有利于引导当事人积极参与调解，自觉履行调解协议，尽量避免浪费司法资源。

三是加强宣传推广和理论研究。多元化纠纷解决机制所倡导的非诉解纷，鼓励调解，符合老百姓"和为贵"的文化传统，也符合建设和谐社会的核心价值观。各级人民法院要大力宣传多元化纠纷解决机制的优势，鼓励纠纷当事人通过沟通、谈判方式化解纠纷，营造诚信友善、理性平和、文明和谐、创新发展的社会氛围。人民法院要加强与政法院校、科研机构等单位的交流与合作，积极推动实务部门与高校理论部门的理论研究合作和成果转化。2016年4月最高人民法院多元化纠纷解决研究基地在湖南湘潭大学揭牌成立，开启了一个很好的实务界与理论界合作研究的模式。

我们相信，在中央的统一领导和社会各界的大力支持下，各级人民法院通过对《意见》提出的各项改革措施的分解落实，多元化纠纷解决机制改革一定会取得丰硕的成果，并以此推动法治中国、平安中国目标的实现。

# 《最高人民法院关于人民法院特邀调解的规定》的理解和适用

胡仕浩<sup>*</sup>　柴靖静<sup>**</sup>

2016 年 6 月 29 日，最高人民法院公布了《最高人民法院关于人民法院特邀调解的规定》（以下简称《规定》），自 2016 年 7 月 1 日施行。《规定》对健全多元化纠纷解决机制，加强诉讼与非诉讼纠纷解决方式的有效衔接，规范人民法院特邀调解工作，维护当事人合法权益具有重要意义。为准确理解和适用《规定》，现对起草情况和有关问题进行阐述。

## 一、制定《规定》的重要性及必要性

特邀调解是指人民法院吸纳符合条件的人民调解、行政调解、商事调解、行业调解等调解组织或者个人成为特邀调解组织或者特邀调解员，接受人民法院立案前委派或者立案后委托依法进行调解，促使当事人在平等协商基础上达成调解协议、解决纠纷的一种调解活动。这是将起诉到法院的纠纷，交于法院编外的调解组织和调解员进行调解的制度。

特邀调解可以有效整合社会解纷资源，优化司法资源配置。人民法院通过诉前导诉、案件分流、程序衔接，对纠纷进行分流，将适宜的案件引入调解程序解决，不仅为纠纷由诉讼转入调解提供便捷通道，分流一部分案件，在一定程度上缓解案多人少的矛盾，而且，诉前化解纠纷，在减轻当事人诉累的同时，也可以有效节约司法成本，合理配置司法资源，使进入诉讼程序的疑难复杂案件得到专业法官的细致审理，实现"繁简分流、诉非对接，简案快审、繁案精审"的目标。同时，通过诉调对接，将司法

---

\* 最高人民法院司法改革办公室主任。

\*\* 最高人民法院司法改革办公室干部。

解纷和司法服务功能向外延伸，最大程度上满足了人民群众多层次、多途径及低成本、高效率解决纠纷的需求。

关于特邀调解制度，在最高人民法院《关于人民法院民事调解工作若干问题的规定》《关于建立健全诉讼与非诉讼相衔接的矛盾纠纷解决机制的若干意见》《关于扩大诉讼与非诉讼相衔接的矛盾纠纷解决机制改革试点总体方案》等司法文件中都有规定。近年来，各地法院根据上述文件积极开展特邀调解工作，在分流案件、整合资源、化解纠纷等方面收到了实效。但是，实践中，由于社会解纷资源较为分散，特邀调解工作发展不平衡，也存在职责不清、缺乏制度约束等问题。在改革完善多元化纠纷解决机制的背景下，需要规范和完善特邀调解制度，发挥其应有的效用。

自 2014 年 5 月起，最高人民法院即着手《规定》的起草调研工作，坚持两个"注重"：一是注重改革成果的固化，努力总结、完善各地法院可复制、可推广的经验；二是注重制度设计符合调解规律和诉讼规范，体现"两便原则"，力求达到便民实用、快捷解纷的目的。

《规定》起草过程中，最高人民法院通过座谈讨论、征求意见等多种方式，征求了中央政法委、中央综治办、全国人大常委会法工委、人社部、司法部等 11 个部门以及全国总工会、全国妇联、中国法学会、中国贸促会等相关组织的意见，组织院内各业务庭室、各高级人民法院、多元化纠纷解决机制改革示范法院的代表以及法学专家等进行座谈讨论。经反复研究，数易其稿，最终由最高人民法院审判委员会第 1684 次会议讨论通过。

## 二、特邀调解应遵循的原则

《规定》对开展特邀调解工作阐明了五个原则：

一是平等自愿原则。当事人在调解过程中享有平等的地位，权利行使平等，义务履行平等，任何人均不享有特权。当事人自愿原则体现在三个方面：自愿选择特邀调解，法院不得强迫；自主协商选择调解员，包括协商选择两名以上的调解员，协商不成的可以由人民法院或者调解组织指定；自愿达成调解协议，对自身权益有自主的处分权，调解员不得强迫调解。

二是尊重当事人诉讼权利原则。调解与诉讼，各具优势与不足，选择哪种途径解决纠纷是当事人的权利。特邀调解不是把所有进入法院的纠纷都要导入调解渠道，只是选择适宜调解、当事人自愿的纠纷导入，对坚持诉讼的，法院应当及时登记立案或者开庭审理，保障当事人的诉权。

三是不违反法律、法规的禁止性规定。特邀调解要在法律规定的框架下进行，不得违法调解。依法调解既包括程序合法，也包括实体合法。

四是不损害国家利益、社会公共利益和他人合法权益。调解员在调解过程中，应当注意其他利害关系人的权益，在调解过程中，及时通知利害关系人参加调解。在调解过程中，还需要注重审查虚假调解与虚假诉讼。

五是保密原则。保密原则是调解制度的国际通则，也是调解制度得以发展的重要因素，正因为有保密原则，当事人才愿意在调解过程中给调解员透露底线，对调解员建立信任。保密原则在特邀调解中体现在三个方面：第一，调解过程不公开。这与诉讼中的审判公开形成鲜明对比。但当事人要求或者同意公开的除外。第二，调解协议的内容不公开。最大限度保护当事人的基本信息，特别在裁判文书公开上网之后，调解协议不公开也成为很多当事人选择调解解决纠纷的重要原因。第三，人民法院、特邀调解组织、特邀调解员应当对在调解过程中获得的信息保守秘密。

### 三、法院应当如何开展特邀调解工作

为发挥特邀调解组织与特邀调解员解决纠纷的能力与作用，法院应当积极发挥在多元化纠纷解决机制中的引领、推动、保障作用。但是在履行职责的同时，也要注重把握好度，保障编外调解组织与调解员在解纷方面的独立性。具体而言，法院应当从以下方面组织好特邀调解工作：

一是指定部门与人员负责。为保障特邀调解工作落到实处，法院应当指定诉讼服务中心等部门负责特邀调解工作，并配备熟悉调解业务的工作人员，抓好工作落实。对于人民法庭，《最高人民法院关于进一步加强新形势下人民法庭工作的若干意见》规定，对于经济发达、交通便利地区的人民法庭，可以通过基层人民法院统一立案的方式加强案件流程管理；对于山区、牧区、林区、边远地区等交通不便地区的人民法庭，要加强和完善人民法庭直接立案工作机制，并通过远程立案等技术手段，着力解决当事人立案难问题。人民法庭开展诉讼服务的模式不一，人民法庭可以根据需要自行开展或依托本院诉讼服务中心开展特邀调解工作。

二是建立特邀调解组织和特邀调解员名册。法院开展特邀调解工作应当建立名册，将纠纷交给名册内的调解组织与调解员进行调解。建立名册

的法院应当对特邀调解组织和特邀调解员颁发证书，并对名册进行管理。高级、中级和基层人民法院均可以建立名册，对于高级、中级法院建立的名册，辖区内所有法院都可以选择使用。

三是对特邀调解主体进行指导与服务。对特邀调解主体的指导应当体现在具体调解程序之外。法院应当在提高调解员素质方面下功夫，做好培训工作，帮助调解员提高调解技能。法院还可以通过接受特邀调解员的咨询、定期开展经验交流活动等多种方式，对特邀调解组织和特邀调解员的调解活动进行指导。法院应当为特邀调解提供必要的场所、办公设施，尽可能满足特邀调解员的合理需求。

四是对特邀调解纠纷进行流程管理。具体体现当事人诉至法院时，法院需要甄别出适宜调解的纠纷，指导当事人选择名册中的调解组织或者调解员选行调解；在纠纷进入特邀调解后，管理特邀调解案件流程并统计相关数据，完善登记、流转等相关制度，跟踪委派、委托案件的进展情况。

五是组织开展特邀调解的业绩评估工作。法院应当建立特邀调解组织和特邀调解员业绩档案，组织对特邀调解组织和特邀调解员的评估工作，为特邀调解组织与特邀调解员开展工作提供必要的补贴。人民法院应当根据实际情况向特邀调解员发放误工、交通等补贴，对表现突出的特邀调解组织和特邀调解员给予物质或者荣誉奖励。

## 四、特邀调解组织和特邀调解员的入册条件及义务

名册制度是对特邀调解组织、特邀调解员进行规范化管理的基本制度。《规定》要求，人民法院开展特邀调解工作应当建立特邀调解组织和特邀调解员名册，从而将名册制度作为基础制度确定下来。

特邀调解组织和特邀调解员名册是开放性的。名册没有名额限制，入册条件设置的也较为宽松。只要是依法成立人民调解、行政调解、商事调解、行业调解及其他具有调解职能的组织，就符合特邀调解组织条件。对于普通个人而言，只要品行良好、公道正派、热心调解工作，即可成为人民法院特邀调解员。调解组织和个人入册方式也较为灵活简便，主要是两种方式：申请和邀请。调解组织和个人可以向人民法院提出申请，通过填写表格，向法院提交相关材料，即可完成申请。人民法院也可以向特定的调解组织，或者向人大代表、政协委员、人民陪审员、专家学者、律师、仲裁员、退休法律工作者等个人，发出邀请。法院对调解组织与个人提交

的材料采取审核制，对符合条件的调解组织与个人，应当列入名册。需要指出的是，对于特邀调解组织名册，不仅应当列明特邀调解组织名单，还应当列明特邀调解组织中的调解员名单。特邀调解组织应当推荐适宜做特邀调解工作的调解员列入名册。在特邀调解名册中列明的调解员，视为人民法院特邀调解员。

为保障特邀调解质量，维护当事人合法权益，《规定》对特邀调解组织和特邀调解员的义务作出了以下规定：一是在入册前与任职期间，应当接受人民法院组织的业务培训。培训是提高调解员调解技能的首要途径。培训由法院组织，法院也可以委托给培训组织或机构进行。二是调解员在调解过程中，应当注意对虚假调解与虚假诉讼的审查，发现双方当事人存在虚假调解可能的，应当中止调解，并向人民法院或者特邀调解组织报告。人民法院或者特邀调解组织接到报告后，应当及时审查，并依据相关规定作出处理。三是调解员应当遵守禁止行为规定。特邀调解员在调解过程中不得强迫调解、违法调解，不得接受当事人请托或收受财物，不得泄露调解过程或调解协议内容，以及不得有其他违反调解员职业道德的行为。当事人发现存在上述情形的，可以向人民法院投诉。经审查属实的，人民法院应当予以纠正并作出警告、通报、除名等相应处理。

## 五、特邀调解的程序

《规定》对特邀调解各阶段的具体程序作出规定，主要包括以下方面的内容：

一是法院需要对特邀调解进行引导。纠纷是否适宜调解，应当由负责特邀调解的法官进行甄别，根据先行调解原则，指导当事人选择调解组织或者调解员进行调解。登记立案前，法院工作人员在征得当事人同意后，可以将纠纷委派给特邀调解组织和特邀调解员进行调解。在登记立案后，或者案件审理过程中，对当事人同意调解的，也可以委托给特邀调解组织或者特邀调解员进行调解。法院负责特邀调解的部门应当指导当事人选择调解组织或者调解员，做好相关材料的移交工作。

二是调解员在调解过程中应当遵循一定的规则，履行通知告知义务，根据情况确定合适的调解方法。调解员应当向当事人履行通知与告知义务。特邀调解员应当将调解时间、地点等相关事项及时通知双方当事人，也可以通知与纠纷有利害关系的案外人参加调解。调解程序开始之前，特邀调解员应当告知双方当事人权利义务、调解规则、调解程序、调解协议效力、司法确认申请等事项。特邀调解员应当根据案件具体情况采用适当的方法进行调解。法院应当对调解员进行调解技巧的培训，帮助调解员掌握具体调解方法，并根据案件具体情况确定调解方法。调解员可以提出解决争议的方案建议，供当事人参考。特邀调解员为促成当事人达成调解协议，还可以邀请对达成调解协议有帮助的人员参与调解。

三是调解终止后，调解组织或调解员应当与法院进行工作交接。委派调解达成调解协议，特邀调解员应当将调解协议提交人民法院备案。当事人依照民事诉讼法、人民调解法等法律规定申请司法确认的，人民法院应依法受理。委托调解达成调解协议的，特邀调解员应当向人民法院提交调解协议，由人民法院审查并制作调解书结案。达成调解协议后，当事人申请撤诉的，人民法院应当依法作出裁定。委派调解未达成协议的，调解员应当将当事人的起诉状等材料移送人民法院；当事人坚持诉讼的，人民法院应当依法登记立案。委托调解未达成协议的，人民法院应当及时转入审判程序审理。调解未达成协议转入审判程序的，还应当注意调解员角色冲突与证据限制的问题。特邀调解员不得在后续的诉讼程序中担任该案的人民陪审员、诉讼代理人、证人、鉴定人以及翻译人员。在调解过程中，当事人为达成调解协议作出的妥协或承认，不得在诉讼程序中作为对其不利的根据，但是当事人均同意的除外。

四是特邀调解的调解期限。特邀调解不宜久调不决，《规定》对调解期限作出具体规定。委派调解是在征得当事人同意的基础上进行的，法院根据各地实际情况，将调解期限规定为30日。同时，法院尊重当事人的处分权利，对当事人协商延长调解期限的，可以延长。对于委托调解，根据《最高人民法院关于人民法院民事调解工作若干问题的规定》的相关规定，将期限规定为适用普通程序的调解期限为15日，适用简易程序的期限为7日。当事人同意延长调解期限的，可以协商延长。延长的调解期限不计入审理期限。

# 【司法解释及最高人民法院规范性文件】

最高人民法院
## 关于首先查封法院与优先债权执行法院
## 处分查封财产有关问题的批复

法释〔2016〕6号

(2015年12月16日最高人民法院审判委员会第1672次会议通过
2016年4月12日公布 自2016年4月14日起施行)

**福建省高级人民法院：**

你院《关于解决法院首封处分权与债权人行使优先受偿债权冲突问题的请示》(闽高法〔2015〕261号)收悉。经研究，批复如下：

一、执行过程中，应当由首先查封、扣押、冻结（以下简称查封）法院负责处分查封财产。但已进入其他法院执行程序的债权对查封财产有顺位在先的担保物权、优先权（该债权以下简称优先债权），自首先查封之日起已超过60日，且首先查封法院就该查封财产尚未发布拍卖公告或者进入变卖程序的，优先债权执行法院可以要求将该查封财产移送执行。

二、优先债权执行法院要求首先查封法院将查封财产移送执行的，应当出具商请移送执行函，并附确认优先债权的生效法律文书及案件情况说明。

首先查封法院应当在收到优先债权执行法院商请移送执行函之日起15日内出具移送执行函，将查封财产移送优先债权执行法院执行，并告知当事人。

移送执行函应当载明将查封财产移送执行及首先查封债权的相关情况等内容。

三、财产移送执行后，优先债权执行法院在处分或继续查封该财产时，可以持首先查封法院移送执行函办理相关手续。

优先债权执行法院对移送的财产变价后，应当按照法律规定的清偿顺序分配，并将相关情况告知首先查封法院。

首先查封债权尚未经生效法律文书确认的，应当按照首先查封债权的清偿顺位，预留相应份额。

四、首先查封法院与优先债权执行法院就移送查封财产发生争议的，可以逐级报请双方共同的上级法院指定该财产的执行法院。

共同的上级法院根据首先查封债权所处的诉讼阶段、查封财产的种类及所在地、各债权数额与查封财产价值之间的关系等案件具体情况，认为由首先查封法院执行更为妥当的，也可以决定由首先查封法院继续执行，但应当督促其在指定期限内处分查封财产。

此复。

附件：1.××××人民法院商请移送执行函
    2.××××人民法院移送执行函

**附件 1**

# ××××人民法院
# 商请移送执行函

（××××）……号

**××××人民法院：**

……（写明当事人姓名或名称和案由）一案的……（写明生效法律文书名称）已经发生法律效力。由于……〔写明本案债权人依法享有顺位在先的担保物权（优先权）和首先查封法院没有及时对查封财产进行处理的情况，以及商请移送执行的理由〕。根据《最高人民法院关于首先查封法院与优先债权执行法院处分查封财产有关问题的批复》之规定，请你院在收到本函之日起 15 日内向我院出具移送执行函，将……（写明具体查封财产）移送我院执行。

126

附件：1. 据以执行的生效法律文书
　　　2. 有关案件情况说明［内容包括本案债权依法享有顺位在先的担保物权（优先权）的具体情况、案件执行情况、执行员姓名及联系电话、申请执行人地址及联系电话等］
　　　3. 其他必要的案件材料

××××年××月××日

（院印）

本院地址：　　　　　　　　邮编：

联系人：　　　　　　　　　联系电话：

**附件 2**

# ××××人民法院
# 移送执行函

（××××）……号

**××××人民法院：**

你院（××××）……号商请移送执行函收悉。我院于××××年××月××日对……（写明具体查封财产，以下简称查封财产）予以查封（或者扣押、冻结），鉴于你院（××××）……号执行案件债权人对该查封财产享有顺位在先的担保物权（优先权），现根据《最高人民法院关于首先查封法院与优先债权执行法院处分查封财产有关问题的批复》之规定及你院的来函要求，将上述查封财产移送你院执行，对该财产的续封、解封和变价、分配等后续工作，交由你院办理，我院不再负责。请你院在后续执行程序中，对我院执行案件债权人××作为首先查封债权人所享有的各项权利依法予以保护，并将执行结果及时告知我院。

附件：1. 据以执行的生效法律文书

2. 有关案件情况的材料和说明（内容包括查封财产的查封、调查、异议、评估、处置和剩余债权数额等案件执行情况，执行员姓名及联系电话、申请执行人地址及联系电话等）

3. 其他必要的案件材料

××××年××月××日

（院印）

本院地址：           邮编：

联系人：           联系电话：

最高人民法院

# 关于修改《中华人民共和国人民法院法庭规则》的决定

法释〔2016〕7号

（2015年12月21日最高人民法院审判委员会第1673次会议通过
2016年4月13日公布　自2016年5月1日起施行）

为了维护法庭安全，规范庭审秩序，保障诉讼参与人诉讼权利，方便公众旁听，促进司法公正，彰显司法权威，根据《中华人民共和国人民法院组织法》《中华人民共和国刑事诉讼法》《中华人民共和国民事诉讼法》《中华人民共和国行政诉讼法》等有关法律规定，结合审判实际，现决定对《中华人民共和国人民法院法庭规则》作如下修改：

一、将第一条修改为："为了维护法庭安全和秩序，保障庭审活动正常进行，保障诉讼参与人依法行使诉讼权利，方便公众旁听，促进司法公正，彰显司法权威，根据《中华人民共和国人民法院组织法》《中华人民共和国刑事诉讼法》《中华人民共和国民事诉讼法》《中华人民共和国行政诉讼法》等有关法律规定，制定本规则。"

二、删除第二条，将相关内容调整到第十七条、第二十一条。

三、将第三条改为第二条，修改为："法庭是人民法院代表国家依法审判各类案件的专门场所。

"法庭正面上方应当悬挂国徽。"

四、将第四条改为第十二条，修改为："出庭履行职务的人员，按照职业着装规定着装。但是，具有下列情形之一的，着正装：

"（一）没有职业着装规定；

"（二）侦查人员出庭作证；

"（三）所在单位系案件当事人。

"非履行职务的出庭人员及旁听人员，应当文明着装。"

五、将第五条改为第十五条，修改为："审判人员进入法庭以及审判长或独任审判员宣告判决、裁定、决定时，全体人员应当起立。"

六、将第六条改为第十六条，修改为："人民法院开庭审判案件应当严格按照法律规定的诉讼程序进行。

"审判人员在庭审活动中应当平等对待诉讼各方。"

七、将第七条、第九条、第十条合并，改为第十七条，修改为："全体人员在庭审活动中应当服从审判长或独任审判员的指挥，尊重司法礼仪，遵守法庭纪律，不得实施下列行为：

"（一）鼓掌、喧哗；

"（二）吸烟、进食；

"（三）拨打或接听电话；

"（四）对庭审活动进行录音、录像、拍照或使用移动通信工具等传播庭审活动；

"（五）其他危害法庭安全或妨害法庭秩序的行为。

"检察人员、诉讼参与人发言或提问，应当经审判长或独任审判员许可。

"旁听人员不得进入审判活动区，不得随意站立、走动，不得发言和提问。

"媒体记者经许可实施第一款第四项规定的行为，应当在指定的时间及区域进行，不得影响或干扰庭审活动。"

八、将第八条改为第九条，第一款修改为："公开的庭审活动，公民可以旁听。"

第二款改为第三款，修改为："下列人员不得旁听：

"（一）证人、鉴定人以及准备出庭提出意见的有专门知识的人；

"（二）未获得人民法院批准的未成年人；

"（三）拒绝接受安全检查的人；

"（四）醉酒的人、精神病人或其他精神状态异常的人；

"（五）其他有可能危害法庭安全或妨害法庭秩序的人。"

增加三款，分别作为第二款、第四款、第五款。

第二款："旁听席位不能满足需要时，人民法院可以根据申请的先后

130

顺序或者通过抽签、摇号等方式发放旁听证，但应当优先安排当事人的近亲属或其他与案件有利害关系的人旁听。"

第四款："依法有可能封存犯罪记录的公开庭审活动，任何单位或个人不得组织人员旁听。"

第五款："依法不公开的庭审活动，除法律另有规定外，任何人不得旁听。"

**九、**将第十一条改为第十九条，修改为："审判长或独任审判员对违反法庭纪律的人员应当予以警告；对不听警告的，予以训诫；对训诫无效的，责令其退出法庭；对拒不退出法庭的，指令司法警察将其强行带出法庭。"

增加一款，作为第二款："行为人违反本规则第十七条第一款第四项规定的，人民法院可以暂扣其使用的设备及存储介质，删除相关内容。"

**十、**将第十二条改为第二十条，修改为："行为人实施下列行为之一，危及法庭安全或扰乱法庭秩序的，根据相关法律规定，予以罚款、拘留；构成犯罪的，依法追究其刑事责任：

"（一）非法携带枪支、弹药、管制刀具或者爆炸性、易燃性、放射性、毒害性、腐蚀性物品以及传染病病原体进入法庭；

"（二）哄闹、冲击法庭；

"（三）侮辱、诽谤、威胁、殴打司法工作人员或诉讼参与人；

"（四）毁坏法庭设施，抢夺、损毁诉讼文书、证据；

"（五）其他危害法庭安全或扰乱法庭秩序的行为。"

**十一、**将第十三条改为第二十一条，修改为："司法警察依照审判长或独任审判员的指令维持法庭秩序。"

增加二款，分别作为第二款、第三款。

第二款："出现危及法庭内人员人身安全或者严重扰乱法庭秩序等紧急情况时，司法警察可以直接采取必要的处置措施。"

第三款："人民法院依法对违反法庭纪律的人采取的扣押物品、强行带出法庭以及罚款、拘留等强制措施，由司法警察执行。"

**十二、**将第十四条改为第二十六条，修改为："外国人、无国籍人旁听庭审活动，外国媒体记者报道庭审活动，应当遵守本规则。"

**十三、**将第十五条改为第二十七条，修改为："本规则自2016年5月1日起施行；最高人民法院此前发布的司法解释及规范性文件与本规则不一致的，以本规则为准。"

十四、增加十五条分别作为第三条、第四条、第五条、第六条、第七条、第八条、第十条、第十一条、第十三条、第十四条、第十八条、第二十二条、第二十三条、第二十四条、第二十五条：

"第三条　法庭分设审判活动区和旁听区，两区以栏杆等进行隔离。

"审理未成年人案件的法庭应当根据未成年人身心发展特点设置区域和席位。

"有新闻媒体旁听或报道庭审活动时，旁听区可以设置专门的媒体记者席。

"第四条　刑事法庭可以配置同步视频作证室，供依法应当保护或其他确有保护必要的证人、鉴定人、被害人在庭审作证时使用。

"第五条　法庭应当设置残疾人无障碍设施；根据需要配备合议庭合议室，检察人员、律师及其他诉讼参与人休息室，被告人羁押室等附属场所。

"第六条　进入法庭的人员应当出示有效身份证件，并接受人身及携带物品的安全检查。

"持有效工作证件和出庭通知履行职务的检察人员、律师可以通过专门通道进入法庭。需要安全检查的，人民法院对检察人员和律师平等对待。

"第七条　除经人民法院许可，需要在法庭上出示的证据外，下列物品不得携带进入法庭：

"（一）枪支、弹药、管制刀具以及其他具有杀伤力的器具；

"（二）易燃易爆物、疑似爆炸物；

"（三）放射性、毒害性、腐蚀性、强气味性物质以及传染病病原体；

"（四）液体及胶状、粉末状物品；

"（五）标语、条幅、传单；

"（六）其他可能危害法庭安全或妨害法庭秩序的物品。

"第八条　人民法院应当通过官方网站、电子显示屏、公告栏等向公众公开各法庭的编号、具体位置以及旁听席位数量等信息。

"第十条　人民法院应当对庭审活动进行全程录像或录音。

"第十一条　依法公开进行的庭审活动，具有下列情形之一的，人民法院可以通过电视、互联网或其他公共媒体进行图文、音频、视频直播或录播：

"（一）公众关注度较高；

"（二）社会影响较大；

"（三）法治宣传教育意义较强。

"第十三条　刑事在押被告人或上诉人出庭受审时，着正装或便装，不着监管机构的识别服。

"人民法院在庭审活动中不得对被告人或上诉人使用戒具，但认为其人身危险性大，可能危害法庭安全的除外。

"第十四条　庭审活动开始前，书记员应当宣布本规则第十七条规定的法庭纪律。

"第十八条　审判长或独任审判员主持庭审活动时，依照规定使用法槌。

"第二十二条　人民检察院认为审判人员违反本规则的，可以在庭审活动结束后向人民法院提出处理建议。

"诉讼参与人、旁听人员认为审判人员、书记员、司法警察违反本规则的，可以在庭审活动结束后向人民法院反映。

"第二十三条　检察人员违反本规则的，人民法院可以向人民检察院通报情况并提出处理建议。

"第二十四条　律师违反本规则的，人民法院可以向司法行政机关及律师协会通报情况并提出处理建议。

"第二十五条　人民法院进行案件听证、国家赔偿案件质证、网络视频远程审理以及在法院以外的场所巡回审判等，参照适用本规则。"

根据本决定，将《中华人民共和国人民法院法庭规则》作相应修改并对条文顺序作相应调整后，重新公布。

# 中华人民共和国人民法院法庭规则

(1993 年 11 月 26 日最高人民法院审判委员会第 617 次会议通过
根据 2015 年 12 月 21 日最高人民法院审判委员会第 1673 次会议
通过的《最高人民法院关于修改〈中华人民共和国人民法院法庭
规则〉的决定》修正)

**第一条** 为了维护法庭安全和秩序，保障庭审活动正常进行，保障诉讼参与人依法行使诉讼权利，方便公众旁听，促进司法公正，彰显司法权威，根据《中华人民共和国人民法院组织法》《中华人民共和国刑事诉讼法》《中华人民共和国民事诉讼法》《中华人民共和国行政诉讼法》等有关法律规定，制定本规则。

**第二条** 法庭是人民法院代表国家依法审判各类案件的专门场所。

法庭正面上方应当悬挂国徽。

**第三条** 法庭分设审判活动区和旁听区，两区以栏杆等进行隔离。

审理未成年人案件的法庭应当根据未成年人身心发展特点设置区域和席位。

有新闻媒体旁听或报道庭审活动时，旁听区可以设置专门的媒体记者席。

**第四条** 刑事法庭可以配置同步视频作证室，供依法应当保护或其他确有保护必要的证人、鉴定人、被害人在庭审作证时使用。

**第五条** 法庭应当设置残疾人无障碍设施；根据需要配备合议庭合议室，检察人员、律师及其他诉讼参与人休息室，被告人羁押室等附属场所。

**第六条** 进入法庭的人员应当出示有效身份证件，并接受人身及携带物品的安全检查。

持有效工作证件和出庭通知履行职务的检察人员、律师可以通过专门通道进入法庭。需要安全检查的，人民法院对检察人员和律师平等对待。

**第七条** 除经人民法院许可，需要在法庭上出示的证据外，下列物品不得携带进入法庭：

（一）枪支、弹药、管制刀具以及其他具有杀伤力的器具；

（二）易燃易爆物、疑似爆炸物；

（三）放射性、毒害性、腐蚀性、强气味性物质以及传染病病原体；

（四）液体及胶状、粉末状物品；

（五）标语、条幅、传单；

（六）其他可能危害法庭安全或妨害法庭秩序的物品。

**第八条** 人民法院应当通过官方网站、电子显示屏、公告栏等向公众公开各法庭的编号、具体位置以及旁听席位数量等信息。

**第九条** 公开的庭审活动，公民可以旁听。

旁听席位不能满足需要时，人民法院可以根据申请的先后顺序或者通过抽签、摇号等方式发放旁听证，但应当优先安排当事人的近亲属或其他与案件有利害关系的人旁听。

下列人员不得旁听：

（一）证人、鉴定人以及准备出庭提出意见的有专门知识的人；

（二）未获得人民法院批准的未成年人；

（三）拒绝接受安全检查的人；

（四）醉酒的人、精神病人或其他精神状态异常的人；

（五）其他有可能危害法庭安全或妨害法庭秩序的人。

依法有可能封存犯罪记录的公开庭审活动，任何单位或个人不得组织人员旁听。

依法不公开的庭审活动，除法律另有规定外，任何人不得旁听。

**第十条** 人民法院应当对庭审活动进行全程录像或录音。

**第十一条** 依法公开进行的庭审活动，具有下列情形之一的，人民法院可以通过电视、互联网或其他公共媒体进行图文、音频、视频直播或录播：

（一）公众关注度较高；

（二）社会影响较大；

（三）法治宣传教育意义较强。

**第十二条** 出庭履行职务的人员，按照职业着装规定着装。但是，具有下列情形之一的，着正装：

（一）没有职业着装规定；

（二）侦查人员出庭作证；

（三）所在单位系案件当事人。

非履行职务的出庭人员及旁听人员，应当文明着装。

**第十三条** 刑事在押被告人或上诉人出庭受审时，着正装或便装，不着监管机构的识别服。

人民法院在庭审活动中不得对被告人或上诉人使用戒具，但认为其人身危险性大，可能危害法庭安全的除外。

**第十四条** 庭审活动开始前，书记员应当宣布本规则第十七条规定的法庭纪律。

**第十五条** 审判人员进入法庭以及审判长或独任审判员宣告判决、裁定、决定时，全体人员应当起立。

**第十六条** 人民法院开庭审判案件应当严格按照法律规定的诉讼程序进行。

审判人员在庭审活动中应当平等对待诉讼各方。

**第十七条** 全体人员在庭审活动中应当服从审判长或独任审判员的指挥，尊重司法礼仪，遵守法庭纪律，不得实施下列行为：

（一）鼓掌、喧哗；

（二）吸烟、进食；

（三）拨打或接听电话；

（四）对庭审活动进行录音、录像、拍照或使用移动通信工具等传播庭审活动；

（五）其他危害法庭安全或妨害法庭秩序的行为。

检察人员、诉讼参与人发言或提问，应当经审判长或独任审判员许可。

旁听人员不得进入审判活动区，不得随意站立、走动，不得发言和提问。

媒体记者经许可实施第一款第四项规定的行为，应当在指定的时间及区域进行，不得影响或干扰庭审活动。

**第十八条** 审判长或独任审判员主持庭审活动时，依照规定使用法槌。

**第十九条** 审判长或独任审判员对违反法庭纪律的人员应当予以警告；对不听警告的，予以训诫；对训诫无效的，责令其退出法庭；对拒不退出法庭的，指令司法警察将其强行带出法庭。

行为人违反本规则第十七条第一款第四项规定的，人民法院可以暂扣其使用的设备及存储介质，删除相关内容。

第二十条　行为人实施下列行为之一，危及法庭安全或扰乱法庭秩序的，根据相关法律规定，予以罚款、拘留；构成犯罪的，依法追究其刑事责任：

（一）非法携带枪支、弹药、管制刀具或者爆炸性、易燃性、放射性、毒害性、腐蚀性物品以及传染病病原体进入法庭；

（二）哄闹、冲击法庭；

（三）侮辱、诽谤、威胁、殴打司法工作人员或诉讼参与人；

（四）毁坏法庭设施，抢夺、损毁诉讼文书、证据；

（五）其他危害法庭安全或扰乱法庭秩序的行为。

第二十一条　司法警察依照审判长或独任审判员的指令维持法庭秩序。

出现危及法庭内人员人身安全或者严重扰乱法庭秩序等紧急情况时，司法警察可以直接采取必要的处置措施。

人民法院依法对违反法庭纪律的人采取的扣押物品、强行带出法庭以及罚款、拘留等强制措施，由司法警察执行。

第二十二条　人民检察院认为审判人员违反本规则的，可以在庭审活动结束后向人民法院提出处理建议。

诉讼参与人、旁听人员认为审判人员、书记员、司法警察违反本规则的，可以在庭审活动结束后向人民法院反映。

第二十三条　检察人员违反本规则的，人民法院可以向人民检察院通报情况并提出处理建议。

第二十四条　律师违反本规则的，人民法院可以向司法行政机关及律师协会通报情况并提出处理建议。

第二十五条　人民法院进行案件听证、国家赔偿案件质证、网络视频远程审理以及在法院以外的场所巡回审判等，参照适用本规则。

第二十六条　外国人、无国籍人旁听庭审活动，外国媒体记者报道庭审活动，应当遵守本规则。

第二十七条　本规则自 2016 年 5 月 1 日起施行；最高人民法院此前发布的司法解释及规范性文件与本规则不一致的，以本规则为准。

## 最高人民法院　最高人民检察院
# 关于办理贪污贿赂刑事案件适用法律
# 若干问题的解释

法释〔2016〕9 号

（2016 年 3 月 28 日由最高人民法院审判委员会第 1680 次会议、2016 年 3 月 25 日由最高人民检察院第十二届检察委员会第 50 次会议通过　2016 年 4 月 18 日公布　自 2016 年 4 月 18 日起施行）

为依法惩治贪污贿赂犯罪活动，根据刑法有关规定，现就办理贪污贿赂刑事案件适用法律的若干问题解释如下：

**第一条**　贪污或者受贿数额在三万元以上不满二十万元的，应当认定为刑法第三百八十三条第一款规定的"数额较大"，依法判处三年以下有期徒刑或者拘役，并处罚金。

贪污数额在一万元以上不满三万元，具有下列情形之一的，应当认定为刑法第三百八十三条第一款规定的"其他较重情节"，依法判处三年以下有期徒刑或者拘役，并处罚金：

（一）贪污救灾、抢险、防汛、优抚、扶贫、移民、救济、防疫、社会捐助等特定款物的；

（二）曾因贪污、受贿、挪用公款受过党纪、行政处分的；

（三）曾因故意犯罪受过刑事追究的；

（四）赃款赃物用于非法活动的；

（五）拒不交待赃款赃物去向或者拒不配合追缴工作，致使无法追缴的；

（六）造成恶劣影响或者其他严重后果的。

受贿数额在一万元以上不满三万元，具有前款第二项至第六项规定的情形之一，或者具有下列情形之一的，应当认定为刑法第三百八十三条第一款规定的"其他较重情节"，依法判处三年以下有期徒刑或者拘役，并处罚金：

（一）多次索贿的；

（二）为他人谋取不正当利益，致使公共财产、国家和人民利益遭受损失的；

（三）为他人谋取职务提拔、调整的。

**第二条**　贪污或者受贿数额在二十万元以上不满三百万元的，应当认定为刑法第三百八十三条第一款规定的"数额巨大"，依法判处三年以上十年以下有期徒刑，并处罚金或者没收财产。

贪污数额在十万元以上不满二十万元，具有本解释第一条第二款规定的情形之一的，应当认定为刑法第三百八十三条第一款规定的"其他严重情节"，依法判处三年以上十年以下有期徒刑，并处罚金或者没收财产。

受贿数额在十万元以上不满二十万元，具有本解释第一条第三款规定的情形之一的，应当认定为刑法第三百八十三条第一款规定的"其他严重情节"，依法判处三年以上十年以下有期徒刑，并处罚金或者没收财产。

**第三条**　贪污或者受贿数额在三百万元以上的，应当认定为刑法第三百八十三条第一款规定的"数额特别巨大"，依法判处十年以上有期徒刑、无期徒刑或者死刑，并处罚金或者没收财产。

贪污数额在一百五十万元以上不满三百万元，具有本解释第一条第二款规定的情形之一的，应当认定为刑法第三百八十三条第一款规定的"其他特别严重情节"，依法判处十年以上有期徒刑、无期徒刑或者死刑，并处罚金或者没收财产。

受贿数额在一百五十万元以上不满三百万元，具有本解释第一条第三款规定的情形之一的，应当认定为刑法第三百八十三条第一款规定的"其他特别严重情节"，依法判处十年以上有期徒刑、无期徒刑或者死刑，并处罚金或者没收财产。

**第四条**　贪污、受贿数额特别巨大，犯罪情节特别严重、社会影响特别恶劣、给国家和人民利益造成特别重大损失的，可以判处死刑。

符合前款规定的情形，但具有自首，立功，如实供述自己罪行、真诚悔罪、积极退赃，或者避免、减少损害结果的发生等情节，不是必须立即执行的，可以判处死刑缓期二年执行。

符合第一款规定情形的，根据犯罪情节等情况可以判处死刑缓期二年执行，同时裁判决定在其死刑缓期执行二年期满依法减为无期徒刑后，终身监禁，不得减刑、假释。

**第五条** 挪用公款归个人使用，进行非法活动，数额在三万元以上的，应当依照刑法第三百八十四条的规定以挪用公款罪追究刑事责任；数额在三百万元以上的，应当认定为刑法第三百八十四条第一款规定的"数额巨大"。具有下列情形之一的，应当认定为刑法第三百八十四条第一款规定的"情节严重"：

（一）挪用公款数额在一百万元以上的；

（二）挪用救灾、抢险、防汛、优抚、扶贫、移民、救济特定款物，数额在五十万元以上不满一百万元的；

（三）挪用公款不退还，数额在五十万元以上不满一百万元的；

（四）其他严重的情节。

**第六条** 挪用公款归个人使用，进行营利活动或者超过三个月未还，数额在五万元以上的，应当认定为刑法第三百八十四条第一款规定的"数额较大"；数额在五百万元以上的，应当认定为刑法第三百八十四条第一款规定的"数额巨大"。具有下列情形之一的，应当认定为刑法第三百八十四条第一款规定的"情节严重"：

（一）挪用公款数额在二百万元以上的；

（二）挪用救灾、抢险、防汛、优抚、扶贫、移民、救济特定款物，数额在一百万元以上不满二百万元的；

（三）挪用公款不退还，数额在一百万元以上不满二百万元的；

（四）其他严重的情节。

**第七条** 为谋取不正当利益，向国家工作人员行贿，数额在三万元以上的，应当依照刑法第三百九十条的规定以行贿罪追究刑事责任。

行贿数额在一万元以上不满三万元，具有下列情形之一的，应当依照刑法第三百九十条的规定以行贿罪追究刑事责任：

（一）向三人以上行贿的；

（二）将违法所得用于行贿的；

（三）通过行贿谋取职务提拔、调整的；

（四）向负有食品、药品、安全生产、环境保护等监督管理职责的国家工作人员行贿，实施非法活动的；

（五）向司法工作人员行贿，影响司法公正的；

（六）造成经济损失数额在五十万元以上不满一百万元的。

**第八条** 犯行贿罪，具有下列情形之一的，应当认定为刑法第三百九十条第一款规定的"情节严重"：

（一）行贿数额在一百万元以上不满五百万元的；

（二）行贿数额在五十万元以上不满一百万元，并具有本解释第七条第二款第一项至第五项规定的情形之一的；

（三）其他严重的情节。

为谋取不正当利益，向国家工作人员行贿，造成经济损失数额在一百万元以上不满五百万元的，应当认定为刑法第三百九十条第一款规定的"使国家利益遭受重大损失"。

**第九条** 犯行贿罪，具有下列情形之一的，应当认定为刑法第三百九十条第一款规定的"情节特别严重"：

（一）行贿数额在五百万元以上的；

（二）行贿数额在二百五十万元以上不满五百万元，并具有本解释第七条第二款第一项至第五项规定的情形之一的；

（三）其他特别严重的情节。

为谋取不正当利益，向国家工作人员行贿，造成经济损失数额在五百万元以上的，应当认定为刑法第三百九十条第一款规定的"使国家利益遭受特别重大损失"。

**第十条** 刑法第三百八十八条之一规定的利用影响力受贿罪的定罪量刑适用标准，参照本解释关于受贿罪的规定执行。

刑法第三百九十条之一规定的对有影响力的人行贿罪的定罪量刑适用标准，参照本解释关于行贿罪的规定执行。

单位对有影响力的人行贿数额在二十万元以上的，应当依照刑法第三百九十条之一的规定以对有影响力的人行贿罪追究刑事责任。

**第十一条** 刑法第一百六十三条规定的非国家工作人员受贿罪、第二百七十一条规定的职务侵占罪中的"数额较大""数额巨大"的数额起点，按照本解释关于受贿罪、贪污罪相对应的数额标准规定的二倍、五倍执行。

刑法第二百七十二条规定的挪用资金罪中的"数额较大""数额巨大"以及"进行非法活动"情形的数额起点，按照本解释关于挪用公款罪"数额较大""情节严重"以及"进行非法活动"的数额标准规定的二倍执行。

刑法第一百六十四条第一款规定的对非国家工作人员行贿罪中的"数额较大""数额巨大"的数额起点，按照本解释第七条、第八条第一款关于行贿罪的数额标准规定的二倍执行。

**第十二条** 贿赂犯罪中的"财物"，包括货币、物品和财产性利益。财产性利益包括可以折算为货币的物质利益如房屋装修、债务免除等，以及需要支付货币的其他利益如会员服务、旅游等。后者的犯罪数额，以实际支付或者应当支付的数额计算。

**第十三条** 具有下列情形之一的，应当认定为"为他人谋取利益"，构成犯罪的，应当依照刑法关于受贿犯罪的规定定罪处罚：

（一）实际或者承诺为他人谋取利益的；

（二）明知他人有具体请托事项的；

（三）履职时未被请托，但事后基于该履职事由收受他人财物的。

国家工作人员索取、收受具有上下级关系的下属或者具有行政管理关系的被管理人员的财物价值三万元以上，可能影响职权行使的，视为承诺为他人谋取利益。

**第十四条** 根据行贿犯罪的事实、情节，可能被判处三年有期徒刑以下刑罚的，可以认定为刑法第三百九十条第二款规定的"犯罪较轻"。

根据犯罪的事实、情节，已经或者可能被判处十年有期徒刑以上刑罚的，或者案件在本省、自治区、直辖市或者全国范围内有较大影响的，可以认定为刑法第三百九十条第二款规定的"重大案件"。

具有下列情形之一的，可以认定为刑法第三百九十条第二款规定的"对侦破重大案件起关键作用"：

（一）主动交待办案机关未掌握的重大案件线索的；

（二）主动交待的犯罪线索不属于重大案件的线索，但该线索对于重大案件侦破有重要作用的；

（三）主动交待行贿事实，对于重大案件的证据收集有重要作用的；

（四）主动交待行贿事实，对于重大案件的追逃、追赃有重要作用的。

**第十五条** 对多次受贿未经处理的，累计计算受贿数额。

国家工作人员利用职务上的便利为请托人谋取利益前后多次收受请托人财物，受请托之前收受的财物数额在一万元以上的，应当一并计入受贿数额。

第十六条  国家工作人员出于贪污、受贿的故意，非法占有公共财物、收受他人财物之后，将赃款赃物用于单位公务支出或者社会捐赠的，不影响贪污罪、受贿罪的认定，但量刑时可以酌情考虑。

特定关系人索取、收受他人财物，国家工作人员知道后未退还或者上交的，应当认定国家工作人员具有受贿故意。

第十七条  国家工作人员利用职务上的便利，收受他人财物，为他人谋取利益，同时构成受贿罪和刑法分则第三章第三节、第九章规定的渎职犯罪的，除刑法另有规定外，以受贿罪和渎职犯罪数罪并罚。

第十八条  贪污贿赂犯罪分子违法所得的一切财物，应当依照刑法第六十四条的规定予以追缴或者责令退赔，对被害人的合法财产应当及时返还。对尚未追缴到案或者尚未足额退赔的违法所得，应当继续追缴或者责令退赔。

第十九条  对贪污罪、受贿罪判处三年以下有期徒刑或者拘役的，应当并处十万元以上五十万元以下的罚金；判处三年以上十年以下有期徒刑的，应当并处二十万元以上犯罪数额二倍以下的罚金或者没收财产；判处十年以上有期徒刑或者无期徒刑的，应当并处五十万元以上犯罪数额二倍以下的罚金或者没收财产。

对刑法规定并处罚金的其他贪污贿赂犯罪，应当在十万元以上犯罪数额二倍以下判处罚金。

第二十条  本解释自 2016 年 4 月 18 日起施行。最高人民法院、最高人民检察院此前发布的司法解释与本解释不一致的，以本解释为准。

# 最高人民法院
# 关于审理消费民事公益诉讼案件
# 适用法律若干问题的解释

法释〔2016〕10 号

（2016 年 2 月 1 日最高人民法院审判委员会第 1677 次会议通过
2016 年 4 月 27 日公布　自 2016 年 5 月 1 日起施行）

为正确审理消费民事公益诉讼案件，根据《中华人民共和国民事诉讼法》《中华人民共和国侵权责任法》《中华人民共和国消费者权益保护法》等法律规定，结合审判实践，制定本解释。

**第一条**　中国消费者协会以及在省、自治区、直辖市设立的消费者协会，对经营者侵害众多不特定消费者合法权益或者具有危及消费者人身、财产安全危险等损害社会公共利益的行为提起消费民事公益诉讼的，适用本解释。

法律规定或者全国人大及其常委会授权的机关和社会组织提起的消费民事公益诉讼，适用本解释。

**第二条**　经营者提供的商品或者服务具有下列情形之一的，适用消费者权益保护法第四十七条规定：

（一）提供的商品或者服务存在缺陷，侵害众多不特定消费者合法权益的；

（二）提供的商品或者服务可能危及消费者人身、财产安全，未作出真实的说明和明确的警示，未标明正确使用商品或者接受服务的方法以及防止危害发生方法的；对提供的商品或者服务质量、性能、用途、有效期限等信息作虚假或引人误解宣传的；

（三）宾馆、商场、餐馆、银行、机场、车站、港口、影剧院、景区、娱乐场所等经营场所存在危及消费者人身、财产安全危险的；

（四）以格式条款、通知、声明、店堂告示等方式，作出排除或者限制消费者权利、减轻或者免除经营者责任、加重消费者责任等对消费者不公平、不合理规定的；

（五）其他侵害众多不特定消费者合法权益或者具有危及消费者人身、财产安全危险等损害社会公共利益的行为。

**第三条** 消费民事公益诉讼案件管辖适用《最高人民法院关于适用〈中华人民共和国民事诉讼法〉的解释》第二百八十五条的有关规定。

经最高人民法院批准，高级人民法院可以根据本辖区实际情况，在辖区内确定部分中级人民法院受理第一审消费民事公益诉讼案件。

**第四条** 提起消费民事公益诉讼应当提交下列材料：

（一）符合民事诉讼法第一百二十一条规定的起诉状，并按照被告人数提交副本；

（二）被告的行为侵害众多不特定消费者合法权益或者具有危及消费者人身、财产安全危险等损害社会公共利益的初步证据；

（三）消费者组织就涉诉事项已按照消费者权益保护法第三十七条第四项或者第五项的规定履行公益性职责的证明材料。

**第五条** 人民法院认为原告提出的诉讼请求不足以保护社会公共利益的，可以向其释明变更或者增加停止侵害等诉讼请求。

**第六条** 人民法院受理消费民事公益诉讼案件后，应当公告案件受理情况，并在立案之日起十日内书面告知相关行政主管部门。

**第七条** 人民法院受理消费民事公益诉讼案件后，依法可以提起诉讼的其他机关或者社会组织，可以在一审开庭前向人民法院申请参加诉讼。

人民法院准许参加诉讼的，列为共同原告；逾期申请的，不予准许。

**第八条** 有权提起消费民事公益诉讼的机关或者社会组织，可以依据民事诉讼法第八十一条规定申请保全证据。

**第九条** 人民法院受理消费民事公益诉讼案件后，因同一侵权行为受到损害的消费者申请参加诉讼的，人民法院应当告知其根据民事诉讼法第一百一十九条规定主张权利。

**第十条** 消费民事公益诉讼案件受理后，因同一侵权行为受到损害的消费者请求对其根据民事诉讼法第一百一十九条规定提起的诉讼予以中止，人民法院可以准许。

**第十一条** 消费民事公益诉讼案件审理过程中，被告提出反诉的，人民法院不予受理。

**第十二条** 原告在诉讼中承认对己方不利的事实，人民法院认为损害社会公共利益的，不予确认。

**第十三条** 原告在消费民事公益诉讼案件中，请求被告承担停止侵害、排除妨碍、消除危险、赔礼道歉等民事责任的，人民法院可予支持。

经营者利用格式条款或者通知、声明、店堂告示等，排除或者限制消费者权利、减轻或者免除经营者责任、加重消费者责任，原告认为对消费者不公平、不合理主张无效的，人民法院可予支持。

**第十四条** 消费民事公益诉讼案件裁判生效后，人民法院应当在十日内书面告知相关行政主管部门，并可发出司法建议。

**第十五条** 消费民事公益诉讼案件的裁判发生法律效力后，其他依法具有原告资格的机关或者社会组织就同一侵权行为另行提起消费民事公益诉讼的，人民法院不予受理。

**第十六条** 已为消费民事公益诉讼生效裁判认定的事实，因同一侵权行为受到损害的消费者根据民事诉讼法第一百一十九条规定提起的诉讼，原告、被告均无需举证证明，但当事人对该事实有异议并有相反证据足以推翻的除外。

消费民事公益诉讼生效裁判认定经营者存在不法行为，因同一侵权行为受到损害的消费者根据民事诉讼法第一百一十九条规定提起的诉讼，原告主张适用的，人民法院可予支持，但被告有相反证据足以推翻的除外。被告主张直接适用对其有利认定的，人民法院不予支持，被告仍应承担相应举证证明责任。

**第十七条** 原告为停止侵害、排除妨碍、消除危险采取合理预防、处置措施而发生的费用，请求被告承担的，人民法院可予支持。

**第十八条** 原告及其诉讼代理人对侵权行为进行调查、取证的合理费用、鉴定费用、合理的律师代理费用，人民法院可根据实际情况予以相应支持。

**第十九条** 本解释自 2016 年 5 月 1 日起施行。

本解释施行后人民法院新受理的一审案件，适用本解释。

本解释施行前人民法院已经受理、施行后尚未审结的一审、二审案件，以及本解释施行前已经终审、施行后当事人申请再审或者按照审判监督程序决定再审的案件，不适用本解释。

## 最高人民法院
# 关于发布第 12 批指导性案例的通知

2016 年 5 月 30 日 　　　　　　　　　　　法〔2016〕172 号

**各省、自治区、直辖市高级人民法院，解放军军事法院，新疆维吾尔自治区高级人民法院生产建设兵团分院：**

经最高人民法院审判委员会讨论决定，现将温州银行股份有限公司宁波分行诉浙江创菱电器有限公司等金融借款合同纠纷案等四个案例（指导案例 57—60 号），作为第 12 批指导性案例发布，供在审判类似案件时参照。

**指导案例 57 号**

## 温州银行股份有限公司宁波分行诉浙江
## 创菱电器有限公司等金融借款合同纠纷案

（最高人民法院审判委员会讨论通过　2016 年 5 月 20 日发布）

**关键词**　民事　金融借款合同　最高额担保
**裁判要点**

在有数份最高额担保合同情形下，具体贷款合同中选择性列明部分最高额担保合同，如债务发生在最高额担保合同约定的决算期内，且债权人未明示放弃担保权利，未列明的最高额担保合同的担保人也应当在最高债权限额内承担担保责任。

**相关法条**

《中华人民共和国担保法》第十四条

**基本案情**

原告浙江省温州银行股份有限公司宁波分行（以下简称温州银行）诉称：其与被告宁波婷微电子科技有限公司（以下简称婷微电子公司）、岑建锋、宁波三好塑模制造有限公司（以下简称三好塑模公司）分别签订了最高额保证合同，约定三被告为浙江创菱电器有限公司（以下简称创菱电器公司）一定时期和最高额度内借款提供连带责任担保。创菱电器公司从温州银行借款后，不能按期归还部分贷款，故诉请判令被告创菱电器公司归还原告借款本金 250 万元，支付利息、罚息和律师费用；岑建锋、三好塑模公司、婷微电子公司对上述债务承担连带保证责任。

被告创菱电器公司、岑建锋未作答辩。

被告三好塑模公司辩称：原告诉请的律师费不应支持。

被告婷微电子公司辩称：其与温州银行签订的最高额保证合同，并未被列入借款合同所约定的担保合同范围，故其不应承担保证责任。

法院经审理查明：2010 年 9 月 10 日，温州银行与婷微电子公司、岑建锋分别签订了编号为温银 9022010 年高保字 01003 号、01004 号的最高额保证合同，约定婷微电子公司、岑建锋自愿为创菱电器公司在 2010 年 9 月 10 日至 2011 年 10 月 18 日期间发生的余额不超过 1100 万元的债务本金及利息、罚息等提供连带责任保证担保。

2011 年 10 月 12 日，温州银行与岑建锋、三好塑模公司分别签署了编号为温银 9022011 年高保字 00808 号、00809 号最高额保证合同，岑建锋、三好塑模公司自愿为创菱电器公司在 2010 年 9 月 10 日至 2011 年 10 月 18 日期间发生的余额不超过 550 万元的债务本金及利息、罚息等提供连带责任保证担保。

2011 年 10 月 14 日，温州银行与创菱电器公司签署了编号为温银 9022011 企贷字 00542 号借款合同，约定温州银行向创菱电器公司发放贷款 500 万元，到期日为 2012 年 10 月 13 日，并列明担保合同编号分别为温银 9022011 年高保字 00808 号、00809 号。贷款发放后，创菱电器公司于 2012 年 8 月 6 日归还了借款本金 250 万元，婷微电子公司于 2012 年 6 月 29 日、10 月 31 日、11 月 30 日先后支付了贷款利息 31115.3 元、53693.71 元、21312.59 元。截至 2013 年 4 月 24 日，创菱电器公司尚欠借款本金 250 万元、利息 141509.01 元。另查明，温州银行为实现本案债权而发生律师费用 95200 元。

**裁判结果**

浙江省宁波市江东区人民法院于2013年12月12日作出（2013）甬东商初字第1261号民事判决：一、创菱电器公司于本判决生效之日起十日内归还温州银行借款本金250万元，支付利息141509.01元，并支付自2013年4月25日起至本判决确定的履行之日止按借款合同约定计算的利息、罚息；二、创菱电器公司于本判决生效之日起十日内赔偿温州银行为实现债权而发生的律师费用95200元；三、岑建锋、三好塑模公司、婷微电子公司对上述第一、二项款项承担连带清偿责任，其承担保证责任后，有权向创菱电器公司追偿。宣判后，婷微电子公司以其未被列入借款合同，不应承担保证责任为由，提起上诉。浙江省宁波市中级人民法院于2014年5月14日作出（2014）浙甬商终字第369号民事判决，驳回上诉，维持原判。

**裁判理由**

法院生效裁判认为：温州银行与创菱电器公司之间签订的编号为温银9022011企贷字00542号的借款合同合法有效，温州银行发放贷款后，创菱电器公司未按约还本付息，已经构成违约。原告要求创菱电器公司归还贷款本金250万元，支付按合同约定方式计算的利息、罚息，并支付原告为实现债权而发生的律师费95200元，应予支持。岑建锋、三好塑模公司自愿为上述债务提供最高额保证担保，应承担连带清偿责任，其承担保证责任后，有权向创菱电器公司追偿。

本案的争议焦点为，婷微电子公司签订的温银9022010年高保字01003号最高额保证合同未被选择列入温银9022011企贷字00542号借款合同所约定的担保合同范围，婷微电子公司是否应当对温银9022011企贷字00542号借款合同项下债务承担保证责任。对此，法院经审理认为，婷微电子公司应当承担保证责任。理由如下：第一，民事权利的放弃必须采取明示的意思表示才能发生法律效力，默示的意思表示只有在法律有明确规定及当事人有特别约定的情况下才能发生法律效力，不宜在无明确约定或者法律无特别规定的情况下，推定当事人对权利进行放弃。具体到本案，温州银行与创菱电器公司签订的温银9022011企贷字00542号借款合同虽未将婷微电子公司签订的最高额保证合同列入，但原告未以明示方式放弃婷微电子公司提供的最高额保证，故婷微电子公司仍是该诉争借款合同的最高额保证人。第二，本案诉争借款合同签订时间及贷款发放时间均在婷微电子公司签订的编号温银9022010年高保字01003号最高额保证合同约定的决算期内（2010 年 9 月 10 日至 2011 年 10 月 18 日），温州银行向婷微电子公司主张权利并未超过合同约定的保证期间，故婷微电子公司应依约在其承诺的最高债权限额内为创菱电器公司对温州银行的欠债承担连带保证责任。第三，最高额担保合同是债权人和担保人之间约定担保法律关系和相关权利义务关系的直接合同依据，不能以主合同内容取代从合同的内容。具体到本案，温州银行与婷微电子公司签订了最高额保证合同，双方的担保权利义务应以该合同为准，不受温州银行与创菱电器公司之间签订的温州银行非自然人借款合同约束或变更。第四，婷微电子公司曾于 2012 年 6 月、10 月、11 月三次归还过本案借款利息，上述行为也是婷微电子公司对本案借款履行保证责任的行为表征。综上，婷微电子公司应对创菱电器公司的上述债务承担连带清偿责任，其承担保证责任后，有权向创菱电器公司追偿。

（生效裁判审判人员：赵文君、徐梦梦、毛姣）

## 指导案例 58 号

### 成都同德福合川桃片有限公司诉重庆市合川区同德福桃片有限公司、余晓华侵害商标权及不正当竞争纠纷案

（最高人民法院审判委员会讨论通过　2016 年 5 月 20 日发布）

**关键词**　民事　侵害商标权　不正当竞争　老字号　虚假宣传

**裁判要点**

1. 与老字号无历史渊源的个人或企业将老字号或与其近似的字号注册为商标后，以老字号的历史进行宣传的，应认定为虚假宣传，构成不正当竞争。

2. 与老字号具有历史渊源的个人或企业在未违反诚实信用原则的前提下，将老字号注册为个体工商户字号或企业名称，未引人误认且未突出使用该字号的，不构成不正当竞争或侵犯注册商标专用权。

**相关法条**

《中华人民共和国商标法》第五十七条第（七）项

《中华人民共和国反不正当竞争法》第二条、第九条

**基本案情**

原告（反诉被告）成都同德福合川桃片食品有限公司（以下简称成都同德福公司）诉称，成都同德福公司为"同德福 TONGDEFU 及图"商标权人，余晓华先后成立的个体工商户和重庆市合川区同德福桃片有限公司（以下简称重庆同德福公司），在其字号及生产的桃片外包装上突出使用了"同德福"，侵害了原告享有的"同德福 TONGDEFU 及图"注册商标专用权并构成不正当竞争。请求法院判令重庆同德福公司、余晓华停止使用并注销含有"同德福"字号的企业名称；停止侵犯原告商标专用权的行为，登报赔礼道歉、消除影响，赔偿原告经济、商誉损失 50 万元及合理开支5066.4 元。

被告（反诉原告）重庆同德福公司、余晓华共同答辩并反诉称，重庆同德福公司的前身为始创于 1898 年的同德福斋铺，虽然同德福斋铺因公私合营而停止生产，但未中断独特技艺的代代相传。"同德福"第四代传人余晓华继承祖业先后注册了个体工商户和公司，规范使用其企业名称及字号，重庆同德福公司、余晓华的注册行为是善意的，不构成侵权。成都同德福公司与老字号"同德福"并没有直接的历史渊源，但其将"同德福"商标与老字号"同德福"进行关联的宣传，属于虚假宣传。而且，成都同德福公司擅自使用"同德福"知名商品名称，构成不正当竞争。请求法院判令成都同德福公司停止虚假宣传，在全国性报纸上登报消除影响；停止对"同德福"知名商品特有名称的侵权行为。

法院经审理查明：开业于 1898 年的同德福斋铺，在 1916 年至 1956 年期间，先后由余鸿春、余复光、余永祚三代人经营。在 20 世纪 20 年代至50 年代期间，"同德福"商号享有较高知名度。1956 年，由于公私合营，同德福斋铺停止经营。1998 年，合川市桃片厂温江分厂获准注册了第1215206 号"同德福 TONGDEFU 及图"商标，核定使用范围为第 30 类，即糕点、桃片（糕点）、可可产品、人造咖啡。2000 年 11 月 7 日，前述商标的注册人名义经核准变更为成都同德福公司。成都同德福公司的多种产品外包装使用了"老字号""百年老牌"字样、"'同德福牌'桃片简介：'同德福牌'桃片创制于清乾隆年间（或 1840 年），有着悠久的历史文化"

等字样。成都同德福公司网站中"公司简介"页面将《合川文史资料选辑（第二辑）》中关于同德福斋铺的历史用于其"同德福"牌合川桃片的宣传。

2002 年 1 月 4 日，余永祚之子余晓华注册个体工商户，字号名称为合川市老字号同德福桃片厂，经营范围为桃片、小食品自产自销。2007 年，其字号名称变更为重庆市合川区同德福桃片厂，后注销。2011 年 5 月 6 日，重庆同德福公司成立，法定代表人为余晓华，经营范围为糕点（烘烤类糕点、熟粉类糕点）生产，该公司是第 6626473 号"余复光 1898"图文商标、第 7587928 号"余晓华"图文商标的注册商标专用权人。重庆同德福公司的多种产品外包装使用了"老字号【同德福】商号，始创于清光绪 23 年（1898 年），历史悠久"等介绍同德福斋铺历史及获奖情况的内容，部分产品在该段文字后注明"以上文字内容摘自《合川县志》"，还有"【同德福】颂：同德福，在合川，驰名远，开百年，做桃片，四代传，品质高，价亦廉，讲诚信，无欺言，买卖公，热情谈""合川桃片""重庆市合川区同德福桃片有限公司"等字样。

**裁判结果**

重庆市第一中级人民法院于 2013 年 7 月 3 日作出（2013）渝一中法民初字第 00273 号民事判决：一、成都同德福公司立即停止涉案的虚假宣传行为；二、成都同德福公司就其虚假宣传行为于本判决生效之日起连续五日在其网站刊登声明消除影响；三、驳回成都同德福公司的全部诉讼请求；四、驳回重庆同德福公司、余晓华的其他反诉请求。一审宣判后，成都同德福公司不服，提起上诉。重庆市高级人民法院于 2013 年 12 月 17 日作出（2013）渝高法民终字 00292 号民事判决：驳回上诉，维持原判。

**裁判理由**

法院生效裁判认为：个体工商户余晓华及重庆同德福公司与成都同德福公司经营范围相似，存在竞争关系；其字号中包含"同德福"三个字与成都同德福公司的"同德福 TONGDEFU 及图"注册商标的文字部分相同，与该商标构成近似。其登记字号的行为是否构成不正当竞争关键在于该行为是否违反诚实信用原则。成都同德福公司的证据不足以证明"同德福 TONGDEFU 及图"商标已经具有相当知名度，即便他人将"同德福"登记为字号并规范使用，不会引起相关公众误认，因而不能说明余晓华将个体工商户字号注册为"同德福"具有"搭便车"的恶意。而且，在 20 世

152

纪 20 年代至 50 年代期间，"同德福"商号享有较高商誉。同德福斋铺先后由余鸿春、余复光、余永祚三代人经营，尤其是在余复光经营期间，同德福斋铺生产的桃片获得了较多荣誉。余晓华系余复光之孙、余永祚之子，基于同德福斋铺的商号曾经获得的知名度及其与同德福斋铺经营者之间的直系亲属关系，将个体工商户字号登记为"同德福"具有合理性。余晓华登记个体工商户字号的行为是善意的，并未违反诚实信用原则，不构成不正当竞争。基于经营的延续性，其变更个体工商户字号的行为以及重庆同德福公司登记公司名称的行为亦不构成不正当竞争。

从重庆同德福公司产品的外包装来看，重庆同德福公司使用的是企业全称，标注于外包装正面底部，"同德福"三字位于企业全称之中，与整体保持一致，没有以简称等形式单独突出使用，也没有为突出显示而采取任何变化，且整体文字大小、字形、颜色与其他部分相比不突出。因此，重庆同德福公司在产品外包装上标注企业名称的行为系规范使用，不构成突出使用字号，也不构成侵犯商标权。就重庆同德福公司标注"同德福颂"的行为而言，"同德福颂"四字相对于其具体内容（三十六字打油诗）字体略大，但视觉上形成一个整体。其具体内容系根据史料记载的同德福斋铺曾经在商品外包装上使用过的一段类似文字改编，意在表明"同德福"商号的历史和经营理念，并非为突出"同德福"三个字。且重庆同德福公司的产品外包装使用了多项商业标识，其中"合川桃片"集体商标特别突出，其自有商标也比较明显，并同时标注了"合川桃片"地理标志及重庆市非物质文化遗产，相对于这些标识来看，"同德福颂"及其具体内容仅属于普通描述性文字，明显不具有商业标识的形式，也不够突出醒目，客观上不容易使消费者对商品来源产生误认，亦不具备替代商标的功能。因此，重庆同德福公司标注"同德福颂"的行为不属于侵犯商标权意义上的"突出使用"，不构成侵犯商标权。

成都同德福公司的网站上登载的部分"同德福牌"桃片的历史及荣誉，与史料记载的同德福斋铺的历史及荣誉一致，且在其网站上标注了史料来源，但并未举证证明其与同德福斋铺存在何种联系。此外，成都同德福公司还在其产品外包装标明其为"百年老牌""老字号""始创于清朝乾隆年间"等字样，而其"同德福 TONGDEFU 及图"商标核准注册的时间是 1998 年，就其采取前述标注行为的依据，成都同德福公司亦未举证证明。成都同德福公司的前述行为与事实不符，容易使消费者对于其品牌的起源、历史及其与同德福斋铺的关系产生误解，进而取得竞争上的优势，构成虚假宣传，应承担相应的停止侵权、消除影响的民事责任。

（生效裁判审判人员：李剑、周露、宋黎黎）

## 指导案例 59 号

# 戴世华诉济南市公安消防支队消防验收纠纷案

（最高人民法院审判委员会讨论通过　2016 年 5 月 20 日发布）

**关键词**　行政诉讼　受案范围　行政确认　消防验收　备案结果通知

**裁判要点**

建设工程消防验收备案结果通知含有消防竣工验收是否合格的评定，具有行政确认的性质，当事人对公安机关消防机构的消防验收备案结果通知行为提起行政诉讼的，人民法院应当依法予以受理。

**相关法条**

《中华人民共和国消防法》第四条、第十三条

**基本案情**

原告戴世华诉称：原告所住单元一梯四户，其居住的 801 室坐东朝西，进户门朝外开启。距离原告门口 0.35 米处的南墙挂有高 1.6 米、宽 0.7 米、厚 0.25 米的消火栓。人员入室需后退避让，等门扇开启后再前行入室。原告的门扇开不到 60 至 70 度根本出不来。消防栓的设置和建设影响原告的生活。请求依法撤销被告济南市公安消防支队批准在其门前设置的消防栓通过验收的决定；依法判令被告责令报批单位依据国家标准限期整改。

被告济南市公安消防支队辩称：建设工程消防验收备案结果通知是按照建设工程消防验收评定标准完成工程检查，是检查记录的体现。如果备案结果合格，则表明建设工程是符合相关消防技术规范的；如果不合格，公安机关消防机构将依法采取措施，要求建设单位整改有关问题，其性质属于技术性验收，并不是一项独立、完整的具体行政行为，不具有可诉性，不属于人民法院行政诉讼的受案范围，请求驳回原告的起诉。

法院经审理查明：针对戴世华居住的馆驿街以南棚户区改造工程 1－8

号楼及地下车库工程，济南市公安消防支队对其消防设施抽查后，于 2011 年 11 月 21 日作出济公消验备［2011］第 0172 号《建设工程消防验收备案结果通知》。

**裁判结果**

济南高新技术产业开发区人民法院于 2012 年 11 月 13 日作出（2012）高行初字第 2 号行政裁定，驳回原告戴世华的起诉。戴世华不服一审裁定提起上诉。济南市中级人民法院经审理，于 2013 年 1 月 17 日作出（2012）济行终字第 223 号行政裁定：一、撤销济南高新技术产业开发区人民法院作出的（2012）高行初字第 2 号行政裁定；二、本案由济南高新技术产业开发区人民法院继续审理。

**裁判理由**

法院生效裁判认为：关于行为的性质。《中华人民共和国消防法》（以下简称《消防法》）第四条规定："县级以上地方人民政府公安机关对本行政区域内的消防工作实施监督管理，并由本级人民政府公安机关消防机构负责实施。"《公安部建设工程消防监督管理规定》第三条第二款规定："公安机关消防机构依法实施建设工程消防设计审核、消防验收和备案、抽查，对建设工程进行消防监督。"第二十四条规定："对本规定第十三条、第十四条规定以外的建设工程，建设单位应当在取得施工许可、工程竣工验收合格之日起七日内，通过省级公安机关消防机构网站进行消防设计、竣工验收消防备案，或者到公安机关消防机构业务受理场所进行消防设计、竣工验收消防备案。"上述规定表明，建设工程消防验收备案就是特定的建设工程施工人向公安机关消防机构报告工程完成验收情况，消防机构予以登记备案，以供消防机构检查和监督，备案行为是公安机关消防机构对建设工程实施消防监督和管理的行为。消防机构实施的建设工程消防备案、抽查的行为具有行使行政职权的性质，体现出国家意志性、法律性、公益性、专属性和强制性，备案结果通知是备案行为的组成部分，是备案行为结果的具体表现形式，也具有上述行政职权的特性，应该纳入司法审查的范围。

关于行为的后果。《消防法》第十三条规定："按照国家工程建设消防技术标准需要进行消防设计的建设工程竣工，依照下列规定进行消防验收、备案：……（二）其他建设工程，建设单位在验收后应当报公安机关消防机构备案，公安机关消防机构应当进行抽查。依法应当进行消防验收的建设工程，未经消防验收或者消防验收不合格的，禁止投入使用；其他建设工程经依法抽查不合格的，应当停止使用。"公安部《建设工程消防监督管理规定》第二十五条规定："公安机关消防机构应当在已经备案的消防设计、竣工验收工程中，随机确定检查对象并向社会公告。对确定为检查对象的，公安机关消防机构应当在二十日内按照消防法规和国家工程建设消防技术标准完成图纸检查，或者按照建设工程消防验收评定标准完成工程检查，制作检查记录。检查结果应当向社会公告，检查不合格的，还应当书面通知建设单位。建设单位收到通知后，应当停止施工或者停止使用，组织整改后向公安机关消防机构申请复查。公安机关消防机构应当在收到书面申请之日起二十日内进行复查并出具书面复查意见。"上述规定表明，在竣工验收备案行为中，公安机关消防机构并非仅仅是简单地接受建设单位向其报送的相关资料，还要对备案资料进行审查，完成工程检查。消防机构实施的建设工程消防备案、抽查的行为能产生行政法上的拘束力。对建设单位而言，在工程竣工验收后应当到公安机关消防机构进行验收备案，否则，应当承担相应的行政责任，消防设施经依法抽查不合格的，应当停止使用，并组织整改；对公安机关消防机构而言，备案结果中有抽查是否合格的评定，实质上是一种行政确认行为，即公安机关消防机构对行政相对人的法律事实、法律关系予以认定、确认的行政行为，一旦消防设施被消防机构评定为合格，那就视为消防机构在事实上确认了消防工程质量合格，行政相关人也将受到该行为的拘束。

据此，法院认为作出建设工程消防验收备案通知，是对建设工程消防设施质量监督管理的最后环节，备案结果通知含有消防竣工验收是否合格的评定，具有行政确认的性质，是公安机关消防机构作出的具体行政行为。备案手续的完成能产生行政法上的拘束力。故备案行为是可诉的行政行为，人民法院可以对其进行司法审查。原审裁定认为建设工程消防验收备案结果通知性质属于技术性验收通知，不是具体行政行为，并据此驳回上诉人戴世华的起诉，确有不当。

（生效裁判审判人员：张极峰、孙继发、单蕾）

## 指导案例 60 号

## 盐城市奥康食品有限公司东台分公司诉盐城市东台工商行政管理局工商行政处罚案

（最高人民法院审判委员会讨论通过　2016 年 5 月 20 日发布）

**关键词**　行政　行政处罚　食品安全标准　食品标签　食品说明书

**裁判要点**

1. 食品经营者在食品标签、食品说明书上特别强调添加、含有一种或多种有价值、有特性的配料、成分，应标示所强调配料、成分的添加量或含量，未标示的，属于违反《中华人民共和国食品安全法》的行为，工商行政管理部门依法对其实施行政处罚的，人民法院应予支持。

2. 所谓"强调"，是指通过名称、色差、字体、字号、图形、排列顺序、文字说明、同一内容反复出现或多个内容都指向同一事物等形式进行着重标识。所谓"有价值、有特性的配料"，是指不同于一般配料的特殊配料，对人体有较高的营养作用，其市场价格、营养成分往往高于其他配料。

**相关法条**

《中华人民共和国食品安全法》第二十条、第四十二条第一款（该法于 2015 年 4 月 24 日修订，新法相关法条为第二十六条、第六十七条第一款）

**基本案情**

原告盐城市奥康食品有限公司东台分公司（以下简称奥康公司）诉称：2012 年 5 月 15 日，被告盐城市东台工商行政管理局（以下简称东台工商局）作出东工商案字［2012］第 00298 号《行政处罚决定书》，认定原告销售的金龙鱼橄榄原香食用调和油没有标明橄榄油的含量，违反了 GB7718—2004《预包装食品标签通则》的规定，责令其改正，并处以合计 60000 元的罚没款。原告认为，其经营的金龙鱼橄榄原香食用调和油标签上的"橄榄原香"是对产品物理属性的客观描述，并非对某种配料的强调，不需要标明含量或者添加量。橄榄油是和其他配料菜籽油、大豆油相同的普通食用油配料，并无特殊功效或价值，不是"有价值、有特性的配料"。本案应适用《中华人民共和国食品安全法》（以下简称《食品安法》）规定的国务院卫生行政部门颁布的食品安全国家标准，而被告适用的 GB7718—2004《预包装食品标签通则》并不是食品安全国家标准，适用法律错误。综上，请求法院判决撤销被告对其作出的涉案行政处罚决定书。

被告东台工商局辩称：原告奥康公司经营的金龙鱼牌橄榄原香食用调和油标签正面突出"橄榄"二字，配有橄榄图形，吊牌写明"添加了来自意大利的 100% 特级初榨橄榄油"，但未注明添加量，这就属于食品标签上特别强调添加某种有价值、有特性配料而未标示添加量的情形。GB7718—2004《预包装食品标签通则》作为食品标签强制性标准，在《食品安全法》生效后，即被视为食品安全标准之一，直至被 GB7718—2011《预包装食品标签管理通则》替代。因此，其所作出的行政处罚决定定性准确，合理适当，程序合法，请求法院予以维持。

法院经审理查明：2011 年 9 月 1 日至 2012 年 2 月 29 日，奥康公司购进净含量 5 升的金龙鱼牌橄榄原香食用调和油 290 瓶，加价销售给千家惠超市，获得销售收入 34800 元，净利润 2836.9 元。2012 年 2 月 21 日，东台工商局行政执法人员在千家惠超市检查时，发现上述金龙鱼牌橄榄原香食用调和油未标示橄榄油的添加量。上述金龙鱼牌橄榄原香食用调和油名称为"橄榄原香食用调和油"，其标签上有"橄榄"二字，配有橄榄图形，标签侧面标示"配料：菜籽油、大豆油、橄榄油"等内容，吊牌上写明："金龙鱼橄榄原香食用调和油，添加了来自意大利的 100% 特级初榨橄榄油，洋溢着淡淡的橄榄果清香。除富含多种维生素、单不饱和脂肪酸等健康物质外，其橄榄原生精华含有多本酚等天然抗氧化成分，满足自然健康的高品质生活追求。"

东台工商局于 2012 年 2 月 27 日立案调查，并于 5 月 9 日向原告奥康公司送达行政处罚听证告知书。原告在法定期限内未提出陈述和申辩，也未要求举行听证。5 月 15 日被告向原告送达东工商案字〔2012〕第 298 号行政处罚决定书，认定原告经营标签不符合《食品安全法》规定的食品，属于食品标签上特别强调添加某种有价值、有特性配料而未标示添加量的情形，依照《中华人民共和国行政处罚法》《食品安全法》规定，作出责令改正、没收违法所得 2836.9 元和罚款 57163.1 元，合计罚没款 60000 元的行政处罚。原告不服，申请行政复议，盐城市工商行政管理局复议维持该处罚决定。

**裁判结果**

江苏省东台市人民法院于 2012 年 12 月 15 日作出（2012）东行初字第 0068 号行政判决：维持东台工商局 2012 年 5 月 15 日作出的东工商案字［2012］第 00298 号《行政处罚决定书》。宣判后，奥康公司向江苏省盐城市中级人民法院提起上诉。江苏省盐城市中级人民法院于 2013 年 5 月 9 日作出（2013）盐行终字第 0032 号行政判决，维持一审判决。

**裁判理由**

法院生效裁判认为：《食品安全法》第二十条第四项规定，食品安全标准应当包括对与食品安全、营养有关的标签、标识、说明书的要求。第二十二条规定，本法规定的食品安全国家标准公布前，食品生产经营者应当按照现行食用农产品质量安全标准、食品卫生标准、食品质量标准和有关食品的行业标准生产经营食品。GB7718—2004《预包装食品标签通则》由国家质量监督检验检疫总局和国家标准化管理委员会制定，于 2005 年 10 月 1 日实施；《食品安全法》于 2009 年 6 月 1 日实施，新版的 GB7718—2011《预包装食品标签管理通则》是由国务院卫生行政部门制定，且明确是食品安全国家标准，于 2012 年 4 月 20 日实施。本案原告奥康公司违法行为发生在 2011 年 9 月至 2012 年 2 月，GB7718—2004《预包装食品标签通则》属于当时的食品安全国家标准之一。因此，被告东台工商局适用 GB7718—2004《预包装食品标签通则》对原告作出行政处罚，并无不当。

GB7718—2004《预包装食品标签通则》规定："预包装食品标签的所有内容，不得以虚假、使消费者误解或欺骗性的文字、图形等方式介绍食品；也不得利用字号大小或色差误导消费者。""如果在食品标签或食品说明书上特别强调添加了某种或数种有价值、有特性的配料，应标示所强调配料的添加量。"这里所指的"强调"，是特别着重或着重提出，一般意义上，通过名称、色差、字体、字号、图形、排列顺序、文字说明、同一内容反复出现或多个内容都指向同一事物等形式表现，均可理解为对某事物的强调。"有价值、有特性的配料"，是指对人体有较高的营养作用，配料本身不同于一般配料的特殊配料。通常理解，此种配料的市场价格或营养成分应高于其他配料。本案中，原告奥康公司认为"橄榄原香"是对产品物理属性的客观描述，并非对某种配料的强调，但从原告销售的金龙鱼牌橄榄原香食用调和油的外包装来看，其标签上以图形、字体、文字说明等方式突出了"橄榄"二字，强调了该食用调和油添加了橄榄油的配料，且在吊牌（食品标签的组成部分）上有"添加了来自意大利的 100％ 特级初榨橄榄油"等文字叙述，显而易见地向消费者强调该产品添加了橄榄油的配料，该做法本身实际上就是强调"橄榄"在该产品中的价值和特性。一般来说，橄榄油的市场价格或营养作用均高于一般的大豆油、菜籽油等，因此，如在食用调和油中添加了橄榄油，可以认定橄榄油是"有价值、有特性的配料"。因此，奥康公司未标示橄榄油的添加量，属于违反食品安全标准的行为。东台工商局所作行政处罚决定具有事实和法律依据，应予维持。

（生效裁判审判人员：刘红、王为华、周和）

## 最高人民法院
# 关于适用刑事诉讼法第二百二十五条第二款
# 有关问题的批复

法释〔2016〕13号

(2016年6月6日最高人民法院审判委员会第1686次会议通过
2016年6月23日公布 自2016年6月24日起施行)

河南省高级人民法院：

你院关于适用《中华人民共和国刑事诉讼法》第二百二十五条第二款有关问题的请示收悉。经研究，批复如下：

一、对于最高人民法院依据《中华人民共和国刑事诉讼法》第二百三十九条和《最高人民法院关于适用〈中华人民共和国刑事诉讼法〉的解释》第三百五十三条裁定不予核准死刑，发回第二审人民法院重新审判的案件，无论此前第二审人民法院是否曾以原判决事实不清楚或者证据不足为由发回重新审判，原则上不得再发回第一审人民法院重新审判；有特殊情况确需发回第一审人民法院重新审判的，需报请最高人民法院批准。

二、对于最高人民法院裁定不予核准死刑，发回第二审人民法院重新审判的案件，第二审人民法院根据案件特殊情况，又发回第一审人民法院重新审判的，第一审人民法院作出判决后，被告人提出上诉或者人民检察院提出抗诉的，第二审人民法院应当依法作出判决或者裁定，不得再发回重新审判。

此复。

# 最高人民法院
# 关于人民法院特邀调解的规定

法释〔2016〕14 号

（2016 年 5 月 23 日最高人民法院审判委员会第 1684 次会议通过
2016 年 6 月 28 日公布　自 2016 年 7 月 1 日起施行）

为健全多元化纠纷解决机制，加强诉讼与非诉讼纠纷解决方式的有效衔接，规范人民法院特邀调解工作，维护当事人合法权益，根据《中华人民共和国民事诉讼法》《中华人民共和国人民调解法》等法律及相关司法解释，结合人民法院工作实际，制定本规定。

**第一条**　特邀调解是指人民法院吸纳符合条件的人民调解、行政调解、商事调解、行业调解等调解组织或者个人成为特邀调解组织或者特邀调解员，接受人民法院立案前委派或者立案后委托依法进行调解，促使当事人在平等协商基础上达成调解协议、解决纠纷的一种调解活动。

**第二条**　特邀调解应当遵循以下原则：

（一）当事人平等自愿；

（二）尊重当事人诉讼权利；

（三）不违反法律、法规的禁止性规定；

（四）不损害国家利益、社会公共利益和他人合法权益；

（五）调解过程和调解协议内容不公开，但是法律另有规定的除外。

**第三条**　人民法院在特邀调解工作中，承担以下职责：

（一）对适宜调解的纠纷，指导当事人选择名册中的调解组织或者调解员先行调解；

（二）指导特邀调解组织和特邀调解员开展工作；

（三）管理特邀调解案件流程并统计相关数据；

（四）提供必要场所、办公设施等相关服务；

（五）组织特邀调解员进行业务培训；

（六）组织开展特邀调解业绩评估工作；

（七）承担其他与特邀调解有关的工作。

**第四条** 人民法院应当指定诉讼服务中心等部门具体负责指导特邀调解工作，并配备熟悉调解业务的工作人员。

人民法庭根据需要开展特邀调解工作。

**第五条** 人民法院开展特邀调解工作应当建立特邀调解组织和特邀调解员名册。建立名册的法院应当为入册的特邀调解组织或者特邀调解员颁发证书，并对名册进行管理。上级法院建立的名册，下级法院可以使用。

**第六条** 依法成立的人民调解、行政调解、商事调解、行业调解及其他具有调解职能的组织，可以申请加入特邀调解组织名册。品行良好、公道正派、热心调解工作并具有一定沟通协调能力的个人可以申请加入特邀调解员名册。

人民法院可以邀请符合条件的调解组织加入特邀调解组织名册，可以邀请人大代表、政协委员、人民陪审员、专家学者、律师、仲裁员、退休法律工作者等符合条件的个人加入特邀调解员名册。

特邀调解组织应当推荐本组织中适合从事特邀调解工作的调解员加入名册，并在名册中列明；在名册中列明的调解员，视为人民法院特邀调解员。

**第七条** 特邀调解员在入册前和任职期间，应当接受人民法院组织的业务培训。

**第八条** 人民法院应当在诉讼服务中心等场所提供特邀调解组织和特邀调解员名册，并在法院公示栏、官方网站等平台公开名册信息，方便当事人查询。

**第九条** 人民法院可以设立家事、交通事故、医疗纠纷等专业调解委员会，并根据特定专业领域的纠纷特点，设定专业调解委员会的入册条件，规范专业领域特邀调解程序。

**第十条** 人民法院应当建立特邀调解组织和特邀调解员业绩档案，定期组织开展特邀调解评估工作，并及时更新名册信息。

**第十一条** 对适宜调解的纠纷，登记立案前，人民法院可以经当事人同意委派给特邀调解组织或者特邀调解员进行调解；登记立案后或者在审理过程中，可以委托给特邀调解组织或者特邀调解员进行调解。

当事人申请调解的，应当以口头或者书面方式向人民法院提出；当事人口头提出的，人民法院应当记入笔录。

第十二条　双方当事人应当在名册中协商确定特邀调解员；协商不成的，由特邀调解组织或者人民法院指定。当事人不同意指定的，视为不同意调解。

第十三条　特邀调解一般由一名调解员进行。对于重大、疑难、复杂或者当事人要求由两名以上调解员共同调解的案件，可以由两名以上调解员调解，并由特邀调解组织或者人民法院指定一名调解员主持。当事人有正当理由的，可以申请更换特邀调解员。

第十四条　调解一般应当在人民法院或者调解组织所在地进行，双方当事人也可以在征得人民法院同意的情况下选择其他地点进行调解。

特邀调解组织或者特邀调解员接受委派或者委托调解后，应当将调解时间、地点等相关事项及时通知双方当事人，也可以通知与纠纷有利害关系的案外人参加调解。

调解程序开始之前，特邀调解员应当告知双方当事人权利义务、调解规则、调解程序、调解协议效力、司法确认申请等事项。

第十五条　特邀调解员有下列情形之一的，当事人有权申请回避：

（一）是一方当事人或者其代理人近亲属的；

（二）与纠纷有利害关系的；

（三）与纠纷当事人、代理人有其他关系，可能影响公正调解的。

特邀调解员有上述情形的，应当自行回避；但是双方当事人同意由该调解员调解的除外。

特邀调解员的回避由特邀调解组织或者人民法院决定。

第十六条　特邀调解员不得在后续的诉讼程序中担任该案的人民陪审员、诉讼代理人、证人、鉴定人以及翻译人员等。

第十七条　特邀调解员应当根据案件具体情况采用适当的方法进行调解，可以提出解决争议的方案建议。特邀调解员为促成当事人达成调解协议，可以邀请对达成调解协议有帮助的人员参与调解。

第十八条　特邀调解员发现双方当事人存在虚假调解可能的，应当中止调解，并向人民法院或者特邀调解组织报告。

人民法院或者特邀调解组织接到报告后，应当及时审查，并依据相关规定作出处理。

第十九条　委派调解达成调解协议，特邀调解员应当将调解协议送达双方当事人，并提交人民法院备案。

委派调解达成的调解协议，当事人可以依照民事诉讼法、人民调解法等法律申请司法确认。当事人申请司法确认的，由调解组织所在地或者委派调解的基层人民法院管辖。

第二十条　委托调解达成调解协议，特邀调解员应当向人民法院提交调解协议，由人民法院审查并制作调解书结案。达成调解协议后，当事人申请撤诉的，人民法院应当依法作出裁定。

第二十一条　委派调解未达成调解协议的，特邀调解员应当将当事人的起诉状等材料移送人民法院；当事人坚持诉讼的，人民法院应当依法登记立案。

委托调解未达成调解协议的，转入审判程序审理。

第二十二条　在调解过程中，当事人为达成调解协议作出妥协而认可的事实，不得在诉讼程序中作为对其不利的根据，但是当事人均同意的除外。

第二十三条　经特邀调解组织或者特邀调解员调解达成调解协议的，可以制作调解协议书。当事人认为无需制作调解协议书的，可以采取口头协议方式，特邀调解员应当记录协议内容。

第二十四条　调解协议书应当记载以下内容：

（一）当事人的基本情况；

（二）纠纷的主要事实、争议事项；

（三）调解结果。

双方当事人和特邀调解员应当在调解协议书或者调解笔录上签名、盖章或者捺印；由特邀调解组织主持达成调解协议的，还应当加盖调解组织印章。

委派调解达成调解协议，自双方当事人签名、盖章或者捺印后生效。委托调解达成调解协议，根据相关法律规定确定生效时间。

第二十五条　委派调解达成调解协议后，当事人就调解协议的履行或者调解协议的内容发生争议的，可以向人民法院提起诉讼，人民法院应当受理。一方当事人以原纠纷向人民法院起诉，对方当事人以调解协议提出抗辩的，应当提供调解协议书。

经司法确认的调解协议，一方当事人拒绝履行或者未全部履行的，对方当事人可以向人民法院申请执行。

**第二十六条** 有下列情形之一的，特邀调解员应当终止调解：

（一）当事人达成调解协议的；

（二）一方当事人撤回调解请求或者明确表示不接受调解的；

（三）特邀调解员认为双方分歧较大且难以达成调解协议的；

（四）其他导致调解难以进行的情形。

特邀调解员终止调解的，应当向委派、委托的人民法院书面报告，并移送相关材料。

**第二十七条** 人民法院委派调解的案件，调解期限为30日。但是双方当事人同意延长调解期限的，不受此限。

人民法院委托调解的案件，适用普通程序的调解期限为15日，适用简易程序的调解期限为7日。但是双方当事人同意延长调解期限的，不受此限。延长的调解期限不计入审理期限。

委派调解和委托调解的期限自特邀调解组织或者特邀调解员签字接收法院移交材料之日起计算。

**第二十八条** 特邀调解员不得有下列行为：

（一）强迫调解；

（二）违法调解；

（三）接受当事人请托或收受财物；

（四）泄露调解过程或调解协议内容；

（五）其他违反调解员职业道德的行为。

当事人发现存在上述情形的，可以向人民法院投诉。经审查属实的，人民法院应当予以纠正并作出警告、通报、除名等相应处理。

**第二十九条** 人民法院应当根据实际情况向特邀调解员发放误工、交通等补贴，对表现突出的特邀调解组织和特邀调解员给予物质或者荣誉奖励。补贴经费应当纳入人民法院专项预算。

人民法院可以根据有关规定向有关部门申请特邀调解专项经费。

**第三十条** 本规定自2016年7月1日起施行。

最高人民法院

# 关于人民法院进一步深化多元化纠纷
# 解决机制改革的意见

2016 年 6 月 28 日                              法发〔2016〕14 号

深入推进多元化纠纷解决机制改革，是人民法院深化司法改革、实现司法为民公正司法的重要举措，是实现国家治理体系和治理能力现代化的重要内容，是促进社会公平正义、维护社会和谐稳定的必然要求。为贯彻落实《中共中央关于全面推进依法治国若干重大问题的决定》以及中共中央办公厅、国务院办公厅《关于完善矛盾纠纷多元化解机制的意见》，现就人民法院进一步深化多元化纠纷解决机制改革、完善诉讼与非诉讼相衔接的纠纷解决机制提出如下意见。

## 一、指导思想、主要目标和基本原则

1. 指导思想。全面贯彻党的十八大和十八届三中、四中、五中全会精神，以邓小平理论、"三个代表"重要思想、科学发展观为指导，深入贯彻习近平总书记系列重要讲话精神，紧紧围绕协调推进"四个全面"战略布局和五大发展理念，主动适应经济发展新常态，以体制机制创新为动力，有效化解各类纠纷，不断满足人民群众多元司法需求，实现人民安居乐业、社会安定有序。

2. 主要目标。根据"国家制定发展战略、司法发挥引领作用、推动国家立法进程"的工作思路，建设功能完备、形式多样、运行规范的诉调对接平台，畅通纠纷解决渠道，引导当事人选择适当的纠纷解决方式；合理配置纠纷解决的社会资源，完善和解、调解、仲裁、公证、行政裁决、行政复议与诉讼有机衔接、相互协调的多元化纠纷解决机制；充分发挥司法在多元化纠纷解决机制建设中的引领、推动和保障作用，为促进经济社会持续健康发展、全面建成小康社会提供有力的司法保障。

3. 基本原则。

——坚持党政主导、综治协调、多元共治，构建各方面力量共同参与纠纷解决的工作格局。

——坚持司法引导、诉调对接、社会协同，形成社会多层次多领域齐抓共管的解纷合力。

——坚持优化资源、完善制度、法治保障，提升社会组织解决纠纷的法律效果。

——坚持以人为本、自愿合法、便民利民，建立高效便捷的诉讼服务和纠纷解决机制。

——坚持立足国情、合理借鉴、改革创新，完善具有中国特色的多元化纠纷解决体系。

## 二、加强平台建设

4. 完善平台设置。各级人民法院要将诉调对接平台建设与诉讼服务中心建设结合起来，建立集诉讼服务、立案登记、诉调对接、涉诉信访等多项功能为一体的综合服务平台。人民法院应当配备专门人员从事诉调对接工作，建立诉调对接长效工作机制，根据辖区受理案件的类型，引入相关调解、仲裁、公证等机构或者组织在诉讼服务中心等部门设立调解工作室、服务窗口，也可以在纠纷多发领域以及基层乡镇（街道）、村（社区）等派驻人员指导诉调对接工作。

5. 明确平台职责。人民法院诉调对接平台负责以下工作：对诉至法院的纠纷进行适当分流，对适宜调解的纠纷引导当事人选择非诉讼方式解决；开展委派调解、委托调解；办理司法确认案件；负责特邀调解组织、特邀调解员名册管理；加强对调解工作的指导，推动诉讼与非诉讼纠纷解决方式在程序安排、效力确认、法律指导等方面的有机衔接，健全人民调解、行政调解、商事调解、行业调解、司法调解等的联动工作体系。

6. 完善与综治组织的对接。人民法院可以依托社会治安综合治理平台，建立矛盾纠纷排查化解对接机制；对群体性纠纷、重大案件及时进行通报反馈和应急处理，建立定期或不定期的联席会议制度，形成信息互通、优势互补、协作配合的纠纷解决互动机制。

7. 加强与行政机关的对接。人民法院要加强与行政机关的沟通协调，促进诉讼与行政调解、行政复议、行政裁决等机制的对接。支持行政机关根据当事人申请或者依职权进行调解、裁决，或者依法作出其他处理。在治安管理、社会保障、交通事故赔偿、医疗卫生、消费者权益保护、物业管理、环境污染、知识产权、证券期货等重点领域，支持行政机关或者行政调解组织依法开展行政和解、行政调解工作。

8. 加强与人民调解组织的对接。不断完善对人民调解工作的指导，推进人民调解组织的制度化、规范化建设，进一步扩大人民调解组织协助人民法院解决纠纷的范围和规模。支持在纠纷易发多发领域创新发展行业性、专业性人民调解组织，建立健全覆盖城乡的调解组织网络，发挥人民调解组织及时就地解决民间纠纷、化解基层矛盾、维护基层稳定的基础性作用。

9. 加强与商事调解组织、行业调解组织的对接。积极推动具备条件的商会、行业协会、调解协会、民办非企业单位、商事仲裁机构等设立商事调解组织、行业调解组织，在投资、金融、证券期货、保险、房地产、工程承包、技术转让、环境保护、电子商务、知识产权、国际贸易等领域提供商事调解服务或者行业调解服务。完善调解规则和对接程序，发挥商事调解组织、行业调解组织专业化、职业化优势。

10. 加强与仲裁机构的对接。积极支持仲裁制度改革，加强与商事仲裁机构、劳动人事争议仲裁机构、农村土地承包仲裁机构等的沟通联系。尊重商事仲裁规律和仲裁规则，及时办理仲裁机构的保全申请，依照法律规定处理撤销和不予执行仲裁裁决案件，规范涉外和外国商事仲裁裁决司法审查程序。支持完善劳动人事争议仲裁办案制度，加强劳动人事争议仲裁与诉讼的有效衔接，探索建立裁审标准统一的新规则、新制度。加强对农村土地承包经营纠纷调解仲裁的支持和保障，实现涉农纠纷仲裁与诉讼的合理衔接，及时审查和执行农村土地承包仲裁机构作出的裁决书或者调解书。

11. 加强与公证机构的对接。支持公证机构对法律行为、事实和文书依法进行核实和证明，支持公证机构对当事人达成的债权债务合同以及具有给付内容的和解协议、调解协议办理债权文书公证，支持公证机构在送达、取证、保全、执行等环节提供公证法律服务，在家事、商事等领域开展公证活动或者调解服务。依法执行公证债权文书。

12. 支持工会、妇联、共青团、法学会等组织参与纠纷解决。支持工会、妇联、共青团参与解决劳动争议、婚姻家庭以及妇女儿童权益等纠纷。支持法学会动员组织广大法学工作者、法律工作者参与矛盾纠纷化解，开展法律咨询服务和调解工作。支持其他社团组织参与解决与其职能相关的纠纷。

13. 发挥其他社会力量的作用。充分发挥人大代表、政协委员、专家学者、律师、专业技术人员、基层组织负责人、社区工作者、网格管理员、"五老人员"（老党员、老干部、老教师、老知识分子、老政法干警）等参与纠纷解决的作用。支持心理咨询师、婚姻家庭指导师、注册会计师、大学生志愿者等为群众提供心理疏导、评估、鉴定、调解等服务。支持完善公益慈善类、城乡社区服务类社会组织建设，鼓励其参与纠纷解决。

14. 加强"一站式"纠纷解决平台建设。在道路交通、劳动争议、医疗卫生、物业管理、消费者权益保护、土地承包、环境保护以及其他纠纷多发领域，人民法院可以与行政机关、人民调解组织、行业调解组织等进行资源整合，推进建立"一站式"纠纷解决服务平台，切实减轻群众负担。

15. 创新在线纠纷解决方式。根据"互联网＋"战略要求，推广现代信息技术在多元化纠纷解决机制中的运用。推动建立在线调解、在线立案、在线司法确认、在线审判、电子督促程序、电子送达等为一体的信息平台，实现纠纷解决的案件预判、信息共享、资源整合、数据分析等功能，促进多元化纠纷解决机制的信息化发展。

16. 推动多元化纠纷解决机制的国际化发展。充分尊重中外当事人法律文化的多元性，支持其自愿选择调解、仲裁等非诉讼方式解决纠纷。进一步加强我国与其他国家和地区司法机构、仲裁机构、调解组织的交流和合作，提升我国纠纷解决机制的国际竞争力和公信力。发挥各种纠纷解决方式的优势，不断满足中外当事人纠纷解决的多元需求，为国家"一带一路"等重大战略的实施提供司法服务与保障。

## 三、健全制度建设

17. 健全特邀调解制度。人民法院可以吸纳人民调解、行政调解、商事调解、行业调解或者其他具有调解职能的组织作为特邀调解组织，吸纳人大代表、政协委员、人民陪审员、专家学者、律师、仲裁员、退休法律工作者等具备条件的个人担任特邀调解员。明确特邀调解组织或者特邀调解员的职责范围，制定特邀调解规定，完善特邀调解程序，健全名册管理制度，加强特邀调解队伍建设。

18. 建立法院专职调解员制度。人民法院可以在诉讼服务中心等部门配备专职调解员，由擅长调解的法官或者司法辅助人员担任，从事调解指导工作和登记立案后的委托调解工作。法官主持达成调解协议的，依法出具调解书；司法辅助人员主持达成调解协议的，应当经法官审查后依法出具调解书。

19. 推动律师调解制度建设。人民法院加强与司法行政部门、律师协会、律师事务所以及法律援助中心的沟通联系，吸纳律师加入人民法院特邀调解员名册，探索建立律师调解工作室，鼓励律师参与纠纷解决。支持律师加入各类调解组织担任调解员，或者在律师事务所设置律师调解员，充分发挥律师专业化、职业化优势。建立律师担任调解员的回避制度，担任调解员的律师不得担任同一案件的代理人。推动建立律师接受委托代理时告知当事人选择非诉讼方式解决纠纷的机制。

20. 完善刑事诉讼中的和解、调解制度。对于符合刑事诉讼法规定可以和解或者调解的公诉案件、自诉案件、刑事附带民事案件，人民法院应当与公安机关、检察机关建立刑事和解、刑事诉讼中的调解对接工作机制，可以邀请基层组织、特邀调解组织、特邀调解员，以及当事人所在单位或者同事、亲友等参与调解，促成双方当事人达成和解或者调解协议。

21. 促进完善行政调解、行政和解、行政裁决等制度。支持行政机关对行政赔偿、补偿以及行政机关行使法律法规规定的自由裁量权的案件开展行政调解工作，支持行政机关通过提供事实调查结果、专业鉴定或者法律意见，引导促使当事人协商和解，支持行政机关依法裁决同行政管理活动密切相关的民事纠纷。

22. 探索民商事纠纷中立评估机制。有条件的人民法院在医疗卫生、不动产、建筑工程、知识产权、环境保护等领域探索建立中立评估机制，聘请相关专业领域的专家担任中立评估员。对当事人提起的民商事纠纷，人民法院可以建议当事人选择中立评估员，协助出具评估报告，对判决结果进行预测，供当事人参考。当事人可以根据评估意见自行和解，或者由特邀调解员进行调解。

23. 探索无争议事实记载机制。调解程序终结时，当事人未达成调解协议的，调解员在征得各方当事人同意后，可以用书面形式记载调解过程中双方没有争议的事实，并由当事人签字确认。在诉讼程序中，除涉及国家利益、社会公共利益和他人合法权益的外，当事人无需对调解过程中已确认的无争议事实举证。

24. 探索无异议调解方案认可机制。经调解未能达成调解协议，但是对争议事实没有重大分歧的，调解员在征得各方当事人同意后，可以提出调解方案并书面送达双方当事人。当事人在七日内未提出书面异议的，调解方案即视为双方自愿达成的调解协议；提出书面异议的，视为调解不成立。当事人申请司法确认调解协议的，应当依照有关规定予以确认。

## 四、完善程序安排

25. 建立纠纷解决告知程序。人民法院应当在登记立案前对诉讼风险进行评估，告知并引导当事人选择适当的非诉讼方式解决纠纷，为当事人提供纠纷解决方法、心理咨询、诉讼常识等方面的释明和辅导。

26. 鼓励当事人先行协商和解。鼓励当事人就纠纷解决先行协商，达成和解协议。当事人双方均有律师代理的，鼓励律师引导当事人先行和解。特邀调解员、相关专家或者其他人员根据当事人的申请或委托参与协商，可以为纠纷解决提供辅助性的协调和帮助。

27. 探索建立调解前置程序。探索适用调解前置程序的纠纷范围和案件类型。有条件的基层人民法院对家事纠纷、相邻关系、小额债务、消费者权益保护、交通事故、医疗纠纷、物业管理等适宜调解的纠纷，在征求当事人意愿的基础上，引导当事人在登记立案前由特邀调解组织或者特邀调解员先行调解。

28. 健全委派、委托调解程序。对当事人起诉到人民法院的适宜调解的案件，登记立案前，人民法院可以委派特邀调解组织、特邀调解员进行调解。委派调解达成协议的，当事人可以依法申请司法确认。当事人明确拒绝调解的，人民法院应当依法登记立案。登记立案后或者在审理过程中，人民法院认为适宜调解的案件，经当事人同意，可以委托给特邀调解组织、特邀调解员或者由人民法院专职调解员进行调解。委托调解达成协议的，经法官审查后依法出具调解书。

29. 完善繁简分流机制。对调解不成的民商事案件实行繁简分流，通过简易程序、小额诉讼程序、督促程序以及速裁机制分流案件，实现简案快审、繁案精审。完善认罪认罚从宽制度，进一步探索刑事案件速裁程序改革，简化工作流程，构建普通程序、简易程序、速裁程序等相配套的多层次诉讼制度体系。按照行政诉讼法规定，完善行政案件繁简分流机制。

30. 推动调解与裁判适当分离。建立案件调解与裁判在人员和程序方面适当分离的机制。立案阶段从事调解的法官原则上不参与同一案件的裁判工作。在案件审理过程中，双方当事人仍有调解意愿的，从事裁判的法官可以进行调解。

31. 完善司法确认程序。经行政机关、人民调解组织、商事调解组织、行业调解组织或者其他具有调解职能的组织调解达成的具有民事合同性质的协议，当事人可以向调解组织所在地基层人民法院或者人民法庭依法申请确认其效力。登记立案前委派给特邀调解组织或者特邀调解员调解达成的协议，当事人申请司法确认的，由调解组织所在地或者委派调解的基层人民法院管辖。

32. 加强调解与督促程序的衔接。以金钱或者有价证券给付为内容的和解协议、调解协议，债权人依据民事诉讼法及其司法解释的规定，向有管辖权的基层人民法院申请支付令的，人民法院应当依法发出支付令。债务人未在法定期限内提出书面异议且逾期不履行支付令的，人民法院可以强制执行。

## 五、加强工作保障

33. 加强组织领导。各级人民法院要进一步加强对诉调对接工作的组织领导，建立整体协调、分工明确、各负其责的工作机制。要主动争取党委、人大、政府的支持，推动出台多元化纠纷解决机制建设的地方配套文件，促进构建科学、系统的多元化纠纷解决体系。

34. 加强指导监督。上级人民法院要切实加强对下级人民法院的指导监督，及时总结多元化纠纷解决机制改革可复制可推广的经验。高级人民法院要明确专门机构，制定落实方案，掌握工作情况，积极开展本辖区多元化纠纷解决机制改革示范法院的评选工作。中级人民法院要加强对辖区基层人民法院的指导监督，促进多元化纠纷解决机制改革不断取得实效。

35. 完善管理机制。建立诉调对接案件管理制度，将委派调解、委托调解、专职调解和司法确认等内容纳入案件管理系统和司法统计系统。完善特邀调解组织、特邀调解员、法院专职调解员的管理制度，建立奖惩机制。

36. 加强调解人员培训。完善特邀调解员、专职调解员的培训机制，配合有关部门推动建立专业化、职业化调解员资质认证制度，加强职业道德建设，共同完善调解员职业水平评价体系。

37. 加强经费保障。各级人民法院要主动争取党委和政府的支持，将纠纷解决经费纳入财政专项预算，积极探索以购买服务等方式将纠纷解决委托给社会力量承担。支持商事调解组织、行业调解组织、律师事务所等按照市场化运作，根据当事人的需求提供纠纷解决服务并适当收取费用。

38. 发挥诉讼费用杠杆作用。当事人自行和解而申请撤诉的，免交案件受理费。当事人接受法院委托调解的，人民法院可以适当减免诉讼费用。一方当事人无正当理由不参与调解或者不履行调解协议、故意拖延诉讼的，人民法院可以酌情增加其诉讼费用的负担部分。

39. 加强宣传工作和理论研究。各级人民法院要大力宣传多元化纠纷解决机制的优势，鼓励和引导当事人优先选择成本较低、对抗性较弱、利于修复关系的非诉讼方式解决纠纷。树立"国家主导、司法推动、社会参与、多元并举、法治保障"现代纠纷解决理念，营造诚信友善、理性平和、文明和谐、创新发展的社会氛围。加强与政法院校、科研机构等单位的交流与合作，积极推动研究成果的转化，充分发挥多元化纠纷解决理论对司法实践的指导作用。借鉴域外经验，深入研究人民法院在多元化纠纷解决机制中的职能作用。

40. 推动立法进程。人民法院及时总结各地多元化纠纷解决机制改革的成功经验，积极支持本辖区因地制宜出台相关地方性法规、地方政府规章，从而推动国家层面相关法律的立法进程，将改革实践成果制度化、法律化，促进多元化纠纷解决机制改革在法治轨道上健康发展。

## 最高人民法院
# 关于发布第 13 批指导性案例的通知

2016 年 6 月 30 日                                    法〔2016〕214 号

各省、自治区、直辖市高级人民法院，解放军军事法院，新疆维吾尔自治区高级人民法院生产建设兵团分院：

经最高人民法院审判委员会讨论决定，现将马乐利用未公开信息交易案等四个案例作为第 13 批指导性案例发布（指导案例 61—64 号），供在审判类似案件时参照。

## 指导案例 61 号

## 马乐利用未公开信息交易案

（最高人民法院审判委员会讨论通过　2016 年 6 月 30 日发布）

**关键词**　刑事　利用未公开信息交易罪　援引法定刑　情节特别严重
**裁判要点**
刑法第一百八十条第四款规定的利用未公开信息交易罪援引法定刑的情形，应当是对第一款内幕交易、泄露内幕信息罪全部法定刑的引用，即利用未公开信息交易罪应有"情节严重""情节特别严重"两种情形和两个量刑档次。
**相关法条**
《中华人民共和国刑法》第一百八十条
**基本案情**
2011 年 3 月 9 日至 2013 年 5 月 30 日期间，被告人马乐担任博时基金管理有限公司旗下的博时精选股票证券投资经理，全权负责投资基金投资股票市场，掌握了博时精选股票证券投资基金交易的标的股票、交易时间和交易数量等未公开信息。马乐在任职期间利用其掌控的上述未公开信息，从事与该信息相关的证券交易活动，操作自己控制的"金某""严某甲""严某乙"三个股票账户，通过临时购买的不记名神州行电话卡下单，先于（1—5 个交易日）、同期或稍晚于（1—2 个交易日）其管理的"博时精选"基金账户买卖相同股票 76 只，累计成交金额 10.5 亿余元，非法获利 18833374.74 元。2013 年 7 月 17 日，马乐主动到深圳市公安局投案，且到案之后能如实供述其所犯罪行，属自首；马乐认罪态度良好，违法所得能从扣押、冻结的财产中全额返还，判处的罚金亦能全额缴纳。

**裁判结果**

广东省深圳市中级人民法院（2014）深中法刑二初字第 27 号刑事判决认为，被告人马乐的行为已构成利用未公开信息交易罪。但刑法中并未对利用未公开信息交易罪规定"情节特别严重"的情形，因此只能认定马乐的行为属于"情节严重"。马乐自首，依法可以从轻处罚；马乐认罪态度良好，违法所得能全额返还，罚金亦能全额缴纳，确有悔罪表现；另经深圳市福田区司法局社区矫正和安置帮教科调查评估，对马乐宣告缓刑对其所居住的社区没有重大不良影响，符合适用缓刑的条件。遂以利用未公开信息交易罪判处马乐有期徒刑三年，缓刑五年，并处罚金人民币 1884 万元；违法所得人民币 18833374.74 元依法予以追缴，上缴国库。

宣判后，深圳市人民检察院提出抗诉认为，被告人马乐的行为应认定为犯罪情节特别严重，依照"情节特别严重"的量刑档次处罚。一审判决适用法律错误，量刑明显不当，应当依法改判。

广东省高级人民法院（2014）粤高法刑二终字第 137 号刑事裁定认为，刑法第一百八十条第四款规定，利用未公开信息交易，情节严重的，依照第一款的规定处罚，该条款并未对利用未公开信息交易罪规定有"情节特别严重"情形；而根据第一百八十条第一款的规定，情节严重的，处五年以下有期徒刑或者拘役，并处或者单处违法所得一倍以上五倍以下罚金，故马乐利用未公开信息交易，属于犯罪情节严重，应在该量刑幅度内判处刑罚。原审判决量刑适当，抗诉机关的抗诉理由不成立，不予采纳。遂裁定驳回抗诉，维持原判。

二审裁定生效后，广东省人民检察院提请最高人民检察院按照审判监督程序向最高人民法院提出抗诉。最高人民检察院抗诉提出，刑法第一百八十条第四款属于援引法定刑的情形，应当引用第一款处罚的全部规定；利用未公开信息交易罪与内幕交易、泄露内幕信息罪的违法与责任程度相当，法定刑亦应相当；马乐的行为应当认定为犯罪情节特别严重，对其适用缓刑明显不当。本案终审裁定以刑法第一百八十条第四款未对利用未公开信息交易罪规定有"情节特别严重"为由，降格评价马乐的犯罪行为，属于适用法律确有错误，导致量刑不当，应当依法纠正。

最高人民法院依法组成合议庭对该案直接进行再审，并公开开庭审理了本案。再审查明的事实与原审基本相同，原审认定被告人马乐非法获利数额为 18833374.74 元存在计算错误，实际为 19120246.98 元，依法应当予以更正。最高人民法院（2015）刑抗字第 1 号刑事判决认为，原审被告人马乐的行为已构成利用未公开信息交易罪。马乐利用未公开信息交易股票 76 只，累计成交额 10.5 亿余元，非法获利 1912 万余元，属于情节特别严重。鉴于马乐具有主动从境外回国投案自首法定从轻、减刑处罚情节；在未受控制的情况下，将股票兑成现金存在涉案三个账户中并主动向中国证券监督管理委员会说明情况，退还了全部违法所得，认罪悔罪态度好，赃款未挥霍，原判罚金刑得已全部履行等酌定从轻处罚情节，对马乐可予减轻处罚。第一审判决、第二审裁定认定事实清楚，证据确实、充分，定罪准确，但因对法律条文理解错误，导致量刑不当，应予纠正。依照《中华人民共和国刑法》第一百八十条第四款、第一款、第六十七条第一款、第五十二条、第五十三条、第六十四条及《最高人民法院关于适用〈中华人民共和国刑事诉讼法〉的解释》第三百八十九条第（三）项的规定，判决如下：一、维持广东省高级人民法院（2014）粤高法刑二终字第 137 号刑事裁定和深圳市中级人民法院（2014）深中法刑二初字第 27 号刑事判决中对原审被告人马乐的定罪部分；二、撤销广东省高级人民法院（2014）粤高法刑二终字第 137 号刑事裁定和深圳市中级人民法院（2014）深中法刑二初字第 27 号刑事判决中对原审被告人马乐的量刑及追缴违法所得部分；三、原审被告人马乐犯利用未公开信息交易罪，判处有期徒刑三年，并处罚金人民币 1913 万元；四、违法所得人民币 19120246.98 元依法予以追缴，上缴国库。

**裁判理由**

法院生效裁判认为：本案事实清楚，定罪准确，争议的焦点在于如何正确理解刑法第一百八十条第四款对于第一款的援引以及如何把握利用未公开信息交易罪"情节特别严重"的认定标准。

## 一、对刑法第一百八十条第四款援引第一款量刑情节的理解和把握

刑法第一百八十条第一款对内幕交易、泄露内幕信息罪规定为："证券、期货交易内幕信息的知情人员或者非法获取证券、期货交易内幕信息的人员，在涉及证券的发行，证券、期货交易或者其他对证券、期货交易价格有重大影响的信息尚未公开前，买入或者卖出该证券，或者从事与该内幕信息有关的期货交易，或者泄露该信息，或者明示、暗示他人从事上述交易活动，情节严重的，处五年以下有期徒刑或者拘役，并处或者单处违法所得一倍以上五倍以下罚金；情节特别严重的，处五年以上十年以下有期徒刑，并处违法所得一倍以上五倍以下罚金。"第四款对利用未公开信息交易罪规定为："证券交易所、期货交易所、证券公司、期货经济公司、基金管理公司、商业银行、保险公司等金融机构的从业人员以及有关监管部门或者行业协会的工作人员，利用因职务便利获取的内幕信息以外的其他未公开的信息，违反规定，从事与该信息相关的证券、期货交易活动，或者明示、暗示他人从事相关交易活动，情节严重的，依照第一款的规定处罚。"

对于第四款中"情节严重的，依照第一款的规定处罚"应如何理解，在司法实践中存在不同的认识。一种观点认为，第四款中只规定了"情节严重"的情形，而未规定"情节特别严重"的情形，因此，这里的"情节严重的，依照第一款的规定处罚"只能是依照第一款中"情节严重"的量刑档次予以处罚；另一种观点认为，第四款中的"情节严重"只是入罪条款，即达到了情节严重以上的情形，依据第一款的规定处罚。至于具体处罚，应看符合第一款中的"情节严重"还是"情节特别严重"的情形，分别情况依法判处。情节严重的，"处五年以下有期徒刑"，情节特别严重的，"处五年以上十年以下有期徒刑"。

最高人民法院认为，刑法第一百八十条第四款援引法定刑的情形，应当是对第一款全部法定刑的引用，即利用未公开信息交易罪应有"情节严重""情节特别严重"两种情形和两个量刑档次。这样理解的具体理由如下：

（一）符合刑法的立法目的。由于我国基金、证券、期货等领域中，利用未公开信息交易行为比较多发，行为人利用公众投入的巨额资金作后

盾，以提前买入或者提前卖出的手段获得巨额非法利益，将风险与损失转嫁到其他投资者，不仅对其任职单位的财产利益造成损害，而且严重破坏了公开、公正、公平的证券市场原则，严重损害客户投资者或处于信息弱势的散户利益，严重损害金融行业信誉，影响投资者对金融机构的信任，进而对资产管理和基金、证券、期货市场的健康发展产生严重影响。为此，《刑法修正案（七）》新增利用未公开信息交易罪，并将该罪与内幕交易、泄露内幕信息罪规定在同一法条中，说明两罪的违法与责任程度相当。利用未公开信息交易罪也应当适用"情节特别严重"。

（二）符合法条的文义。首先，刑法第一百八十条第四款中的"情节严重"是入罪条款。《最高人民检察院、公安部关于公安机关管辖的刑事案件立案追诉标准的规定（二）》，对利用未公开信息交易罪规定了追诉的情节标准，说明该罪需达到"情节严重"才能被追诉。利用未公开信息交易罪属情节犯，立法要明确其情节犯属性，就必须借助"情节严重"的表述，以避免"情节不严重"的行为入罪。其次，该款中"情节严重"并不兼具量刑条款的性质。刑法条文中大量存在"情节严重"兼具定罪条款及量刑条款性质的情形，但无一例外均在其后列明了具体的法定刑。刑法第一百八十条第四款中"情节严重"之后，并未列明具体的法定刑，而是参照内幕交易、泄露内幕信息罪的法定刑。因此，本款中的"情节严重"仅具有定罪条款的性质，而不具有量刑条款的性质。

（三）符合援引法定刑立法技术的理解。援引法定刑是指对某一犯罪并不规定独立的法定刑，而是援引其他犯罪的法定刑作为该犯罪的法定刑。刑法第一百八十条第四款援引法定刑的目的是为了避免法条文字表述重复，并不属于法律规定不明确的情形。

综上，刑法第一百八十条第四款虽然没有明确表述"情节特别严重"，但是根据本条款设立的立法目的、法条文意及立法技术，应当包含"情节特别严重"的情形和量刑档次。

**二、利用未公开信息交易罪"情节特别严重"的认定标准**

目前虽然没有关于利用未公开信息交易罪"情节特别严重"认定标准的专门规定，但鉴于刑法规定利用未公开信息交易罪是参照内幕交易、泄露内幕信息罪的规定处罚，《最高人民法院、最高人民检察院关于办理内幕交易、泄露内幕信息刑事案件具体应用法律若干问题的解释》将成交额 250 万元以上、获利 75 万元以上等情形认定为内幕交易、泄露内幕信息罪

"情节特别严重"的标准，利用未公开信息交易罪也应当遵循相同的标准。马乐利用未公开信息进行交易活动，累计成交额达 10.5 亿余元，非法获利达 1912 万余元，已远远超过上述标准，且在案发时属全国查获的该类犯罪数额最大者，参照《最高人民法院、最高人民检察院关于办理内幕交易、泄露内幕信息刑事案件具体应用法律若干问题的解释》，马乐的犯罪情节应当属于"情节特别严重"。

（生效裁判审判人员：罗智勇、董朝阳、李剑弢）

## 指导案例 62 号

# 王新明合同诈骗案

（最高人民法院审判委员会讨论通过　2016 年 6 月 30 日发布）

**关键词**　刑事　合同诈骗　数额犯　既遂　未遂

**裁判要点**

在数额犯中，犯罪既遂部分与未遂部分分别对应不同法定刑幅度的，应当先决定对未遂部分是否减轻处罚，确定未遂部分对应的法定刑幅度，再与既遂部分对应的法定刑幅度进行比较，选择适用处罚较重的法定刑幅度，并酌情从重处罚；二者在同一量刑幅度的，以犯罪既遂酌情从重处罚。

**相关法条**

《中华人民共和国刑法》第二十三条

**基本案情**

2012 年 7 月 29 日，被告人王新明使用伪造的户口本、身份证，冒充房主即王新明之父的身份，在北京市石景山区链家房地产经纪有限公司古城公园店，以出售该区古城路 28 号楼一处房屋为由，与被害人徐某签订房屋买卖合同，约定购房款为 100 万元，并当场收取徐某定金 1 万元。同年 8 月 12 日，王新明又收取徐某支付的购房首付款 29 万元，并约定余款过户后给付。后双方在办理房产过户手续时，王新明虚假身份被石景山区住建委工作人员发现，余款未取得。2013 年 4 月 23 日，王新明被公安机关查获。次日，王新明的亲属将赃款退还被害人徐某，被害人徐某对王新明表示谅解。

**裁判结果**

北京市石景山区人民法院经审理于 2013 年 8 月 23 日作出（2013）石刑初字第 239 号刑事判决，认为被告人王新明的行为已构成合同诈骗罪，数额巨大，同时鉴于其如实供述犯罪事实，在亲属帮助下退赔全部赃款，取得了被害人的谅解，依法对其从轻处罚。公诉机关北京市石景山区人民检察院指控罪名成立，但认为数额特别巨大且系犯罪未遂有误，予以更正。遂认定被告人王新明犯合同诈骗罪，判处有期徒刑六年，并处罚金人民币六千元。宣判后，公诉机关提出抗诉，认为犯罪数额应为 100 万元，数额特别巨大，而原判未评价 70 万元未遂，仅依据既遂 30 万元认定犯罪数额巨大，系适用法律错误。北京市人民检察院第一分院的支持抗诉意见与此一致。王新明以原判量刑过重为由提出上诉，在法院审理过程中又申请撤回上诉。北京市第一中级人民法院经审理于 2013 年 12 月 2 日作出（2013）一中刑终字第 4134 号刑事裁定：准许上诉人王新明撤回上诉，维持原判。

**裁判理由**

法院生效裁判认为：王新明以非法占有为目的，冒用他人名义签订合同，其行为已构成合同诈骗罪。一审判决事实清楚，证据确实、充分，定性准确，审判程序合法，但未评价未遂 70 万元的犯罪事实不当，予以纠正。根据刑法及司法解释的有关规定，考虑王新明合同诈骗既遂 30 万元，未遂 70 万元但可对该部分减轻处罚，王新明如实供述犯罪事实，退赔全部赃款取得被害人的谅解等因素，原判量刑在法定刑幅度之内，且抗诉机关亦未对量刑提出异议，故应予维持。北京市石景山区人民检察院的抗诉意见及北京市人民检察院第一分院的支持抗诉意见，酌予采纳。鉴于二审期间王新明申请撤诉，撤回上诉的申请符合法律规定，故二审法院裁定依法准许撤回上诉，维持原判。

本案争议焦点是，在数额犯中犯罪既遂与未遂并存时如何量刑。《最高人民法院、最高人民检察院关于办理诈骗刑事案件具体应用法律若干问题的解释》第六条规定："诈骗既有既遂，又有未遂，分别达到不同量刑幅度的，依照处罚较重的规定处罚；达到同一量刑幅度的，以诈骗罪既遂处罚。"因此，对于数额犯中犯罪行为既遂与未遂并存且均构成犯罪的情况，在确定全案适用的法定刑幅度时，先就未遂部分进行是否减轻处罚的评价，确定未遂部分所对应的法定刑幅度，再与既遂部分对应的法定刑幅度比较，确定全案适用的法定刑幅度。如果既遂部分对应的法定刑幅度较重或者二者相同的，应当以既遂部分对应的法定刑幅度确定全案适用的法定刑幅度，将包括未遂部分在内的其他情节作为确定量刑起点的调节要素进而确定基准刑。如果未遂部分对应的法定刑幅度较重的，应当以未遂部分对应的法定刑幅度确定全案适用的法定刑幅度，将包括既遂部分在内的其他情节，连同未遂部分的未遂情节一并作为量刑起点的调节要素进而确定基准刑。

本案中，王新明的合同诈骗犯罪行为既遂部分为 30 万元，根据司法解释及北京市的具体执行标准，对应的法定刑幅度为有期徒刑三年以上十年以下；未遂部分为 70 万元，结合本案的具体情况，应当对该未遂部分减一档处罚，未遂部分法定刑幅度应为有期徒刑三年以上十年以下，与既遂部分 30 万元对应的法定刑幅度相同。因此，以合同诈骗既遂 30 万元的基本犯罪事实确定对王新明适用的法定刑幅度为有期徒刑三年以上十年以下，将未遂部分 70 万元的犯罪事实，连同其如实供述犯罪事实、退赔全部赃款、取得被害人谅解等一并作为量刑情节，故对王新明从轻处罚，判处有期徒刑六年，并处罚金人民币六万元。

（生效裁判审判人员：高嵩、吕晶、王岩）

## 指导案例 63 号

# 徐加富强制医疗案

（最高人民法院审判委员会讨论通过　2016 年 6 月 30 日发布）

**关键词**　刑事诉讼　强制医疗　有继续危害社会可能

**裁判要点**

审理强制医疗案件，对被申请人或者被告人是否"有继续危害社会可能"，应当综合被申请人或者被告人所患精神病的种类、症状、案件审理时其病情是否已经好转，以及其家属或者监护人有无严加看管和自行送医治疗的意愿和能力等情况予以判定。必要时，可以委托相关机构或者专家进行评估。

**相关法条**

《中华人民共和国刑法》第十八条第一款

《中华人民共和国刑事诉讼法》第二百八十四条

**基本案情**

被申请人徐加富在 2007 年下半年开始出现精神异常，表现为凭空闻声，认为别人在议论他，有人要杀他，紧张害怕，夜晚不睡，随时携带刀自卫，外出躲避。因未接受治疗，病情加重。2012 年 11 月 18 日 4 时许，被申请人在其经常居住地听到有人开车来杀他，遂携带刀和榔头欲外出撞车自杀。其居住地的门卫张友发得知其出去要撞车自杀，未给其开门。被申请人见被害人手持一部手机，便认为被害人要叫人来对其加害。被申请人当即用携带的刀刺杀被害人身体，用榔头击打其的头部，致其当场死亡。经法医学鉴定，被害人系头部受到钝器打击，造成严重颅脑损伤死亡。

2012 年 12 月 10 日，被申请人被公安机关送往成都市第四人民医院住院治疗。2012 年 12 月 17 日，成都精卫司法鉴定所接受成都市公安局武侯区分局的委托，对被申请人进行精神疾病及刑事责任能力鉴定，同月 26 日该所出具成精司鉴所（2012）病鉴字第 105 号鉴定意见书，载明：1. 被鉴定人徐加富目前患有精神分裂症，幻觉妄想型；2. 被鉴定人徐加富 2012 年 11 月 18 日 4 时作案时无刑事责任能力。2013 年 1 月成都市第四人民医院对被申请人的病情作出证明，证实徐加富需要继续治疗。

**裁判结果**

四川省武侯区人民法院于 2013 年 1 月 24 日作出（2013）武侯刑强初字第 1 号强制医疗决定书：对被申请人徐加富实施强制医疗。

**裁判理由**

法院生效裁判认为：本案被申请人徐加富实施了故意杀人的暴力行为后，经鉴定属于依法不负刑事责任的精神疾病人，其妄想他人欲对其加害而必须携带刀等防卫工具外出的行为，在其病症未能减轻并需继续治疗的情况下，认定其放置社会有继续危害社会的可能。成都市武侯区人民检察院提出对被申请人强制医疗的申请成立，予以支持。诉讼代理人提出了被申请人是否有继续危害社会的可能应由医疗机构作出评估，本案没有医疗机构的评估报告，对被申请人的强制医疗的证据不充分的辩护意见。法院认为，在强制医疗中如何认定被申请人是否有继续危害社会的可能，需要

183

根据以往被申请人的行为及本案的证据进行综合判断，而医疗机构对其评估也只是对其病情痊愈的评估，法律没有赋予医疗机构对患者是否有继续危害社会可能性方面的评估权利。本案被申请人的病症是被害幻觉妄想症，经常假想要被他人杀害，外出害怕被害必带刀等防卫工具。如果不加约束治疗，被申请人不可能不外出，其外出必携带刀的行为，具有危害社会的可能，故诉讼代理人的意见不予采纳。

（生效裁判审判人员：税长冰、蒋海宜、戴克果）

## 指导案例 64 号

# 刘超捷诉中国移动通信集团江苏有限公司<br>徐州分公司电信服务合同纠纷案

（最高人民法院审判委员会讨论通过　2016 年 6 月 30 日发布）

**关键词**　民事　电信服务合同　告知义务　有效期限　违约

**裁判要点**

1. 经营者在格式合同中未明确规定对某项商品或服务的限制条件，且未能证明在订立合同时已将该限制条件明确告知消费者并获得消费者同意的，该限制条件对消费者不产生效力。

2. 电信服务企业在订立合同时未向消费者告知某项服务设定了有效期限限制，在合同履行中又以该项服务超过有效期限为由限制或停止对消费者服务的，构成违约，应当承担违约责任。

**相关法条**

《中华人民共和国合同法》第三十九条

**基本案情**

2009 年 11 月 24 日，原告刘超捷在被告中国移动通信集团江苏有限公司徐州分公司（以下简称移动徐州分公司）营业厅申请办理"神州行标准卡"，手机号码为 1590520 ××××，付费方式为预付费。原告当场预付话费 50 元，并参与移动徐州分公司充 50 元送 50 元的活动。在业务受理单所附《中国移动通信客户入网服务协议》中，双方对各自的权利和义务进行了约定，其中第四项特殊情况的承担中的第 1 条为：在下列情况下，乙方有权暂停或限制甲方的移动通信服务，由此给甲方造成的损失，乙方不承担责任：（1）甲方银行账户被查封、冻结或余额不足等非乙方原因造成的结算时扣划不成功的；（2）甲方预付费使用完毕而未及时补交款项（包括预付费账户余额不足以扣划下一笔预付费用）的。

2010 年 7 月 5 日，原告在中国移动官方网站网上营业厅通过银联卡网上充值 50 元。2010 年 11 月 7 日，原告在使用该手机号码时发现该手机号码已被停机，原告到被告的营业厅查询，得知被告于 2010 年 10 月 23 日因话费有效期到期而暂停移动通信服务，此时账户余额为 11.70 元。原告认为被告单方终止服务构成合同违约，遂诉至法院。

**裁判结果**

徐州市泉山区人民法院于 2011 年 6 月 16 日作出（2011）泉商初字第 240 号民事判决：被告中国移动通信集团江苏有限公司徐州分公司于本判决生效之日起十日内取消对原告刘超捷的手机号码为 1590520××××的话费有效期的限制，恢复该号码的移动通信服务。一审宣判后，被告提出上诉，二审期间申请撤回上诉，一审判决已发生法律效力。

**裁判理由**

法院生效裁判认为：电信用户的知情权是电信用户在接受电信服务时的一项基本权利，用户在办理电信业务时，电信业务的经营者必须向其明确说明该电信业务的内容，包括业务功能、费用收取办法及交费时间、障碍申告等。如果用户在不知悉该电信业务的真实情况下进行消费，就会剥夺用户对电信业务的选择权，达不到真正追求的电信消费目的。

依据《中华人民共和国合同法》第三十九条的规定，采用格式条款订立合同的，提供格式条款的一方应当遵循公平原则确定当事人之间的权利和义务，并采取合理的方式提请对方注意免除或者限制其责任的条款，按照对方的要求，对该条款予以说明。电信业务的经营者作为提供电信服务合同格式条款的一方，应当遵循公平原则确定与电信用户的权利义务内容，权利义务的内容必须符合维护电信用户和电信业务经营者的合法权益、促进电信业的健康发展的立法目的，并有效告知对方注意免除或者限制其责任的条款并向其释明。业务受理单、入网服务协议是电信服务合同的主要内容，确定了原被告双方的权利义务内容，入网服务协议第四项约定有权暂停或限制移动通信服务的情形，第五项约定有权解除协议、收回号码、终止提供服务的情形，均没有因有效期到期而中止、解除、终止合同的约定。而话费有效期限制直接影响到原告手机号码的正常使用，一旦有效期到期，将导致停机、号码被收回的后果，因此被告对此负有明确如实告知的义务，且在订立电信服务合同之前就应如实告知原告。如果在订立合同之前未告知，即使在缴费阶段告知，亦剥夺了当事人的选择权，有违公平和诚实信用原则。被告主张"通过单联发票、宣传册和短信的方式向原告告知了有效期"，但未能提供有效的证据予以证明。综上，本案被告既未在电信服务合同中约定有效期内容，亦未提供有效证据证实已将有效期限制明确告知原告，被告暂停服务、收回号码的行为构成违约，应当承担继续履行等违约责任，故对原告主张"取消被告对原告的话费有效期的限制，继续履行合同"的诉讼请求依法予以支持。

（生效裁判审判人员：王平、赵增尧、李丽）

# 最高人民法院
# 关于人身安全保护令案件相关程序问题的批复

法释〔2016〕15 号

(2016 年 6 月 6 日最高人民法院审判委员会第 1686 次会议通过
2016 年 7 月 11 日公布　自 2016 年 7 月 13 日起施行)

**北京市高级人民法院:**

你院《关于人身安全保护令案件相关程序问题的请示》(京高法
〔2016〕45 号)收悉。经研究,批复如下:

一、关于人身安全保护令案件是否收取诉讼费的问题。同意你院倾向
性意见,即向人民法院申请人身安全保护令,不收取诉讼费用。

二、关于申请人身安全保护令是否需要提供担保的问题。同意你院倾
向性意见,即根据《中华人民共和国反家庭暴力法》请求人民法院作出人
身安全保护令的,申请人不需要提供担保。

三、关于人身安全保护令案件适用程序等问题。人身安全保护令案件
适用何种程序,反家庭暴力法中没有作出直接规定。人民法院可以比照特
别程序进行审理。家事纠纷案件中的当事人向人民法院申请人身安全保护
令的,由审理该案的审判组织作出是否发出人身安全保护令的裁定;如果
人身安全保护令的申请人在接受其申请的人民法院并无正在进行的家事案
件诉讼,由法官以独任审理的方式审理。至于是否需要就发出人身安全保
护令问题听取被申请人的意见,则由承办法官视案件的具体情况决定。

四、关于复议问题。对于人身安全保护令的被申请人提出的复议申请
和人身安全保护令的申请人就驳回裁定提出的复议申请,可以由原审判组
织进行复议;人民法院认为必要的,也可以另行指定审判组织进行复议。

此复。

最高人民法院　最高人民检察院
公安部　国家安全部　司法部
# 关于推进以审判为中心的刑事诉讼制度
# 改革的意见

2016 年 7 月 20 日　　　　　　　　法发〔2016〕18 号

　　为贯彻落实《中共中央关于全面推进依法治国若干重大问题的决定》的有关要求，推进以审判为中心的刑事诉讼制度改革，依据宪法法律规定，结合司法工作实际，制定本意见。

　　一、未经人民法院依法判决，对任何人都不得确定有罪。人民法院、人民检察院和公安机关办理刑事案件，应当分工负责，互相配合，互相制约，保证准确、及时地查明犯罪事实，正确应用法律，惩罚犯罪分子，保障无罪的人不受刑事追究。

　　二、严格按照法律规定的证据裁判要求，没有证据不得认定犯罪事实。侦查机关侦查终结，人民检察院提起公诉，人民法院作出有罪判决，都应当做到犯罪事实清楚，证据确实、充分。

　　侦查机关、人民检察院应当按照裁判的要求和标准收集、固定、审查、运用证据，人民法院应当按照法定程序认定证据，依法作出裁判。

　　人民法院作出有罪判决，对于证明犯罪构成要件的事实，应当综合全案证据排除合理怀疑，对于量刑证据存疑的，应当作出有利于被告人的认定。

　　三、建立健全符合裁判要求、适应各类案件特点的证据收集指引。探索建立命案等重大案件检查、搜查、辨认、指认等过程录音录像制度。完善技术侦查证据的移送、审查、法庭调查和使用规则以及庭外核实程序。统一司法鉴定标准和程序。完善见证人制度。

四、侦查机关应当全面、客观、及时收集与案件有关的证据。

侦查机关应当依法收集证据。对采取刑讯逼供、暴力、威胁等非法方法收集的言词证据，应当依法予以排除。侦查机关收集物证、书证不符合法定程序，可能严重影响司法公正，不能补正或者作出合理解释的，应当依法予以排除。

对物证、书证等实物证据，一般应当提取原物、原件，确保证据的真实性。需要鉴定的，应当及时送检。证据之间有矛盾的，应当及时查证。所有证据应当妥善保管，随案移送。

五、完善讯问制度，防止刑讯逼供，不得强迫任何人证实自己有罪。严格按照有关规定要求，在规范的讯问场所讯问犯罪嫌疑人。严格依照法律规定对讯问过程全程同步录音录像，逐步实行对所有案件的讯问过程全程同步录音录像。

探索建立重大案件侦查终结前对讯问合法性进行核查制度。对公安机关、国家安全机关和人民检察院侦查的重大案件，由人民检察院驻看守所检察人员询问犯罪嫌疑人，核查是否存在刑讯逼供、非法取证情形，并同步录音录像。经核查，确有刑讯逼供、非法取证情形的，侦查机关应当及时排除非法证据，不得作为提请批准逮捕、移送审查起诉的根据。

六、在案件侦查终结前，犯罪嫌疑人提出无罪或者罪轻的辩解，辩护律师提出犯罪嫌疑人无罪或者依法不应追究刑事责任的意见，侦查机关应当依法予以核实。

七、完善补充侦查制度。进一步明确退回补充侦查的条件，建立人民检察院退回补充侦查引导和说理机制，明确补充侦查方向、标准和要求。规范补充侦查行为，对于确实无法查明的事项，公安机关、国家安全机关应当书面向人民检察院说明理由。对于二次退回补充侦查后，仍然证据不足、不符合起诉条件的，依法作出不起诉决定。

八、进一步完善公诉机制，被告人有罪的举证责任，由人民检察院承担。对被告人不认罪的，人民检察院应当强化庭前准备和当庭讯问、举证、质证。

九、完善不起诉制度，对未达到法定证明标准的案件，人民检察院应当依法作出不起诉决定，防止事实不清、证据不足的案件进入审判程序。完善撤回起诉制度，规范撤回起诉的条件和程序。

十、完善庭前会议程序，对适用普通程序审理的案件，健全庭前证据展示制度，听取出庭证人名单、非法证据排除等方面的意见。

十一、规范法庭调查程序，确保诉讼证据出示在法庭、案件事实查明在法庭。证明被告人有罪或者无罪、罪轻或者罪重的证据，都应当在法庭上出示，依法保障控辩双方的质证权利。对定罪量刑的证据，控辩双方存在争议的，应当单独质证；对庭前会议中控辩双方没有异议的证据，可以简化举证、质证。

十二、完善对证人、鉴定人的法庭质证规则。落实证人、鉴定人、侦查人员出庭作证制度，提高出庭作证率。公诉人、当事人或者辩护人、诉讼代理人对证人证言有异议，人民法院认为该证人证言对案件定罪量刑有重大影响的，证人应当出庭作证。

健全证人保护工作机制，对因作证面临人身安全等危险的人员依法采取保护措施。建立证人、鉴定人等作证补助专项经费划拨机制。完善强制证人到庭制度。

十三、完善法庭辩论规则，确保控辩意见发表在法庭。法庭辩论应当围绕定罪、量刑分别进行，对被告人认罪的案件，主要围绕量刑进行。法庭应当充分听取控辩双方意见，依法保障被告人及其辩护人的辩论辩护权。

十四、完善当庭宣判制度，确保裁判结果形成在法庭。适用速裁程序审理的案件，除附带民事诉讼的案件以外，一律当庭宣判；适用简易程序审理的案件一般应当当庭宣判；适用普通程序审理的案件逐步提高当庭宣判率。规范定期宣判制度。

十五、严格依法裁判。人民法院经审理，对案件事实清楚，证据确实、充分，依据法律认定被告人有罪的，应当作出有罪判决。依据法律规定认定被告人无罪的，应当作出无罪判决。证据不足，不能认定被告人有罪的，应当按照疑罪从无原则，依法作出无罪判决。

十六、完善人民检察院对侦查活动和刑事审判活动的监督机制。建立健全对强制措施的监督机制。加强人民检察院对逮捕后羁押必要性的审查，规范非羁押性强制措施的适用。进一步规范和加强人民检察院对人民法院确有错误的刑事判决和裁定的抗诉工作，保证刑事抗诉的及时性、准确性和全面性。

十七、健全当事人、辩护人和其他诉讼参与人的权利保障制度。

依法保障当事人和其他诉讼参与人的知情权、陈述权、辩论辩护权、申请权、申诉权。犯罪嫌疑人、被告人有权获得辩护，人民法院、人民检察院、公安机关、国家安全机关有义务保证犯罪嫌疑人、被告人获得辩护。

依法保障辩护人会见、阅卷、收集证据和发问、质证、辩论辩护等权利，完善便利辩护人参与诉讼的工作机制。

十八、辩护人或者其他任何人，不得帮助犯罪嫌疑人、被告人隐匿、毁灭、伪造证据或者串供，不得威胁、引诱证人作伪证以及进行其他干扰司法机关诉讼活动的行为。对于实施上述行为的，应当依法追究法律责任。

十九、当事人、诉讼参与人和旁听人员在庭审活动中应当服从审判长或独任审判员的指挥，遵守法庭纪律。对扰乱法庭秩序、危及法庭安全等违法行为，应当依法处理；构成犯罪的，依法追究刑事责任。

二十、建立法律援助值班律师制度，法律援助机构在看守所、人民法院派驻值班律师，为犯罪嫌疑人、被告人提供法律帮助。

完善法律援助制度，健全依申请法律援助工作机制和办案机关通知辩护工作机制。对未履行通知或者指派辩护职责的办案人员，严格实行责任追究。

二十一、推进案件繁简分流，优化司法资源配置。完善刑事案件速裁程序和认罪认罚从宽制度，对案件事实清楚、证据充分的轻微刑事案件，或者犯罪嫌疑人、被告人自愿认罪认罚的，可以适用速裁程序、简易程序或者普通程序简化审理。

# 最高人民法院
## 关于审理发生在我国管辖海域相关案件
## 若干问题的规定（一）

法释〔2016〕16号

（2015年12月28日最高人民法院审判委员会第1674次会议通过
2016年8月1日公布　自2016年8月2日起施行）

　　为维护我国领土主权、海洋权益，平等保护中外当事人合法权利，明确我国管辖海域的司法管辖与法律适用，根据《中华人民共和国领海及毗连区法》《中华人民共和国专属经济区和大陆架法》《中华人民共和国刑法》《中华人民共和国出境入境管理法》《中华人民共和国治安管理处罚法》《中华人民共和国刑事诉讼法》《中华人民共和国民事诉讼法》《中华人民共和国海事诉讼特别程序法》《中华人民共和国行政诉讼法》及中华人民共和国缔结或者参加的有关国际条约，结合审判实际，制定本规定。

　　**第一条**　本规定所称我国管辖海域，是指中华人民共和国内水、领海、毗连区、专属经济区、大陆架，以及中华人民共和国管辖的其他海域。

　　**第二条**　中国公民或组织在我国与有关国家缔结的协定确定的共同管理的渔区或公海从事捕捞等作业的，适用本规定。

　　**第三条**　中国公民或者外国人在我国管辖海域实施非法猎捕、杀害珍贵濒危野生动物或者非法捕捞水产品等犯罪的，依照我国刑法追究刑事责任。

　　**第四条**　有关部门依据出境入境管理法、治安管理处罚法，对非法进入我国内水从事渔业生产或者渔业资源调查的外国人，作出行政强制措施或行政处罚决定，行政相对人不服的，可分别依据出境入境管理法第六十四条和治安管理处罚法第一百零二条的规定，向有关机关申请复议或向有管辖权的人民法院提起行政诉讼。

第五条 因在我国管辖海域内发生海损事故，请求损害赔偿提起的诉讼，由管辖该海域的海事法院、事故船舶最先到达地的海事法院、船舶被扣押地或者被告住所地海事法院管辖。

因在公海等我国管辖海域外发生海损事故，请求损害赔偿在我国法院提起的诉讼，由事故船舶最先到达地、船舶被扣押地或者被告住所地海事法院管辖。

事故船舶为中华人民共和国船舶的，还可以由船籍港所在地海事法院管辖。

第六条 在我国管辖海域内，因海上航运、渔业生产及其他海上作业造成污染，破坏海洋生态环境，请求损害赔偿提起的诉讼，由管辖该海域的海事法院管辖。

污染事故发生在我国管辖海域外，对我国管辖海域造成污染或污染威胁，请求损害赔偿或者预防措施费用提起的诉讼，由管辖该海域的海事法院或采取预防措施地的海事法院管辖。

第七条 本规定施行后尚未审结的案件，适用本规定；本规定施行前已经终审，当事人申请再审或者按照审判监督程序决定再审的案件，不适用本规定。

第八条 本规定自2016年8月2日起施行。

# 最高人民法院
# 关于人民法院网络司法拍卖若干问题的规定

法释〔2016〕18 号

（2016 年 5 月 30 日最高人民法院审判委员会第 1685 次会议通过
2016 年 8 月 2 日公布　自 2017 年 1 月 1 日起施行）

为了规范网络司法拍卖行为，保障网络司法拍卖公开、公平、公正、安全、高效，维护当事人的合法权益，根据《中华人民共和国民事诉讼法》等法律的规定，结合人民法院执行工作的实际，制定本规定。

**第一条**　本规定所称的网络司法拍卖，是指人民法院依法通过互联网拍卖平台，以网络电子竞价方式公开处置财产的行为。

**第二条**　人民法院以拍卖方式处置财产的，应当采取网络司法拍卖方式，但法律、行政法规和司法解释规定必须通过其他途径处置，或者不宜采用网络拍卖方式处置的除外。

**第三条**　网络司法拍卖应当在互联网拍卖平台上向社会全程公开，接受社会监督。

**第四条**　最高人民法院建立全国性网络服务提供者名单库。网络服务提供者申请纳入名单库的，其提供的网络司法拍卖平台应当符合下列条件：

（一）具备全面展示司法拍卖信息的界面；

（二）具备本规定要求的信息公示、网上报名、竞价、结算等功能；

（三）具有信息共享、功能齐全、技术拓展等功能的独立系统；

（四）程序运作规范、系统安全高效、服务优质价廉；

（五）在全国具有较高的知名度和广泛的社会参与度。

最高人民法院组成专门的评审委员会，负责网络服务提供者的选定、评审和除名。最高人民法院每年引入第三方评估机构对已纳入和新申请纳入名单库的网络服务提供者予以评审并公布结果。

**第五条** 网络服务提供者由申请执行人从名单库中选择；未选择或者多个申请执行人的选择不一致的，由人民法院指定。

**第六条** 实施网络司法拍卖的，人民法院应当履行下列职责：

（一）制作、发布拍卖公告；

（二）查明拍卖财产现状、权利负担等内容，并予以说明；

（三）确定拍卖保留价、保证金的数额、税费负担等；

（四）确定保证金、拍卖款项等支付方式；

（五）通知当事人和优先购买权人；

（六）制作拍卖成交裁定；

（七）办理财产交付和出具财产权证照转移协助执行通知书；

（八）开设网络司法拍卖专用账户；

（九）其他依法由人民法院履行的职责。

**第七条** 实施网络司法拍卖的，人民法院可以将下列拍卖辅助工作委托社会机构或者组织承担：

（一）制作拍卖财产的文字说明及视频或者照片等资料；

（二）展示拍卖财产，接受咨询，引领查看，封存样品等；

（三）拍卖财产的鉴定、检验、评估、审计、仓储、保管、运输等；

（四）其他可以委托的拍卖辅助工作。

社会机构或者组织承担网络司法拍卖辅助工作所支出的必要费用由被执行人承担。

**第八条** 实施网络司法拍卖的，下列事项应当由网络服务提供者承担：

（一）提供符合法律、行政法规和司法解释规定的网络司法拍卖平台，并保障安全正常运行；

（二）提供安全便捷配套的电子支付对接系统；

（三）全面、及时展示人民法院及其委托的社会机构或者组织提供的拍卖信息；

（四）保证拍卖全程的信息数据真实、准确、完整和安全；

（五）其他应当由网络服务提供者承担的工作。

网络服务提供者不得在拍卖程序中设置阻碍适格竞买人报名、参拍、竞价以及监视竞买人信息等后台操控功能。

网络服务提供者提供的服务无正当理由不得中断。

**第九条** 网络司法拍卖服务提供者从事与网络司法拍卖相关的行为，应当接受人民法院的管理、监督和指导。

**第十条** 网络司法拍卖应当确定保留价，拍卖保留价即为起拍价。

起拍价由人民法院参照评估价确定；未作评估的，参照市价确定，并征询当事人意见。起拍价不得低于评估价或者市价的百分之七十。

**第十一条** 网络司法拍卖不限制竞买人数量。一人参与竞拍，出价不低于起拍价的，拍卖成交。

**第十二条** 网络司法拍卖应当先期公告，拍卖公告除通过法定途径发布外，还应同时在网络司法拍卖平台发布。拍卖动产的，应当在拍卖十五日前公告；拍卖不动产或者其他财产权的，应当在拍卖三十日前公告。

拍卖公告应当包括拍卖财产、价格、保证金、竞买人条件、拍卖财产已知瑕疵、相关权利义务、法律责任、拍卖时间、网络平台和拍卖法院等信息。

**第十三条** 实施网络司法拍卖的，人民法院应当在拍卖公告发布当日通过网络司法拍卖平台公示下列信息：

（一）拍卖公告；

（二）执行所依据的法律文书，但法律规定不得公开的除外；

（三）评估报告副本，或者未经评估的定价依据；

（四）拍卖时间、起拍价以及竞价规则；

（五）拍卖财产权属、占有使用、附随义务等现状的文字说明、视频或者照片等；

（六）优先购买权主体以及权利性质；

（七）通知或者无法通知当事人、已知优先购买权人的情况；

（八）拍卖保证金、拍卖款项支付方式和账户；

（九）拍卖财产产权转移可能产生的税费及承担方式；

（十）执行法院名称，联系、监督方式等；

（十一）其他应当公示的信息。

**第十四条** 实施网络司法拍卖的，人民法院应当在拍卖公告发布当日通过网络司法拍卖平台对下列事项予以特别提示：

（一）竞买人应当具备完全民事行为能力，法律、行政法规和司法解释对买受人资格或者条件有特殊规定的，竞买人应当具备规定的资格或者条件；

（二）委托他人代为竞买的，应当在竞价程序开始前经人民法院确认，并通知网络服务提供者；

（三）拍卖财产已知瑕疵和权利负担；

（四）拍卖财产以实物现状为准，竞买人可以申请实地看样；

（五）竞买人决定参与竞买的，视为对拍卖财产完全了解，并接受拍卖财产一切已知和未知瑕疵；

（六）载明买受人真实身份的拍卖成交确认书在网络司法拍卖平台上公示；

（七）买受人悔拍后保证金不予退还。

**第十五条** 被执行人应当提供拍卖财产品质的有关资料和说明。

人民法院已按本规定第十三条、第十四条的要求予以公示和特别提示，且在拍卖公告中声明不能保证拍卖财产真伪或者品质的，不承担瑕疵担保责任。

**第十六条** 网络司法拍卖的事项应当在拍卖公告发布三日前以书面或者其他能够确认收悉的合理方式，通知当事人、已知优先购买权人。权利人书面明确放弃权利的，可以不通知。无法通知的，应当在网络司法拍卖平台公示并说明无法通知的理由，公示满五日视为已经通知。

优先购买权人经通知未参与竞买的，视为放弃优先购买权。

**第十七条** 保证金数额由人民法院在起拍价的百分之五至百分之二十范围内确定。

竞买人应当在参加拍卖前以实名交纳保证金，未交纳的，不得参加竞买。申请执行人参加竞买的，可以不交保证金；但债权数额小于保证金数额的按差额部分交纳。

交纳保证金，竞买人可以向人民法院指定的账户交纳，也可以由网络服务提供者在其提供的支付系统中对竞买人的相应款项予以冻结。

**第十八条** 竞买人在拍卖竞价程序结束前交纳保证金经人民法院或者网络服务提供者确认后，取得竞买资格。网络服务提供者应当向取得资格的竞买人赋予竞买代码、参拍密码；竞买人以该代码参与竞买。

网络司法拍卖竞价程序结束前，人民法院及网络服务提供者对竞买人以及其他能够确认竞买人真实身份的信息、密码等，应当予以保密。

第十九条　优先购买权人经人民法院确认后，取得优先竞买资格以及优先竞买代码、参拍密码，并以优先竞买代码参与竞买；未经确认的，不得以优先购买权人身份参与竞买。

顺序不同的优先购买权人申请参与竞买的，人民法院应当确认其顺序，赋予不同顺序的优先竞买代码。

第二十条　网络司法拍卖从起拍价开始以递增出价方式竞价，增价幅度由人民法院确定。竞买人以低于起拍价出价的无效。

网络司法拍卖的竞价时间应当不少于二十四小时。竞价程序结束前五分钟内无人出价的，最后出价即为成交价；有出价的，竞价时间自该出价时点顺延五分钟。竞买人的出价时间以进入网络司法拍卖平台服务系统的时间为准。

竞买代码及其出价信息应当在网络竞买页面实时显示，并储存、显示竞价全程。

第二十一条　优先购买权人参与竞买的，可以与其他竞买人以相同的价格出价，没有更高出价的，拍卖财产由优先购买权人竞得。

顺序不同的优先购买权人以相同价格出价的，拍卖财产由顺序在先的优先购买权人竞得。

顺序相同的优先购买权人以相同价格出价的，拍卖财产由出价在先的优先购买权人竞得。

第二十二条　网络司法拍卖成交的，由网络司法拍卖平台以买受人的真实身份自动生成确认书并公示。

拍卖财产所有权自拍卖成交裁定送达买受人时转移。

第二十三条　拍卖成交后，买受人交纳的保证金可以充抵价款；其他竞买人交纳的保证金应当在竞价程序结束后二十四小时内退还或者解冻。拍卖未成交的，竞买人交纳的保证金应当在竞价程序结束后二十四小时内退还或者解冻。

第二十四条　拍卖成交后买受人悔拍的，交纳的保证金不予退还，依次用于支付拍卖产生的费用损失、弥补重新拍卖价款低于原拍卖价款的差价、冲抵本案被执行人的债务以及与拍卖财产相关的被执行人的债务。

悔拍后重新拍卖的，原买受人不得参加竞买。

第二十五条　拍卖成交后，买受人应当在拍卖公告确定的期限内将剩余价款交付人民法院指定账户。拍卖成交后二十四小时内，网络服务提供者应当将冻结的买受人交纳的保证金划入人民法院指定账户。

**第二十六条** 网络司法拍卖竞价期间无人出价的，本次拍卖流拍。流拍后应当在三十日内在同一网络司法拍卖平台再次拍卖，拍卖动产的应当在拍卖七日前公告；拍卖不动产或者其他财产权的应当在拍卖十五日前公告。再次拍卖的起拍价降价幅度不得超过前次起拍价的百分之二十。

再次拍卖流拍的，可以依法在同一网络司法拍卖平台变卖。

**第二十七条** 起拍价及其降价幅度、竞价增价幅度、保证金数额和优先购买权人竞买资格及其顺序等事项，应当由人民法院依法组成合议庭评议确定。

**第二十八条** 网络司法拍卖竞价程序中，有依法应当暂缓、中止执行等情形的，人民法院应当决定暂缓或者裁定中止拍卖；人民法院可以自行或者通知网络服务提供者停止拍卖。

网络服务提供者发现系统故障、安全隐患等紧急情况的，可以先行暂缓拍卖，并立即报告人民法院。

暂缓或者中止拍卖的，应当及时在网络司法拍卖平台公告原因或者理由。

暂缓拍卖期限届满或者中止拍卖的事由消失后，需要继续拍卖的，应当在五日内恢复拍卖。

**第二十九条** 网络服务提供者对拍卖形成的电子数据，应当完整保存不少于十年，但法律、行政法规另有规定的除外。

**第三十条** 因网络司法拍卖本身形成的税费，应当依照相关法律、行政法规的规定，由相应主体承担；没有规定或者规定不明的，人民法院可以根据法律原则和案件实际情况确定税费承担的相关主体、数额。

**第三十一条** 当事人、利害关系人提出异议请求撤销网络司法拍卖，符合下列情形之一的，人民法院应当支持：

（一）由于拍卖财产的文字说明、视频或者照片展示以及瑕疵说明严重失实，致使买受人产生重大误解，购买目的无法实现的，但拍卖时的技术水平不能发现或者已经就相关瑕疵以及责任承担予以公示说明的除外；

（二）由于系统故障、病毒入侵、黑客攻击、数据错误等原因致使拍卖结果错误，严重损害当事人或者其他竞买人利益的；

（三）竞买人之间，竞买人与网络司法拍卖服务提供者之间恶意串通，损害当事人或者其他竞买人利益的；

（四）买受人不具备法律、行政法规和司法解释规定的竞买资格的；

（五）违法限制竞买人参加竞买或者对享有同等权利的竞买人规定不同竞买条件的；

（六）其他严重违反网络司法拍卖程序且损害当事人或者竞买人利益的情形。

第三十二条　网络司法拍卖被人民法院撤销，当事人、利害关系人、案外人认为人民法院的拍卖行为违法致使其合法权益遭受损害的，可以依法申请国家赔偿；认为其他主体的行为违法致使其合法权益遭受损害的，可以另行提起诉讼。

第三十三条　当事人、利害关系人、案外人认为网络司法拍卖服务提供者的行为违法致使其合法权益遭受损害的，可以另行提起诉讼；理由成立的，人民法院应当支持，但具有法定免责事由的除外。

第三十四条　实施网络司法拍卖的，下列机构和人员不得竞买并不得委托他人代为竞买与其行为相关的拍卖财产：

（一）负责执行的人民法院；

（二）网络服务提供者；

（三）承担拍卖辅助工作的社会机构或者组织；

（四）第（一）至（三）项规定主体的工作人员及其近亲属。

第三十五条　网络服务提供者有下列情形之一的，应当将其从名单库中除名：

（一）存在违反本规定第八条第二款规定操控拍卖程序、修改拍卖信息等行为的；

（二）存在恶意串通、弄虚作假、泄漏保密信息等行为的；

（三）因违反法律、行政法规和司法解释等规定受到处罚，不适于继续从事网络司法拍卖的；

（四）存在违反本规定第三十四条规定行为的；

（五）其他应当除名的情形。

网络服务提供者有前款规定情形之一，人民法院可以依照《中华人民共和国民事诉讼法》的相关规定予以处理。

第三十六条　当事人、利害关系人认为网络司法拍卖行为违法侵害其合法权益的，可以提出执行异议。异议、复议期间，人民法院可以决定暂缓或者裁定中止拍卖。

案外人对网络司法拍卖的标的提出异议的，人民法院应当依据《中华人民共和国民事诉讼法》第二百二十七条及相关司法解释的规定处理，并决定暂缓或者裁定中止拍卖。

**第三十七条** 人民法院通过互联网平台以变卖方式处置财产的，参照本规定执行。

执行程序中委托拍卖机构通过互联网平台实施网络拍卖的，参照本规定执行。

本规定对网络司法拍卖行为没有规定的，适用其他有关司法拍卖的规定。

**第三十八条** 本规定自 2017 年 1 月 1 日起施行。施行前最高人民法院公布的司法解释和规范性文件与本规定不一致的，以本规定为准。

最高人民法院
# 关于发布第 14 批指导性案例的通知

2016 年 9 月 19 日                                        法〔2016〕311 号

各省、自治区、直辖市高级人民法院，解放军军事法院，新疆维吾尔自治区高级人民法院生产建设兵团分院：

经最高人民法院审判委员会讨论决定，现将上海市虹口区久乐大厦小区业主大会诉上海环亚实业总公司业主共有权纠纷案等 5 件案例（指导案例 65—69 号），作为第 14 批指导性案例发布，供在审判类似案件时参照。

## 指导案例 65 号

## 上海市虹口区久乐大厦小区业主大会诉
## 上海环亚实业总公司业主共有权纠纷案

（最高人民法院审判委员会讨论通过  2016 年 9 月 19 日发布）

**关键词**  民事  业主共有权  专项维修资金  法定义务  诉讼时效

**裁判要点**

专项维修资金是专门用于物业共用部位、共用设施设备保修期满后的维修和更新、改造的资金，属于全体业主共有。缴纳专项维修资金是业主为维护建筑物的长期安全使用而应承担的一项法定义务。业主拒绝缴纳专项维修资金，并以诉讼时效提出抗辩的，人民法院不予支持。

**相关法条**

《中华人民共和国民法通则》第一百三十五条

《中华人民共和国物权法》第七十九条、第八十三条第二款

《物业管理条例》第七条第（四）项、第五十四条第一款、第二款

**基本案情**

2004 年 3 月，被告上海环亚实业总公司（以下简称环亚公司）取得上海市虹口区久乐大厦底层、二层房屋的产权，底层建筑面积 691.36 平方米、二层建筑面积 910.39 平方米。环亚公司未支付过上述房屋的专项维修资金。2010 年 9 月，原告久乐大厦小区业主大会（以下简称久乐业主大会）经征求业主表决意见，决定由久乐业主大会代表业主提起追讨维修资金的诉讼。久乐业主大会向法院起诉，要求环亚公司就其所有的久乐大厦底层、二层的房屋向原告缴纳专项维修资金 57566.9 元。被告环亚公司辩称，其于 2004 年获得房地产权证，至本案诉讼有 6 年之久，原告从未主张过维修资金，该请求已超过诉讼时效，不同意原告诉请。

**裁判结果**

上海市虹口区人民法院于 2011 年 7 月 21 日作出（2011）虹民三（民）初字第 833 号民事判决：被告环亚公司应向原告久乐业主大会缴纳久乐大厦底层、二层房屋的维修资金 57566.9 元。宣判后，环亚公司向上海市第二中级人民法院提起上诉。上海市第二中级人民法院于 2011 年 9 月 21 日作出（2011）沪二中民二（民）终字第 1908 号民事判决：驳回上诉，维持原判。

**裁判理由**

法院生效裁判认为：《中华人民共和国物权法》（以下简称《物权法》）第七十九条规定，"建筑物及其附属设施的维修资金，属于业主共有。经业主共同决定，可以用于电梯、水箱等共有部分的维修。"《物业管理条例》第五十四条第二款规定，"专项维修资金属于业主所有，专项用于物业保修期满后物业共用部位、共用设施设备的维修和更新、改造，不得挪作他用"。《住宅专项维修资金管理办法》（建设部、财政部令第 165 号）（以下简称《办法》）第二条第二款规定，"本办法所称住宅专项维修资金，是指专项用于住宅共用部位、共用设施设备保修期满后的维修和更新、改造的资金。"依据上述规定，维修资金性质上属于专项基金，系为特定目的，即为住宅共用部位、共用设施设备保修期满后的维修和更新、改造而专设的资金。它在购房款、税费、物业费之外，单独筹集、专户存储、单独核算。由其专用性所决定，专项维修资金的缴纳并非源于特别的

交易或法律关系，而是为了准备应急性地维修、更新或改造区分所有建筑物的共有部分。由于共有部分的维护关乎全体业主的共同或公共利益，所以维修资金具有公共性、公益性。

《物业管理条例》第七条第四项规定，"业主在物业管理活动中，应当履行按照国家有关规定交纳专项维修资金的义务。"第五十四条第一款规定，"住宅物业、住宅小区内的非住宅物业或者与单幢住宅楼结构相连的非住宅物业的业主，应当按照国家有关规定交纳专项维修资金。"依据上述规定，缴纳专项维修资金是为特定范围的公共利益，即建筑物的全体业主共同利益而特别确立的一项法定义务，这种义务的产生与存在仅仅取决于义务人是否属于区分所有建筑物范围内的住宅或非住宅所有权人。因此，缴纳专项维修资金的义务是一种旨在维护共同或公共利益的法定义务，其只存在补缴问题，不存在因时间经过而可以不缴的问题。

业主大会要求补缴维修资金的权利，是业主大会代表全体业主行使维护小区共同或公共利益之职责的管理权。如果允许某些业主不缴纳维修资金而可享有以其他业主的维修资金维护共有部分而带来的利益，其他业主就有可能在维护共有部分上支付超出自己份额的金钱，这违背了公平原则，并将对建筑物的长期安全使用，对全体业主的共有或公共利益造成损害。

基于专项维修资金的性质和业主缴纳专项维修资金义务的性质，被告环亚公司作为久乐大厦的业主，不依法自觉缴纳专项维修资金，并以业主大会起诉追讨专项维修资金已超过诉讼时效进行抗辩，该抗辩理由不能成立。原告根据被告所有的物业面积，按照同期其他业主缴纳专项维修资金的计算标准算出的被告应缴纳的数额合理，据此判决被告应当按照原告诉请支付专项维修资金。

（生效裁判审判人员：卢薇薇、陈文丽、成皿）

## 指导案例 66 号

# 雷某某诉宋某某离婚纠纷案

（最高人民法院审判委员会讨论通过　2016 年 9 月 19 日发布）

**关键词**　民事　离婚　离婚时　擅自处分共同财产

**裁判要点**

一方在离婚诉讼期间或离婚诉讼前，隐藏、转移、变卖、毁损夫妻共同财产，或伪造债务企图侵占另一方财产的，离婚分割夫妻共同财产时，依照《中华人民共和国婚姻法》第四十七条的规定可以少分或不分财产。

**相关法条**

《中华人民共和国婚姻法》第四十七条

**基本案情**

原告雷某某（女）和被告宋某某于 2003 年 5 月 19 日登记结婚，双方均系再婚，婚后未生育子女。双方婚后因琐事感情失和，于 2013 年上半年产生矛盾，并于 2014 年 2 月分居。雷某某曾于 2014 年 3 月起诉要求与宋某某离婚，经法院驳回后，双方感情未见好转。2015 年 1 月，雷某某再次诉至法院要求离婚，并依法分割夫妻共同财产。宋某某认为夫妻感情并未破裂、不同意离婚。

雷某某称宋某某名下在中国邮政储蓄银行的账户内有共同存款 37 万元，并提交存取款凭单、转账凭单作为证据。宋某某称该 37 万元，来源于婚前房屋拆迁补偿款及养老金，现尚剩余 20 万元左右（含养老金 14322.48 元），并提交账户记录、判决书、案款收据等证据。

宋某某称雷某某名下有共同存款 25 万元，要求依法分割。雷某某对此不予认可，一审庭审中其提交在中国工商银行尾号为 4179 账户自 2014 年 1 月 26 日起的交易明细，显示至 2014 年 12 月 21 日该账户余额为 262.37 元。二审审理期间，应宋某某的申请，法院调取了雷某某上述中国工商银行账号自 2012 年 11 月 26 日开户后的银行流水明细，显示雷某某于 2013 年 4 月 30 日通过 ATM 转账及卡取的方式将该账户内的 195000 元转至案外人雷某齐名下。宋某某认为该存款是其婚前房屋出租所得，应归双方共同所有，雷某某在离婚之前即将夫妻共同存款转移。雷某某提出该笔存款是其经营饭店所得收益，开始称该笔款已用于夫妻共同开销，后又称用于偿还其外甥女的借款，但雷某某对其主张均未提供相应证据证明。另，雷某某在庭审中曾同意各自名下存款归各自所有，其另行支付宋某某10万元存款，后雷某某反悔，不同意支付。

**裁判结果**

北京市朝阳区人民法院于2015年4月16日作出（2015）朝民初字第04854号民事判决：准予雷某某与宋某某离婚；雷某某名下中国工商银行尾号为4179账户内的存款归雷某某所有，宋某某名下中国邮政储蓄银行账号尾号为7101、9389及1156账户内的存款归宋某某所有，并对其他财产和债务问题进行了处理。宣判后，宋某某提出上诉，提出对夫妻共同财产雷某某名下存款分割等请求。北京市第三中级人民法院于2015年10月19日作出（2015）三中民终字第08205号民事判决：维持一审判决其他判项，撤销一审判决第三项，改判雷某某名下中国工商银行尾号为4179账户内的存款归雷某某所有，宋某某名下中国邮政储蓄银行尾号为7101账户、9389账户及1156账户内的存款归宋某某所有，雷某某于本判决生效之日起七日内支付宋某某12万元。

**裁判理由**

法院生效裁判认为：婚姻关系以夫妻感情为基础。宋某某、雷某某共同生活过程中因琐事产生矛盾，在法院判决不准离婚后，双方感情仍未好转，经法院调解不能和好，双方夫妻感情确已破裂，应当判决准予双方离婚。

本案二审期间双方争议的焦点在于雷某某是否转移夫妻共同财产和夫妻双方名下的存款应如何分割。《中华人民共和国婚姻法》第十七条第二款规定："夫妻对共同所有的财产，有平等的处理权。"第四十七条规定："离婚时，一方隐藏、转移、变卖、毁损夫妻共同财产，或伪造债务企图侵占另一方财产的，分割夫妻共同财产时，对隐藏、转移、变卖、毁损夫妻共同财产或伪造债务的一方，可以少分或不分。离婚后，另一方发现有上述行为的，可以向人民法院提起诉讼，请求再次分割夫妻共同财产。"这就是说，一方在离婚诉讼期间或离婚诉讼前，隐藏、转移、变卖、毁损夫妻共同财产，或伪造债务企图侵占另一方财产的，侵害了夫妻对共同财产的平等处理权，离婚分割夫妻共同财产时，应当依照《中华人民共和国婚姻法》第四十七条的规定少分或不分财产。

本案中，关于双方名下存款的分割，结合相关证据，宋某某婚前房屋拆迁款转化的存款，应归宋某某个人所有，宋某某婚后所得养老保险金，应属夫妻共同财产。雷某某名下中国工商银行尾号为 4179 账户内的存款为夫妻关系存续期间的收入，应作为夫妻共同财产予以分割。雷某某于 2013 年 4 月 30 日通过 ATM 转账及卡取的方式，将尾号为 4179 账户内的 195000 元转至案外人名下。雷某某始称该款用于家庭开销，后又称用于偿还外债，前后陈述明显矛盾，对其主张亦未提供证据证明，对钱款的去向不能作出合理的解释和说明。结合案件事实及相关证据，认定雷某某存在转移、隐藏夫妻共同财产的情节。根据上述法律规定，对雷某某名下中国工商银行尾号 4179 账户内的存款，雷某某可以少分。宋某某主张对雷某某名下存款进行分割，符合法律规定，予以支持。故判决宋某某婚后养老保险金 14322.48 元归宋某某所有，对于雷某某转移的 19.5 万元存款，由雷某某补偿宋某某 12 万元。

（生效裁判审判人员：李春香、赵霞、闫慧）

## 指导案例 67 号

# 汤长龙诉周士海股权转让纠纷案

（最高人民法院审判委员会讨论通过　2016 年 9 月 19 日发布）

**关键词**　民事　股权转让　分期付款　合同解除

**裁判要点**

有限责任公司的股权分期支付转让款中发生股权受让人延迟或者拒付等违约情形，股权转让人要求解除双方签订的股权转让合同的，不适用《中华人民共和国合同法》第一百六十七条关于分期付款买卖中出卖人在买受人未支付到期价款的金额达到合同全部价款的五分之一时即可解除合同的规定。

**相关法条**

《中华人民共和国合同法》第九十四条、第一百六十七条

**基本案情**

原告汤长龙与被告周士海于 2013 年 4 月 3 日签订《股权转让协议》及《股权转让资金分期付款协议》。双方约定：周士海将其持有的青岛变压器集团成都双星电器有限公司 6.35% 股权转让给汤长龙。股权合计 710 万元，分四期付清，即 2013 年 4 月 3 日付 150 万元；2013 年 8 月 2 日付 150 万元；2013 年 12 月 2 日付 200 万元；2014 年 4 月 2 日付 210 万元。此协议双方签字生效，永不反悔。协议签订后，汤长龙于 2013 年 4 月 3 日依约向周士海支付第一期股权转让款 150 万元。因汤长龙逾期未支付约定的第二期股权转让款，周士海于同年 10 月 11 日，以公证方式向汤长龙送达了《关于解除协议的通知》，以汤长龙根本违约为由，提出解除双方签订的《股权转让资金分期付款协议》。次日，汤长龙即向周士海转账支付了第二期 150 万元股权转让款，并按照约定的时间和数额履行了后续第三、四期股权转让款的支付义务。周士海以其已经解除合同为由，如数退回汤长龙支付的 4 笔股权转让款。汤长龙遂向人民法院提起诉讼，要求确认周士海发出的解除协议通知无效，并责令其继续履行合同。

另查明，2013 年 11 月 7 日，青岛变压器集团成都双星电器有限公司的变更（备案）登记中，周士海所持有的 6.35% 股权已经变更登记至汤长龙名下。

**裁判结果**

四川省成都市中级人民法院于 2014 年 4 月 15 日作出（2013）成民初字第 1815 号民事判决：驳回原告汤长龙的诉讼请求。汤长龙不服，提起上诉。四川省高级人民法院于 2014 年 12 月 19 日作出（2014）川民终字第 432 号民事判决：一、撤销原审判决；二、确认周士海要求解除双方签订的《股权转让资金分期付款协议》行为无效；三、汤长龙于本判决生效后十日内向周士海支付股权转让款 710 万元。周士海不服四川省高级人民法院的判决，以二审法院适用法律错误为由，向最高人民法院申请再审。最高人民法院于 2015 年 10 月 26 日作出（2015）民申字第 2532 号民事裁定，驳回周士海的再审申请。

**裁判理由**

法院生效判决认为：本案争议的焦点问题是周士海是否享有《中华人民共和国合同法》（以下简称《合同法》）第一百六十七条规定的合同解除权。

一、《合同法》第一百六十七条第一款规定，"分期付款的买受人未支付到期价款的金额达到全部价款的五分之一的，出卖人可以要求买受人支付全部价款或解除合同"。第二款规定，"出卖人解除合同的，可以向买受人要求支付该标的物的使用费。"《最高人民法院关于审理买卖合同纠纷案件适用法律问题的解释》第三十八条规定，"合同法第一百六十七条第一款规定的'分期付款'，系指买受人将应付的总价款在一定期间内至少分三次向出卖人支付。分期付款买卖合同的约定违反合同法第一百六十七条第一款的规定，损害买受人利益，买受人主张该约定无效的，人民法院应予支持"。依据上述法律和司法解释的规定，分期付款买卖的主要特征为：一是买受人向出卖人支付总价款分三次以上，出卖人交付标的物之后买受人分两次以上向出卖人支付价款；二是多发、常见在经营者和消费者之间，一般是买受人作为消费者为满足生活消费而发生的交易；三是出卖人向买受人授予了一定信用，而作为授信人的出卖人在价款回收上存在一定风险，为保障出卖人剩余价款的回收，出卖人在一定条件下可以行使解除合同的权利。

本案系有限责任公司股东将股权转让给公司股东之外的其他人。尽管案涉股权的转让形式也是分期付款，但由于本案买卖的标的物是股权，因此具有与以消费为目的的一般买卖不同的特点：一是汤长龙受让股权是为参与公司经营管理并获取经济利益，并非满足生活消费；二是周士海作为有限责任公司的股权出让人，基于其所持股权一直存在于目标公司中的特点，其因分期回收股权转让款而承担的风险，与一般以消费为目的分期付款买卖中出卖人收回价款的风险并不同等；三是双方解除股权转让合同，也不存在向受让人要求支付标的物使用费的情况。综上特点，股权转让分期付款合同，与一般以消费为目的分期付款买卖合同有较大区别。对案涉《股权转让资金分期付款协议》不宜简单适用《合同法》第一百六十七条规定的合同解除权。

二、本案中，双方订立《股权转让资金分期付款协议》的合同目的能够实现。汤长龙和周士海订立《股权转让资金分期付款协议》的目的是转让周士海所持青岛变压器集团成都双星电器有限公司 6.35% 股权给汤长龙。根据汤长龙履行股权转让款的情况，除第 2 笔股权转让款 150 万元逾期支付两个月，其余 3 笔股权转让款均按约支付，周士海认为汤长龙逾期付款构成违约要求解除合同，退回了汤长龙所付 710 万元，不影响汤长龙按约支付剩余 3 笔股权转让款的事实的成立，且本案一、二审审理过程中，汤长龙明确表示愿意履行付款义务。因此，周士海签订案涉《股权转让资金分期付款协议》的合同目的能够得以实现。另查明，2013 年 11 月 7 日，青岛变压器集团成都双星电器有限公司的变更（备案）登记中，周士海所持有的 6.35% 股权已经变更登记至汤长龙名下。

三、从诚实信用的角度，《合同法》第六十条规定，"当事人应当按照约定全面履行自己的义务。当事人应当遵循诚实信用原则，根据合同的性质、目的和交易习惯履行通知、协助、保密等义务"。鉴于双方在股权转让合同上明确约定"此协议一式两份，双方签字生效，永不反悔"，因此周士海即使依据《合同法》第一百六十七条的规定，也应当首先选择要求汤长龙支付全部价款，而不是解除合同。

四、从维护交易安全的角度，一项有限责任公司的股权交易，关涉诸多方面，如其他股东对受让人汤长龙的接受和信任（过半数同意股权转让），记载到股东名册和在工商部门登记股权，社会成本和影响已经倾注其中。本案中，汤长龙受让股权后已实际参与公司经营管理、股权也已过户登记到其名下，如果不是汤长龙有根本违约行为，动辄撤销合同可能对公司经营管理的稳定产生不利影响。

综上所述，本案中，汤长龙主张的周士海依据《合同法》第一百六十七条之规定要求解除合同依据不足的理由，于法有据，应当予以支持。

（生效裁判审判人员：梁红亚、王玥、李莉）

## 指导案例 68 号

# 上海欧宝生物科技有限公司诉辽宁特莱维置业发展有限公司企业借贷纠纷案

（最高人民法院审判委员会讨论通过　2016 年 9 月 19 日发布）

**关键词**　民事诉讼　企业借贷　虚假诉讼
**裁判要点**
人民法院审理民事案件中发现存在虚假诉讼可能时，应当依职权调取相关证据，详细询问当事人，全面严格审查诉讼请求与相关证据之间是否存在矛盾，以及当事人诉讼中言行是否违背常理。经综合审查判断，当事人存在虚构事实、恶意串通、规避法律或国家政策以谋取非法利益，进行虚假民事诉讼情形的，应当依法予以制裁。

**相关法条**

《中华人民共和国民事诉讼法》第一百一十二条

**基本案情**

上海欧宝生物科技有限公司（以下简称欧宝公司）诉称：欧宝公司借款给辽宁特莱维置业发展有限公司（以下简称特莱维公司）8650万元，用于开发辽宁省东港市特莱维国际花园房地产项目。借期届满时，特莱维公司拒不偿还。故请求法院判令特莱维公司返还借款本金8650万元及利息。

特莱维公司辩称：对欧宝公司起诉的事实予以认可，借款全部投入到特莱维国际花园房地产项目，房屋滞销，暂时无力偿还借款本息。

一审申诉人谢涛述称：特莱维公司与欧宝公司，通过虚构债务的方式，恶意侵害其合法权益，请求法院查明事实，依法制裁。

法院经审理查明：2007年7月至2009年3月，欧宝公司与特莱维公司先后签订9份《借款合同》，约定特莱维公司向欧宝公司共借款8650万元，约定利息为同年贷款利率的4倍。约定借款用途为：只限用于特莱维国际花园房地产项目。借款合同签订后，欧宝公司先后共汇款10笔，计8650万元，而特莱维公司却在收到汇款的当日或数日后立即将其中的6笔转出，共计转出7050万余元。其中5笔转往上海翰皇实业发展有限公司（以下简称翰皇公司），共计6400万余元。此外，欧宝公司在提起一审诉讼要求特莱维公司还款期间，仍向特莱维公司转款3笔，计360万元。

欧宝公司法定代表人为宗惠光，该公司股东曲叶丽持有73.75%的股权，姜雯琪持有2%的股权，宗惠光持有2%的股权。特莱维公司原法定代表人为王作新，翰皇公司持有该公司90%股权，王阳持有10%的股权，2010年8月16日法定代表人变更为姜雯琪。工商档案记载，该公司在变更登记时，领取执照人签字处由刘静君签字，而刘静君又是本案原一审诉讼期间欧宝公司的委托代理人，身份系欧宝公司的员工。翰皇公司2002年3月26日成立，法定代表人为王作新，前身为上海特莱维化妆品有限公司，王作新持有该公司67%的股权，曲叶丽持有33%的股权，同年10月28日，曲叶丽将其持有的股权转让给王阳。2004年10月10日该公司更名为翰皇公司，公司登记等手续委托宗惠光办理，2011 年 7 月 5 日该公司注销。王作新与曲叶丽系夫妻关系。

本案原一审诉讼期间，欧宝公司于 2010 年 6 月 22 日向辽宁省高级人民法院（以下简称辽宁高院）提出财产保全申请，要求查封、扣押、冻结特莱维公司 5850 万元的财产，王阳以其所有的位于辽宁省沈阳市和平区澳门路、建筑面积均为 236.4 平方米的两处房产为欧宝公司担保。王作鹏以其所有的位于沈阳市皇姑区宁山中路的建筑面积为 671.76 平方米的房产为欧宝公司担保，沈阳沙琪化妆品有限公司（以下简称沙琪公司，股东为王振义和修桂芳）以其所有的位于沈阳市东陵区白塔镇小羊安村建筑面积分别为 212 平方米、946 平方米的两处厂房及使用面积为 4000 平方米的一块土地为欧宝公司担保。

欧宝公司与特莱维公司的《开立单位银行结算账户申请书》记载地址均为东港市新兴路 1 号，委托经办人均为崔秀芳。再审期间谢涛向辽宁高院提供上海市第一中级人民法院（2008）沪一中民三（商）终字第 426 号民事判决书一份，该案系张娥珍、贾世克诉翰皇公司、欧宝公司特许经营合同纠纷案，判决所列翰皇公司的法定代表人为王作新，欧宝公司和翰皇公司的委托代理人均系翰皇公司员工宗惠光。

二审审理中另查明：

（一）关于欧宝公司和特莱维公司之间关系的事实

工商档案表明，沈阳特莱维化妆品连锁有限责任公司（以下简称沈阳特莱维）成立于 2000 年 3 月 15 日，该公司由欧宝公司控股（持股 96.67%），设立时的经办人为宗惠光。公司登记的处所系向沈阳丹菲专业护肤中心承租而来，该中心负责人为王振义。2005 年 12 月 23 日，特莱维公司原法定代表人王作新代表欧宝公司与案外人张娥珍签订连锁加盟（特许）合同。2007 年 2 月 28 日，霍静代表特莱维公司与世安建设集团有限公司（以下简称世安公司）签订关于特莱维国际花园项目施工的《补充协议》。2010 年 5 月，魏亚丽经特莱维公司授权办理银行账户的开户，2011年 9 月又代表欧宝公司办理银行账户开户。两账户所留联系人均为魏亚丽，联系电话均为同一号码，与欧宝公司 2010 年 6 月 10 日提交辽宁高院的民事起诉状中所留特莱维公司联系电话相同。

2010 年 9 月 3 日，欧宝公司向辽宁高院出具《回复函》称：同意提供位于上海市青浦区苏虹公路 332 号的面积 12026.91 平方米、价值 2 亿元的房产作为保全担保。欧宝公司庭审中承认，前述房产属于上海特莱维护肤品股份有限公司（以下简称上海特莱维）所有。上海特莱维成立于2002年12月9日，法定代表人为王作新，股东有王作新、翰皇公司的股东王阳、邹艳，欧宝公司的股东宗惠光、姜雯琪、王奇等人。王阳同时任上海特莱维董事，宗惠光任副董事长兼副总经理，王奇任副总经理，霍静任董事。

2011年4月20日，欧宝公司向辽宁高院申请执行（2010）辽民二初字第15号民事判决，该院当日立案执行。同年7月12日，欧宝公司向辽宁高院提交书面申请称："为尽快回笼资金，减少我公司损失，经与被执行人商定，我公司允许被执行人销售该项目的剩余房产，但必须由我公司指派财务人员收款，所销售的房款须存入我公司指定账户。"2011年9月6日，辽宁高院向东港市房地产管理处发出《协助执行通知书》，以相关查封房产已经给付申请执行人抵债为由，要求该处将前述房产直接过户登记到案外买受人名下。

欧宝公司申请执行后，除谢涛外，特莱维公司的其他债权人世安公司、江西临川建筑安装工程总公司、东港市前阳建筑安装工程总公司也先后以提交执行异议等形式，向辽宁高院反映欧宝公司与特莱维公司虚构债权进行虚假诉讼。

翰皇公司的清算组成员由王作新、王阳、姜雯琪担任，王作新为负责人；清算组在成立之日起10日内通知了所有债权人，并于2011年5月14日在《上海商报》上刊登了注销公告。2012年6月25日，王作新将翰皇公司所持特莱维公司股权中的1600万元转让于王阳，200万元转让于邹艳，并于2012年7月9日办理了工商变更登记。

沙琪公司的股东王振义和修桂芳分别是王作新的父亲和母亲；欧宝公司的股东王阁系王作新的哥哥王作鹏之女；王作新与王阳系兄妹关系。

（二）关于欧宝公司与案涉公司之间资金往来的事实

欧宝公司尾号为8115的账户（以下简称欧宝公司8115账户），2006年1月4日至2011年9月29日的交易明细显示，自2006年3月8日起，欧宝公司开始与特莱维公司互有资金往来。其中，2006年3月8日欧宝公司该账户汇给特莱维公司尾号为4891账户（以下简称特莱维公司4891账户）300万元，备注用途为借款，2006年6月12日转给特莱维公司801万元。2007年8月16日至23日从特莱维公司账户转入欧宝公司8115账户近

70 笔款项，备注用途多为货款。该账户自 2006 年 1 月 4 日至 2011 年 9 月 29 日与沙琪公司、沈阳特莱维、翰皇公司、上海特莱维均有大笔资金往来，用途多为货款或借款。

欧宝公司在中国建设银行东港支行开立的账户（尾号 0357）2010 年 8 月 31 日至 2011 年 11 月 9 日的交易明细显示：该账户 2010 年 9 月 15 日、9 月 17 日由欧宝公司以现金形式分别存入 168 万元、100 万元；2010 年 9 月 30 日支付东港市安邦房地产开发有限公司工程款 100 万元；2010 年 9 月 30 日自特莱维公司账户（尾号 0549）转入 100 万元，2011 年 8 月 22 日、8 月 30 日、9 月 9 日自特莱维公司账户分别转入欧宝公司该账户 71.6985 万元、51.4841 万元、62.3495 万元，2011 年 11 月 4 日特莱维公司尾号为 5555 账户（以下简称特莱维公司 5555 账户）以法院扣款的名义转入该账户 84.556787 万元；2011 年 9 月 27 日以"往来款"名义转入欧宝公司 8115 账户 193.5 万元，2011 年 11 月 9 日转入欧宝公司尾号 4548 账户（以下简称欧宝公司 4548 账户）157.995 万元。

欧宝公司设立在中国工商银行上海青浦支行的账户（尾号 5617）显示，2012 年 7 月 12 日该账户以"借款"名义转入特莱维公司 50 万元。

欧宝公司在中国建设银行沈阳马路湾支行的 4548 账户 2013 年 10 月 7 日至 2015 年 2 月 7 日期间的交易明细显示，自 2014 年 1 月 20 日起，特莱维公司以"还款"名义转入该账户的资金，大部分又以"还款"名义转入王作鹏个人账户和上海特莱维的账户。

翰皇公司建设银行上海分行尾号为 4917 账户（以下简称翰皇公司 4917 账户）2006 年 1 月 5 日至 2009 年 1 月 14 日的交易明细显示，特莱维公司 4891 账户 2008 年 7 月 7 日转入翰皇公司该账户 605 万元，同日翰皇公司又从该账户将同等数额的款项转入特莱维公司 5555 账户，但自翰皇公司打入特莱维公司账户的该笔款项计入了特莱维公司的借款数额，自特莱维公司打入翰皇公司的款项未计入该公司的还款数额。该账户同时间段还分别和欧宝公司、沙琪公司以"借款""往来款"的名义进行资金转入和转出。

特莱维公司 5555 账户 2006 年 6 月 7 日至 2015 年 9 月 21 日的交易明细显示，2009 年 7 月 2 日自该账户以"转账支取"的名义汇入欧宝公司的账户（尾号 0801）600 万元；自 2011 年 11 月 4 日起至 2014 年 12 月 31 日止，该账户转入欧宝公司资金达 30 多笔，最多的为 2012 年 12 月 20 日汇入欧宝公司 4548 账户的一笔达 1800 万元。此外，该账户还有多笔大额资金在 2009 年 11 月 13 日至 2010 年 7 月 19 日期间以"借款"的名义转入沙琪公司账户。

沙琪公司在中国光大银行沈阳和平支行的账户（尾号 6312）2009 年 11 月 13 日至 2011 年 6 月 27 日的交易明细显示，特莱维公司转入沙琪公司的资金，有的以"往来款"或者"借款"的名义转回特莱维公司的其他账户。例如，2009 年 11 月 13 日自特莱维公司 5555 账户以"借款"的名义转入沙琪公司 3800 万元，2009 年 12 月 4 日又以"往来款"的名义转回特莱维公司另外设立的尾号为 8361 账户（以下简称特莱维公司 8361 账户）3800 万元；2010 年 2 月 3 日自特莱维公司 8361 账户以"往来款"的名义转入沙琪公司账户的 4827 万元，同月 10 日又以"借款"的名义转入特莱维公司 5555 账户 500 万元，以"汇兑"名义转入特莱维公司 4891 账户 1930 万元，2010 年 3 月 31 日沙琪公司又以"往来款"的名义转入特莱维公司 8361 账户 1000 万元，同年 4 月 12 日以系统内划款的名义转回特莱维公司 8361 账户 1806 万元。特莱维公司转入沙琪公司账户的资金有部分流入了沈阳特莱维的账户。例如，2010 年 5 月 6 日以"借款"的名义转入沈阳特莱维 1000 万元，同年 7 月 29 日以"转款"的名义转入沈阳特莱维 2272 万元。此外，欧宝公司也以"往来款"的名义转入该账户部分资金。

欧宝公司和特莱维公司均承认，欧宝公司 4548 账户和在中国建设银行东港支行的账户（尾号 0357）由王作新控制。

**裁判结果**

辽宁高院 2011 年 3 月 21 日作出（2010）辽民二初字第 15 号民事判决：特莱维公司于判决生效后 10 日内偿还欧宝公司借款本金 8650 万元及借款实际发生之日起至判决确定给付之日止的中国人民银行同期贷款利息。该判决发生法律效力后，因案外人谢涛提出申诉，辽宁高院于 2012 年 1 月 4 日作出（2012）辽立二民监字第 8 号民事裁定再审本案。辽宁高院经再审于 2015 年 5 月 20 日作出（2012）辽审二民再字第 13 号民事判决，驳回欧宝公司的诉讼请求。欧宝公司提起上诉，最高人民法院第二巡回法庭经审理于 2015 年 10 月 27 日作出（2015）民二终字第 324 号民事判决，认定本案属于虚假民事诉讼，驳回上诉，维持原判。同时作出罚款决定，对参与虚假诉讼的欧宝公司和特莱维公司各罚款 50 万元。

**裁判理由**

法院生效裁判认为：人民法院保护合法的借贷关系，同时对于恶意串通进行虚假诉讼意图损害他人合法权益的行为，应当依法制裁。本案争议的焦点问题有两个，一是欧宝公司与特莱维公司之间是否存在关联关系；二是欧宝公司和特莱维公司就争议的 8650 万元是否存在真实的借款关系。

**一、欧宝公司与特莱维公司是否存在关联关系的问题**

《中华人民共和国公司法》第二百一十七条规定，关联关系，是指公司控股股东、实际控制人、董事、监事、高级管理人员与其直接或间接控制的企业之间的关系，以及可能导致公司利益转移的其他关系。可见，公司法所称的关联公司，既包括公司股东的相互交叉，也包括公司共同由第三人直接或者间接控制，或者股东之间、公司的实际控制人之间存在直系血亲、姻亲、共同投资等可能导致利益转移的其他关系。

本案中，曲叶丽为欧宝公司的控股股东，王作新是特莱维公司的原法定代表人，也是案涉合同签订时特莱维公司的控股股东翰皇公司的控股股东和法定代表人，王作新与曲叶丽系夫妻关系，说明欧宝公司与特莱维公司由夫妻二人控制。欧宝公司称两人已经离婚，却未提供民政部门的离婚登记或者人民法院的生效法律文书。虽然辽宁高院受理本案诉讼后，特莱维公司的法定代表人由王作新变更为姜雯琪，但王作新仍是特莱维公司的实际控制人。同时，欧宝公司股东兼法定代表人宗惠光、王奇等人，与特莱维公司的实际控制人王作新、法定代表人姜雯琪、目前的控股股东王阳共同投资设立了上海特莱维，说明欧宝公司的股东与特莱维公司的控股股东、实际控制人存在其他的共同利益关系。另外，沈阳特莱维是欧宝公司控股的公司，沙琪公司的股东是王作新的父亲和母亲。可见，欧宝公司与特莱维公司之间、前述两公司与沙琪公司、上海特莱维、沈阳特莱维之间均存在关联关系。

欧宝公司与特莱维公司及其他关联公司之间还存在人员混同的问题。首先，高管人员之间存在混同。姜雯琪既是欧宝公司的股东和董事，又是特莱维公司的法定代表人，同时还参与翰皇公司的清算。宗惠光既是欧宝公司的法定代表人，又是翰皇公司的工作人员，虽然欧宝公司称宗惠光自 2008 年 5 月即从翰皇公司辞职，但从上海市第一中级人民法院 （2008） 沪一中民三 （商） 终字第 426 号民事判决载明的事实看，该案 2008 年 8 月至 12 月审理期间，宗惠光仍以翰皇公司工作人员的身份参与诉讼。王奇既是欧宝公司的监事，又是上海特莱维的董事，还以该公司工作人员的身份代理相关行政诉讼。王阳既是特莱维公司的监事，又是上海特莱维的董事。王作新是特莱维公司原法定代表人、实际控制人，还曾先后代表欧宝公司、翰皇公司与案外第三人签订连锁加盟（特许）合同。其次，普通员工也存在混同。霍静是欧宝公司的工作人员，在本案中作为欧宝公司原一审诉讼的代理人，2007年2月23日代表特莱维公司与世安公司签订建设施工合同，又同时兼任上海特莱维的董事。崔秀芳是特莱维公司的会计，2010年1月7日代特莱维公司开立银行账户，2010年8月20日本案诉讼之后又代欧宝公司开立银行账户。欧宝公司当庭自述魏亚丽系特莱维公司的工作人员，2010年5月魏亚丽经特莱维公司授权办理银行账户开户，2011年9月诉讼之后又经欧宝公司授权办理该公司在中国建设银行沈阳马路湾支行的开户，且该银行账户的联系人为魏亚丽。刘静君是欧宝公司的工作人员，在本案原一审和执行程序中作为欧宝公司的代理人，2009年3月17日又代特莱维公司办理企业登记等相关事项。刘洋以特莱维公司员工名义代理本案诉讼，又受王作新的指派代理上海特莱维的相关诉讼。

上述事实充分说明，欧宝公司、特莱维公司以及其他关联公司的人员之间并未严格区分，上述人员实际上服从王作新一人的指挥，根据不同的工作任务，随时转换为不同关联公司的工作人员。欧宝公司在上诉状中称，在2007年借款之初就派相关人员进驻特莱维公司，监督该公司对投资款的使用并协助工作，但早在欧宝公司所称的向特莱维公司转入首笔借款之前5个月，霍静即参与该公司的合同签订业务。而且从这些所谓的"派驻人员"在特莱维公司所起的作用看，上述人员参与了该公司的合同签订、财务管理到诉讼代理的全面工作，而不仅是监督工作，欧宝公司的辩解，不足为信。辽宁高院关于欧宝公司和特莱维公司系由王作新、曲叶丽夫妇控制之关联公司的认定，依据充分。

**二、欧宝公司和特莱维公司就争议的8650万元是否存在真实借款关系的问题**

根据《最高人民法院关于适用〈中华人民共和国民事诉讼法〉的解释》第九十条规定，当事人对自己提出的诉讼请求所依据的事实或者反驳对方诉讼请求所依据的事实，应当提供证据加以证明；当事人未能提供证据或者证据不足以证明其事实主张的，由负有举证证明责任的当事人承担不利的后果。第一百零八条规定："对负有举证证明责任的当事人提供的证据，人民法院经审查并结合相关事实，确信待证事实的存在具有高度可能性的，应当认定该事实存在。对一方当事人为反驳负有举证责任的当事人所主张的事实而提供的证据，人民法院经审查并结合相关事实，认为待证事实真伪不明的，应当认定该事实不存在。"在当事人之间存在关联关系的情况下，为防止恶意串通提起虚假诉讼，损害他人合法权益，人民法院对其是否存在真实的借款法律关系，必须严格审查。

欧宝公司提起诉讼，要求特莱维公司偿还借款8650万元及利息，虽然提供了借款合同及转款凭证，但其自述及提交的证据和其他在案证据之间存在无法消除的矛盾，当事人在诉讼前后的诸多言行违背常理，主要表现为以下7个方面：

第一，从借款合意形成过程来看，借款合同存在虚假的可能。欧宝公司和特莱维公司对借款法律关系的要约与承诺的细节事实陈述不清，尤其是作为债权人欧宝公司的法定代表人、自称是合同经办人的宗惠光，对所有借款合同的签订时间、地点、每一合同的己方及对方经办人等细节，语焉不详。案涉借款每一笔均为大额借款，当事人对所有合同的签订细节、甚至大致情形均陈述不清，于理不合。

第二，从借款的时间上看，当事人提交的证据前后矛盾。欧宝公司的自述及其提交的借款合同表明，欧宝公司自2007年7月开始与特莱维公司发生借款关系。向本院提起上诉后，其提交的自行委托形成的审计报告又载明，自2006年12月份开始向特莱维公司借款，但从特莱维公司和欧宝公司的银行账户交易明细看，在2006年12月之前，仅欧宝公司8115账户就发生过两笔高达1100万元的转款，其中，2006年3月8日以"借款"名义转入特莱维公司账户300万元，同年6月12日转入801万元。

第三，从借款的数额上看，当事人的主张前后矛盾。欧宝公司起诉后，先主张自2007年7月起累计借款金额为5850万元，后在诉讼中又变更为8650万元，上诉时又称借款总额1.085亿元，主张的借款数额多次变化，但只能提供8650万元的借款合同。而谢涛当庭提交的银行转账凭证证明，在欧宝公司所称的1.085亿元借款之外，另有4400多万元的款项以"借款"名义打入特莱维公司账户。对此，欧宝公司自认，这些多出的款项是受王作新的请求帮忙转款，并非真实借款。该自认说明，欧宝公司在相关银行凭证上填写的款项用途极其随意。从本院调取的银行账户交易明细所载金额看，欧宝公司以借款名义转入特莱维公司账户的金额远远超出欧宝公司先后主张的上述金额。此外，还有其他多笔以"借款"名义转入特莱维公司账户的巨额资金，没有列入欧宝公司所主张的借款数额范围。

第四，从资金往来情况看，欧宝公司存在单向统计账户流出资金而不统计流入资金的问题。无论是案涉借款合同载明的借款期间，还是在此之前，甚至诉讼开始以后，欧宝公司和特莱维公司账户之间的资金往来，既有欧宝公司转入特莱维公司账户款项的情况，又有特莱维公司转入欧宝公司账户款项的情况，但欧宝公司只计算己方账户转出的借方金额，而对特莱维公司转入的贷方金额只字不提。

第五，从所有关联公司之间的转款情况看，存在双方或多方账户循环转款问题。如上所述，将欧宝公司、特莱维公司、翰皇公司、沙琪公司等公司之间的账户对照检查，存在特莱维公司将己方款项转入翰皇公司账户过桥欧宝公司账户后，又转回特莱维公司账户，造成虚增借款的现象。特莱维公司与其他关联公司之间的资金往来也存在此种情况。

第六，从借款的用途看，与合同约定相悖。借款合同第二条约定，借款限用于特莱维国际花园房地产项目，但是案涉款项转入特莱维公司账户后，该公司随即将大部分款项以"借款""还款"等名义分别转给翰皇公司和沙琪公司，最终又流向欧宝公司和欧宝公司控股的沈阳特莱维。至于欧宝公司辩称，特莱维公司将款项打入翰皇公司是偿还对翰皇公司借款的辩解，由于其提供的翰皇公司和特莱维公司之间的借款数额与两公司银行账户交易的实际数额互相矛盾，且从流向上看大部分又流回了欧宝公司或者其控股的公司，其辩解不足为凭。

第七，从欧宝公司和特莱维公司及其关联公司在诉讼和执行中的行为来看，与日常经验相悖。欧宝公司提起诉讼后，仍与特莱维公司互相转款；特莱维公司不断向欧宝公司账户转入巨额款项，但在诉讼和执行程序中却未就还款金额对欧宝公司的请求提出任何抗辩；欧宝公司向辽宁高院申请财产保全，特莱维公司的股东王阳却以其所有的房产为本应是利益对立方的欧宝公司提供担保；欧宝公司在原一审诉讼中另外提供担保的上海市青浦区房产的所有权，竟然属于王作新任法定代表人的上海特莱维；欧宝公司和特莱维公司当庭自认，欧宝公司开立在中国建设银行东港支行、中国建设银行沈阳马路湾支行的银行账户都由王作新控制。

对上述矛盾和违反常理之处，欧宝公司与特莱维公司均未作出合理解释。由此可见，欧宝公司没有提供足够的证据证明其就案涉争议款项与特莱维公司之间存在真实的借贷关系。且从调取的欧宝公司、特莱维公司及其关联公司账户的交易明细发现，欧宝公司、特莱维公司以及其他关联公司之间、同一公司的不同账户之间随意转款，款项用途随意填写。结合在案其他证据，法院确信，欧宝公司诉请之债权系截取其与特莱维公司之间的往来款项虚构而成，其以虚构债权为基础请求特莱维公司返还8650万元借款及利息的请求不应支持。据此，辽宁高院再审判决驳回其诉讼请求并无不当。

至于欧宝公司与特莱维公司提起本案诉讼是否存在恶意串通损害他人合法权益的问题。首先，无论欧宝公司，还是特莱维公司，对特莱维公司与一审申诉人谢涛及其他债权人的债权债务关系是明知的。从案涉判决执行的过程看，欧宝公司申请执行之后，对查封的房产不同意法院拍卖，而是继续允许该公司销售，特莱维公司每销售一套，欧宝公司即申请法院解封一套。在接受法院当庭询问时，欧宝公司对特莱维公司销售了多少查封房产，偿还了多少债务陈述不清，表明其提起本案诉讼并非为实现债权，而是通过司法程序进行保护性查封以阻止其他债权人对特莱维公司财产的受偿。虚构债权，恶意串通，损害他人合法权益的目的明显。其次，从欧宝公司与特莱维公司人员混同、银行账户同为王作新控制的事实可知，两公司同属一人，均已失去公司法人所具有的独立人格。《中华人民共和国民事诉讼法》第一百一十二条规定："当事人之间恶意串通，企图通过诉讼、调解等方式侵害他人合法权益的，人民法院应当驳回其请求，并根据情节轻重予以罚款、拘留；构成犯罪的，依法追究刑事责任。"一审申诉人谢涛认为欧宝公司与特莱维公司之间恶意串通提起虚假诉讼损害其合法权益的意见，以及对有关当事人和相关责任人进行制裁的请求，于法有据，应予支持。

（生效裁判审判人员：胡云腾、范向阳、汪国献）

## 指导案例 69 号

### 王明德诉乐山市人力资源和社会保障局工伤认定案

（最高人民法院审判委员会讨论通过　2016 年 9 月 19 日发布）

**关键词**　行政诉讼　工伤认定　程序性行政行为　受理

**裁判要点**

当事人认为行政机关作出的程序性行政行为侵犯其人身权、财产权等合法权益，对其权利义务产生明显的实际影响，且无法通过提起针对相关的实体性行政行为的诉讼获得救济，而对该程序性行政行为提起行政诉讼的，人民法院应当依法受理。

**相关法条**

《中华人民共和国行政诉讼法》第十二条、第十三条

**基本案情**

原告王明德系王雷兵之父。王雷兵是四川嘉宝资产管理集团有限公司峨眉山分公司职工。2013 年 3 月 18 日，王雷兵因交通事故死亡。由于王雷兵驾驶摩托车倒地翻覆的原因无法查实，四川省峨眉山市公安局交警大队于同年 4 月 1 日依据《道路交通事故处理程序规定》第五十条的规定，作出乐公交认定〔2013〕第 00035 号《道路交通事故证明》。该《道路交通事故证明》载明：2013 年 3 月 18 日，王雷兵驾驶无牌"卡迪王"二轮摩托车由峨眉山市大转盘至小转盘方向行驶。1 时 20 分许，当该车行至省道 S306 线 29.3KM 处驶入道路右侧与隔离带边缘相擦挂，翻覆于隔离带内，造成车辆受损、王雷兵当场死亡的交通事故。

2013 年 4 月 10 日，第三人四川嘉宝资产管理集团有限公司峨眉山分公司就其职工王雷兵因交通事故死亡，向被告乐山市人力资源和社会保障局申请工伤认定，并同时提交了峨眉山市公安局交警大队所作的《道路交通事故证明》等证据。被告以公安机关交通管理部门尚未对本案事故作出交通事故认定书为由，于当日作出乐人社工时〔2013〕05 号（峨眉山市）《工伤认定时限中止通知书》（以下简称《中止通知》），并向原告和第三人送达。

2013 年 6 月 24 日，原告通过国内特快专递邮件方式，向被告提交了

《恢复工伤认定申请书》，要求被告恢复对王雷兵的工伤认定。因被告未恢复对王雷兵工伤认定程序，原告遂于同年 7 月 30 日向法院提起行政诉讼，请求判决撤销被告作出的《中止通知》。

**裁判结果**

四川省乐山市市中区人民法院于 2013 年 9 月 25 日作出（2013）乐中行初字第 36 号判决，撤销被告乐山市人力资源和社会保障局于 2013 年 4 月 10 日作出的乐人社工时〔2013〕05 号《中止通知》。一审宣判后，乐山市人力资源和社会保障局提起了上诉。乐山市中级人民法院二审审理过程中，乐山市人力资源和社会保障局递交撤回上诉申请书。乐山市中级人民法院经审查认为，上诉人自愿申请撤回上诉，属其真实意思表示，符合法律规定，遂裁定准许乐山市人力资源和社会保障局撤回上诉。一审判决已发生法律效力。

**裁判理由**

法院生效裁判认为，本案争议的焦点有两个：一是《中止通知》是否属于可诉行政行为；二是《中止通知》是否应当予以撤销。

**一、关于《中止通知》是否属于可诉行政行为问题**

法院认为，被告作出《中止通知》，属于工伤认定程序中的程序性行政行为，如果该行为不涉及终局性问题，对相对人的权利义务没有实质影响的，属于不成熟的行政行为，不具有可诉性，相对人提起行政诉讼的，不属于人民法院受案范围。但如果该程序性行政行为具有终局性，对相对人权利义务产生实质影响，并且无法通过提起针对相关的实体性行政行为的诉讼获得救济的，则属于可诉行政行为，相对人提起行政诉讼的，属于人民法院行政诉讼受案范围。

虽然根据《中华人民共和国道路交通安全法》第七十三条的规定："公安机关交通管理部门应当根据交通事故现场勘验、检查、调查情况和有关的检验、鉴定结论，及时制作交通事故认定书，作为处理交通事故的证据。交通事故认定书应当载明交通事故的基本事实、成因和当事人的责任，并送达当事人。"但是，在现实道路交通事故中，也存在因道路交通事故成因确实无法查清，公安机关交通管理部门不能作出交通事故认定书的情况。对此，《道路交通事故处理程序规定》第五十条规定："道路交通事故成因无法查清的，公安机关交通管理部门应当出具道路交通事故证明，载明道路交通事故发生的时间、地点、当事人情况及调查得到的事实，分别送达当事人。"就本案而言，峨眉山市公安局交警大队就王雷兵因交通事故死亡，依据所调查的事故情况，只能依法作出《道路交通事故证明》，而无法作出《交通事故认定书》。因此，本案中《道路交通事故证明》已经是公安机关交通管理部门依据《道路交通事故处理程序规定》就事故作出的结论，也就是《工伤保险条例》第二十条第三款中规定的工伤认定决定需要的"司法机关或者有关行政主管部门的结论"。除非出现新事实或者法定理由，否则公安机关交通管理部门不会就本案涉及的交通事故作出其他结论。而本案被告在第三人申请认定工伤时已经提交了相关《道路交通事故证明》的情况下，仍然作出《中止通知》，并且一直到原告起诉之日，被告仍以工伤认定处于中止中为由，拒绝恢复对王雷兵死亡是否属于工伤的认定程序。由此可见，虽然被告作出《中止通知》是工伤认定中的一种程序性行为，但该行为将导致原告的合法权益长期，乃至永久得不到依法救济，直接影响了原告的合法权益，对其权利义务产生实质影响，并且原告也无法通过对相关实体性行政行为提起诉讼以获得救济。因此，被告作出《中止通知》，属于可诉行政行为，人民法院应当依法受理。

**二、关于《中止通知》应否予以撤销问题**

法院认为，《工伤保险条例》第二十条第三款规定："作出工伤认定决定需要以司法机关或者有关行政主管部门的结论为依据的，在司法机关或者有关行政主管部门尚未作出结论期间，作出工伤认定决定的时限中止。"如前所述，第三人在向被告就王雷兵死亡申请工伤认定时已经提交了《道路交通事故证明》。也就是说，第三人申请工伤认定时，并不存在《工伤保险条例》第二十条第三款所规定的依法可以作出中止决定的情形。因此，被告依据《工伤保险条例》第二十条规定，作出《中止通知》属于适用法律、法规错误，应当予以撤销。另外，需要指出的是，在人民法院撤销被告作出的《中止通知》判决生效后，被告对涉案职工认定工伤的程序即应予以恢复。

（生效裁判审判人员：黄英、李巨、彭东）